氣功治百病

畢永升◎主編

前言

氣功是我國寶貴的醫學遺產，在現存最早的中醫經典著作《黃帝內經》中，就已經把氣功列爲臨床治療的主要方法。以後歷代中醫文獻中，都有很豐富的導引練功以防治疾病的記載。

在總結前人練功經驗的基礎上，結合我們多年來運用氣功、導引按摩防治疾病的實踐經驗，並以中醫辨證施治的原則進行分類歸納，整理而成本書。其目的是：便於醫者臨症選擇功法，指導患者練功；也便於患者按病情自行選功鍛練、預防和治療疾病。

全書共九章。第一章氣功基本知識，簡述了氣功的發展概況、防治疾病的特點與原理、經絡與穴竅、氣功三調及注意事項等；第二章至第八章，詳細介紹了內、外、婦、傷、五官、癌症及氣功偏差等常見病症的病因、辨證施功及注意事項等；第九章簡述了氣功保健健美、減肥的功法。全書文字簡練、深入淺出，圖文並茂，並注意科學性和實用性相結合，是一本氣功臨床防治疾病的專書。本書內容豐富，有一定的廣度和深度，可供廣大醫務人員、醫學院校學生、氣功師、氣功愛好者和病患者學習和參考。

由於編者經驗不足，水準所限，錯誤和不妥之處在所難免，希望讀者批評指正。

編者　一九八九年六月

目錄

第一章 氣功基本知識

氣功的發展概況

氣功作爲醫療保健方法，已有很長的歷史。相傳早在四千多年前的唐堯時代，人們就已經知道用「舞」的方法治病了。《呂氏春秋・古樂》說：「昔陶唐氏之始，陰多滯伏而湛積，水道壅塞，不行其原。民氣鬱閼而滯著，筋骨瑟縮不達，故作爲舞以宣導之。」古人在與大自然長期鬥爭實踐中，逐漸體會到一定的動作、呼吸和發音的聲調，可以調節人體的某些機能，諸如學習飛禽走獸的攀援、顧盼、跳躍、展翅動作能宣導氣機，「嘿」聲能降力發力，「哈」聲能散熱，「噓」聲可以止痛等等，古老的氣功就從此產生了。

春秋戰國時期，諸子蜂起，百家爭鳴，人們總結了前人的經驗，把人對自然社會以及人自身生命的認識推進到理論的新高度，氣功也隨之系統化，形成了獨立的理論體系，例如《管子》說：「精者，氣之精也」；「心之在體，君之位也」；「氣者，體之充也」。《孟子》中提出：「存其心，養其性。」《荀子》中有「虛一而靜」之說。諸子百家各自提出了相應的養生主張，明確的指出了人身三寶精氣神的概念。《莊子》有「吹呴呼吸，吐故納新，熊經鳥伸」的肢體活動與呼吸配合的氣功健身治療方法。（編按：呴音ㄒㄩ，吐氣、吹噓。）

秦漢時期，醫療技術有了很大的發展。在現存最早的中醫經典著作《內經》中就把「導引」、「行氣」、「按蹻」等方法作爲重要的治療措施。並在《素問・上古天眞論》中提出「恬淡虛無，眞氣從之，精神內守，病安從來」，和「呼吸精氣，獨立守神，肌肉若一」的養生保健方法。在《素問・遺篇刺法論》中，還具體的記載了一則導引治療疾病的方法：「腎有久病者，可以寅時面向南，淨神不亂思，閉氣不息七遍，以引頸咽氣順之，如咽甚硬物，如此七遍後，餌舌下津令無數。」

一九七三年從湖南長沙馬王堆三號漢墓出土的文物中，發現了西漢初期的帛書《却穀食氣篇》和帛畫《導引圖》。前者的內容是「導引行氣」法，後者是四十四幅彩繪「導引圖」，圖中繪有人模仿狼、猴、猿、熊、鶴、鷂、鸕運動的圖像。這說明我國在西漢初期就已經用彩色圖譜的形式來傳授氣功了。

東漢末年的兩位大醫學家張仲景、華佗都曾提到氣功。張仲景在《金匱要略》中說：「四肢方覺重滯，即導引吐納，針灸膏摩，勿令九竅閉塞。」華佗創作了著名的醫療保健氣功「五禽戲」，一直流傳至今。

魏晉南北朝時期，不但在氣功養生方面有了很大的發展，而且將氣功外氣應用於療病。晉人張湛所著《養生要集》列養生大要十項，其中「嗇神」、「愛氣」、「養形」、「導引」都是氣功的內容。晉代醫學家葛洪在他的《抱朴子》一書中，記錄了各種長生的方術。南北朝時的醫學家陶弘景編寫了《養性延命錄》，輯錄了不少古代氣功的方法與理論，在其《服氣療病》和《導引按摩》兩部分中詳細的介紹了一些動功和靜功的內容。

隋唐時期，氣功被廣泛應用於臨床。在《諸病源候論》、《備急千金要方》、《外台秘要》中均收集了豐富的氣功治療方法，而且多是一病一法，辨證施功。其中《諸病源候論》一書就收載氣功療病二百六十餘條。在《備急千金要方》中，還保存了完整的「天竺國按摩婆羅門法」與「老子按摩法」等氣功導引按摩保健功法。

宋金元時期，道教內丹術興起，古代氣功開始融合其中的某些部分，促進了醫療氣功的發展。如《聖濟總錄》中列導引、服氣兩部分，記載了不少古代氣功資料，在金元四大醫家的著作裏，也有很多氣功的記載。如李東垣在《蘭室秘藏》中說：「當病之時，宜安心靜坐，以養其病。」劉河間在《素問玄機原病式》中提到用六字訣治病，朱丹溪在《丹溪心法》中談到「氣滯痿厥寒熱者，治以導引」。張子和在他的《儒門事親》中指出導引是汗法之一等等。

明清時期，氣功發展的特點是更廣泛地爲醫家所掌握、所應用，所以在醫學著作中這方面的資料也就更多了。在王履所著的《醫經溯回集》、萬全著的《萬密齋醫書十種》、徐春圃編的《古今醫統大全》等著作中都有很豐富的氣功資料。偉大的醫學家李時珍對古代氣功更有深刻的認識，他在《奇經八脈考》中明確的指出：「內景隧道，唯返觀者能照察之。」這一著名論斷說明了練功與經絡的關係。

一九四九年以後，氣功得到重視和發展。一九五五年在唐山建立了氣功療養院，劉貴珍和胡耀貞繼承前人練功經驗，結合自己的體會，寫出《氣功療法實踐》與《氣功及保健功》，介紹了內養功、保健功等功法，推動了全國氣功研究的開展。

自一九七八年以來，全國各地醫務工作者、氣功師在廣大人民群衆中積極推廣、普及氣功健身防病，取得了很好的效果；一些科技工作者不僅從現代醫學角度對氣功進行生理、生化方面的研究，而且還從多學科入手進行「外氣」物理效應的研究，一場對人體「氣」本質的研究開始了，從此氣功這門科學正式登上科學舞台，氣功事業蓬勃發展，進入一個新的歷史時期。各省市相繼成立了氣功研究會，不少省市醫療單位建立了氣功醫院、氣功科，從事氣功研究、教功、醫療工作。習練氣功、研究氣功蔚然成風。在普及與研究的同時，廣大氣功工作者及時總結經驗，僅僅十多年的時間就有《氣功雜誌》、《氣功與科學》、《中華氣功》、

《中國氣功》、《東方氣功》等氣功專業雜誌出版，還出版了《氣功療法集錦》、《新氣功療法》、《中國氣功學》、《氣功養生學概要》、《實用氣功外氣療法》等氣功書籍。

氣功防治疾病的特點與原理

一、特點

㈠自我鍛練：氣功是一門獨特的自我鍛練科學。它是通過自身意念、呼吸和姿勢的鍛練，發揮人的主觀能動性，調動人體的潛力，調整身體內部功能，增強體質，提高抵抗疾病的能力，從而引起防病、治病、強身的目的。

自我鍛練要排除雜念，相信自己，充分發揮主觀能動作用，善於體會練功方法，抓住各種鍛練機會，擴大成果，鞏固效益。

㈡形式多樣：氣功有動功和靜功，功法有數千種之多。其中動功有多種以肢體運動為主的鍛練方法，靜功則多數練習單一的姿勢，但均必須有意念和呼吸的鍛練。練功的方法有臥功、坐功、站功、行走和動靜結合的功法。對於不同年齡、性別的健康人，不同類型的病人和病情，都可根據不同的情況，選擇相應的功種、功法進行鍛練。所以氣功有易學易懂，形式多樣，針對性強，便於因人施功的特點。

㈢天地人合一：氣功最注重「人與天地相應」。中醫學認識到人的健康與天地自然環境有密切的關係。故氣功鍛練必須善於掌握自然界的變化規律，以順應天地之和，只有這樣才能較好地進行寧神和調息的鍛練，從而達到却病延年的目的。古代氣功家認爲，天有三寶——日、月、星，地有三寶——水、火、風，人有三寶——精、氣、神。氣功保健就是通過練功達到天地人的三寶合一，使人的精、氣、神日漸強盛。在練功中要「法於陰陽」，「順應四時」，「和於術數」，還要「虛邪賊風，避之有時」，才能增強機體的抵抗力，從而積極地適應變異的環境。所以，氣功保健切實具體地體現著天地人「三才」合一的特點。

㈣辨證施功：辨證施功，是根據患者性別、體質和對病人表現的症狀、體徵進行綜合分析，辨別本病屬何種類型的症候，在此基礎上再選擇適當的功法和方法進行練功治療，如胃痛可以練內養功，以健脾和胃，調整脾胃的功能，但若是寒邪犯胃者，當加練服日精溫陽功，加強其溫陽散寒的作用；肝胃氣痛者則可加練摩胸噓氣功，以疏肝理氣。就是同一種功法，因患者所患疾病寒熱、虛實、陰陽的不同，在運用呼吸、意念、姿勢，以及選擇練功的時間、方位等也要適應病情，才能收到較好的治療效果。

二、原理

㈠平衡陰陽：陰陽學說是中醫學理論的核心部分。氣功預防與治療疾病必須按照陰陽學說進行，才能達到預期的目的。

在調心方面，《氣功至妙要訣》中曰：「陽時用陽氣，存想在陰冷病灶部位；陰時用陰氣，存想在火熱病灶部位。」又說：「冬月想房室，用陽氣入來覺溫熱；夏月在家中，用陰氣來覺清冷。」還曰：「用陰氣冷如冰鐵，用陽氣如火燒身。」李摯在《養生醒醐》中曰：「人心思火則體熱，思水則體寒。」可見人體的冷熱感覺可用氣功鍛練加以主動地控制，這與意念結合陰陽進行練功有密切的關係。

在調息方面，呼爲陰，吸爲陽。只有依據陰陽出入的自然法則調整呼吸，從而使眞氣的運行適應生理機能的變化，並促進病理狀態向正常狀態轉化。實踐中，陽亢火旺者，練功宜注意呼氣，此乃有餘之陽使之散發；陽虛氣陷者則宜加強吸氣。

在調身方面，練功者的姿勢正確得當，是成功與否的又一個重要因素，其中的關鍵也在於陰陽學說的指導。練功的各種功法雖有千差萬別，但不論是靜功、動功或是動靜結合，坐式還是站式，均不能離開上下、左右、前後、俯仰、屈伸、升降、開闔、剛柔、胸腹等。如胃下垂患者，宜用臥式，臀部墊高，全身放鬆，腹式呼吸，以促進胃部復位；如哮喘病患者，則宜用坐式，以便使逆氣下降。

氣功鍛練中，有以靜爲主的靜功，但靜中有動，有以動爲主的動功，然而動中有靜。《于氏中說》曰：「陰生於靜，陽生於動。」此意為靜則生陰，動則生陽，故陰盛陽虛者宜練動功，陽盛陰虛者宜練靜功。但是動靜之間也是依循陰陽學說的相互轉化規律的，正如《內經》所指出的「陽極生陰，陰極生陽」之理。

練功中一年四季，春溫、夏熱、秋涼、冬寒。春夏為陽，秋冬為陰。練功應按照「春夏養陽，秋冬養陰」的原則，使陰陽相生相長，防病健身。練功者在春夏常偏於靜功，並做「攪海吞津法」或「存想冰雪法」，以滋陰養陽，致使肝氣不內變，心氣不內洞；秋冬則宜偏於動功，並做「閉氣發熱法」或「存思火熱法」，得以生陽養陰，使肺氣不焦滿，腎氣不濁沈。一日中，從子時到巳時為六陽時，從午時至亥時為六陰時。六陽時外界是清氣，六陰時外界為濁氣。故陽盛者，宜在陰時練功，而陰盛者宜在陽時練功，以調整陰陽的平衡。

(二)通經驅邪：李時珍在《奇經八脈考》指出：「內景隧道，惟反觀者能照察之。」氣功鍛練有素者常可體會到眞氣循經絡運行的現象，就是通過內景感到自身經絡的存在。眞氣運行於經絡，稱為經絡之氣。《養眞集》指出：「常使氣通關節透，自然精滿谷神存。」說明經絡之氣在人體內不斷的循經絡運轉，才能實現人體的正常生命活動。

氣功鍛練能使經絡之氣正常的循經絡運行和疏通經絡的瘀滯，從而達到通經活絡的作用。練小周天可使經絡之氣暢通於任督二脈，因任脈為「陰經之海」，總司陰經；督脈為「陽經之海」，總司陽經，故有「任督若通，百脈皆通」之說。大周天可使經絡之氣通暢於十二經脈，導氣排氣，導引按摩等功法能使經絡之氣按練功者的需要而達到升、降、開、闔，使經絡暢通和排除體內之邪氣。

(三)調整臟腑：心是人生的根本，神居於心中。氣功鍛練則通過意念集中，思想入靜，軀體肌肉鬆弛，達到調節心神，使心神在不受任何內外界事物影響的條件下，調節臟腑的功能。氣功鍛練中的入靜是使大腦處於一種特殊的氣功功能狀態。實踐中，氣功增強體質或治病的療效常常取決於入靜的深度。入靜是一種穩定的安靜狀態，無雜念，集中意念於一點，即意守丹田或聽息等，這時大腦處於一種既不同於清醒，又不同於睡眠的特殊氣功功能狀態之中。意念集中於丹田等，在大腦皮層的相應區域產生興奮，加深入靜，則興奮不斷的強化，並集中而形成優勢興奮灶。由於這種新建立的良性興奮灶，可對大腦皮層中，由於內外環境的不良刺激而形成的不良興奮灶進行抑制。此種抑制具有保護性作用，故稱「保護性抑制作用」。練功入靜，能使大腦處於特殊氣功功能狀態，並可在此時主動的調整內臟和軀體運動的功能狀態。

肺為華蓋，主呼吸，經練功調息，可納天地之精，吐臟腑中之濁氣。同時，「氣為血之帥」，「氣行則血行」，「肺朝百脈」，可使氣血周身流暢，五臟六腑，四肢百骸得以滋養，故《黃庭經》中有「呼吸元氣以求仙」之說。練功調節人體的呼吸功能，使呼吸更爲有節律、平穩、自然、柔和、加深。此種呼吸鍛練，是以膈肌運動爲主的，可對腹腔內臟器官引起較強的按摩作用，且由於腹腔內壓力隨呼與吸的交替而使其壓力差加大，故促進腹腔內血液和淋巴液的流動，腹主動脈內血液流至末梢血管通過上、下腔靜脈回入心臟，增加了心臟的功能。

練功中，命門素被重視。徐靈胎在所著《醫學源流論》中認爲命門即丹田，並精闢地指出：「陰陽闔闢存乎此，呼吸出入繫乎此，無火能令百體皆溫，無水能令五臟皆潤。此中一線未絕，則生氣一線未亡，皆賴此也。」練功中，意念集中丹田，並經呼吸的開闔升降，充分發揮命門的功能。腎主骨，骨生髓，「腦爲髓之海」，腎爲作強之官，故腎氣足，則思維敏捷，記憶力強，筋骨健。現觀察到氣功鍛練可調節內分泌機能，興奮迷走——胰島素系統，抑制交感——腎上腺素系統，能使皮質激素、生長素的分泌量降低，從而使人體蛋白質更新率減慢，酶的活性改變和免疫功能增強。

練功入靜，軀體骨骼肌放鬆，無雜念，情緒安定，也可使肝氣舒和暢達。使上亢的肝陽自潛，肝火自降。

氣功鍛練，還可使三焦氣機通暢，脾胃升降協調，中土運化水穀機能健旺，改善消化、吸收、排泄等諸種功能。研究證實，練功後胃排空加速，腸鳴音增強，食慾亢進，消化吸收良好，整個機能狀態有所改善。又發現練功時，胃液分泌量增加，胃酸濃度和蛋白酶含量有明顯的增高。

㈣積精聚氣全神：精、氣、神是構成人體及其進行生命活動的三大要素。林珮琴在所著《類證治裁》中曰：「一身所寶，惟精、氣、神。」

氣功鍛練中，尤其重視精、氣、神。練功者採用意念和呼吸鍛練，以「積氣重精」和「練精化氣」，此在於促進精與氣的相互轉化和更有效的發揮作用。善養生者，則善守息，此乃肺主氣，經其鼓蕩，推動全身的氣化作用。這種氣化作用，尤其反映在三焦。上焦的氣化作用增強，肺氣更能發揮霧露之溉的作用，使精微物質經百脈而通達周身。中焦氣機暢達，能增強脾胃之氣，故食慾增強，消化吸收良好，改善營養狀態。中焦氣機得調，腎陽之氣充沛，更進一步促進脾胃的運化功能和溫煦周身。氣功鍛練中，調心與調息是緊密聯繫的。正如《胎息經》曰：「氣入身來爲之生，神去離形爲之死，知神可以長生，固守虛無以養神氣，神行則氣行，神住即氣住，若欲長生，神氣相注。」古代養生家將調心放於首位，並把神分爲「識神」與「元神」。「識神」是指意識思維的神，其來源於分娩後，人體感知外界社會和自然的萬事萬物而形成的，認爲是不受意識支配，即能引起主宰生命現象的神。「元神」是人在母體內接受父母的元氣和元精構成胎兒時，即有此神。但是必須指出，「識神」和「元神」並非兩個不相關的獨立體系。練功入靜，進入氣功功能狀態，可自我控制心率的快慢，意守的穴位皮膚溫度可升高或降低。這也表明兩者的關係相當密切，正由於這樣，才能經練功而調整機體的內臟和軀體機能，引起防治疾病的作用。

經絡與穴竅

一、經絡

經絡是人體內經脈和絡脈的總稱。「經」，有路經的意思，是經絡系統的主幹，多循行於深部。「絡」，即網絡，是經絡的分支，如網絡一樣聯繫周身，無處不至。經絡遍布全身，是人體氣、血、津液運行的通道，它將人體的所有內臟器官、筋肉、骨骼、皮毛等組織緊密地聯繫起來，構成一個統一的整體。

㈠經絡的構成：經絡主要由十二正經、奇經八脈、絡脈等組成。其中十二經脈與奇經八脈中任、督兩脈合稱十四經，與氣功鍛練有較密切的關係。

十二經脈，包括手太陰肺經、手厥陰心包經、手少陰心經、手陽明大腸經、手少陽三焦經、手太陽小腸經、足太陰脾經、足厥陰肝經、足少陰腎經、足陽明胃經、足少陽膽經、足太陽膀胱經等，合任脈、督脈，共十四條經脈，組成人體內外、臟腑聯繫和氣血運行的主要經路。

㈡十四經在體表分布規律：手三陰經分布在上肢的內側，手太陰肺經在前，手厥陰心包經居中，手少陰心經在後；手三陽經分布在上肢的外側，手陽明經在前，手少陽三焦經居中，手太陽小腸經在後；足三陰經分布在下肢的內側，足太陰脾經在前，足厥陰肝經居中，足少陰腎經在後；足三陽經在下肢的分布是足陽明胃經在下肢前面，足少陽膽經在外側，足太陽膀胱經在後側。在胸腹部，任脈經居中，足少陰腎經在腹部距任脈零點五寸，在胸部距任脈二寸；足陽明胃經在腹部距任脈二寸，在胸部距任脈四寸；足太陰脾經在腹部距任脈四寸，在胸部距任脈六寸；足少陽膽經在體側面。背部正中是督脈；兩側是足太陽膀胱經（第一支線距任脈一點五寸，第二支線距任脈三寸）。在頭部前正中線是任脈，後正中線是督脈，頭側是手足少陽經，面部是手足陽明經，後面是足太陽經（圖1⑴～⑶）。

㈢十四經的走向與交接：手三陰經從胸走手，手三陽經從手走頭，足三陽經從頭走足，足三陰經從足走腹。任督兩脈分別從會陰向上至頭面，在腭部相接（舌抵上腭時）。

十二經的交接順序是：手太陰肺經→手陽明大腸經→足陽明胃經→足太陰脾經→手少陰心經→手太陽小腸經→足太陽膀胱經→足少陰腎經→手厥陰心包經→手少陽三焦經→足少陽膽經→足厥陰肝經，然後復歸手太陰肺經，周而復始，循環無端。

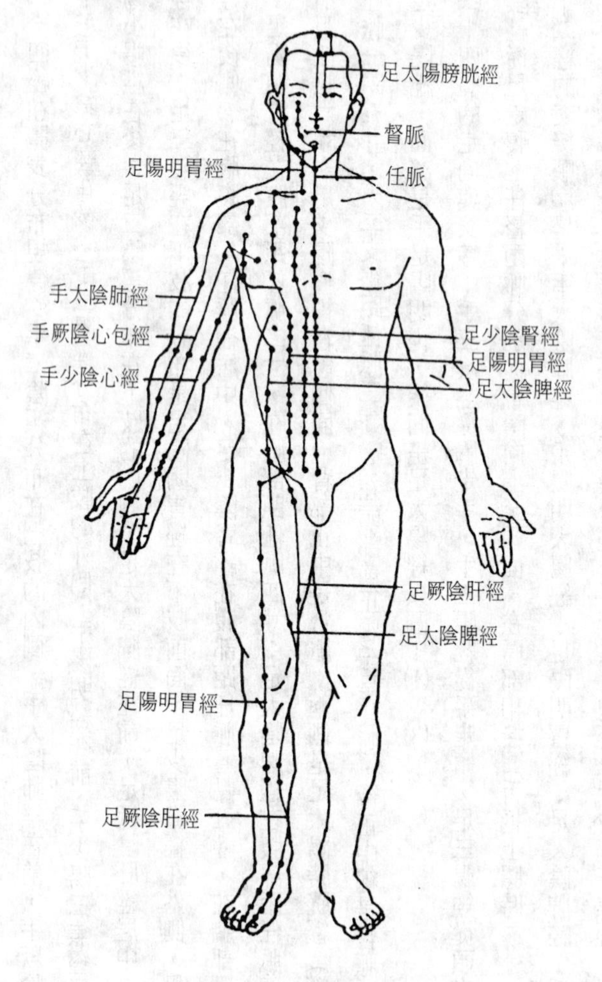
足太陽膀胱經
督脈
足陽明胃經
任脈
手太陰肺經
手厥陰心包經
足少陰腎經
足陽明胃經
手少陰心經
足太陰脾經
足厥陰肝經
足太陰脾經
足陽明胃經
足厥陰肝經

圖1 (1) 十四經分布圖

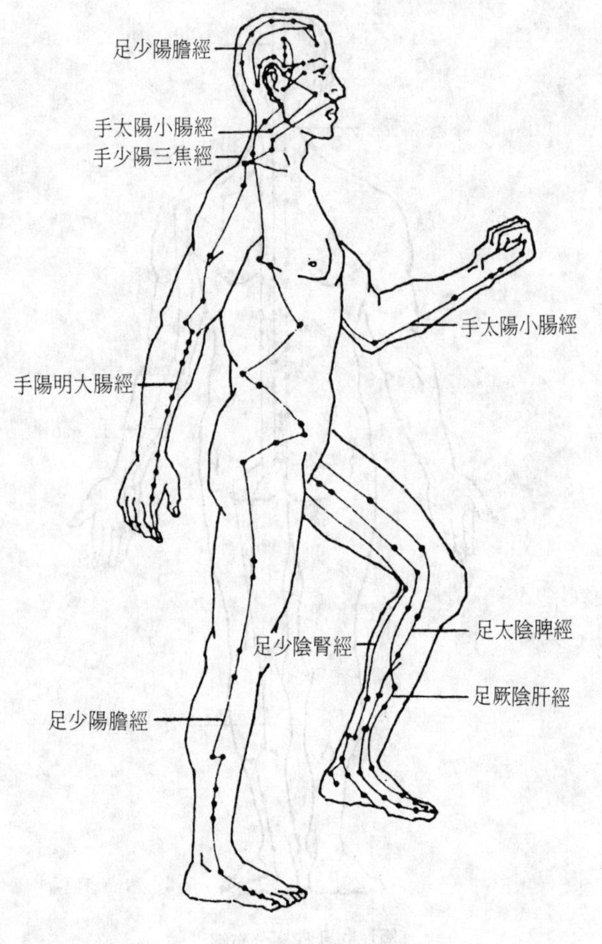

圖1 (2) 十四經分布圖

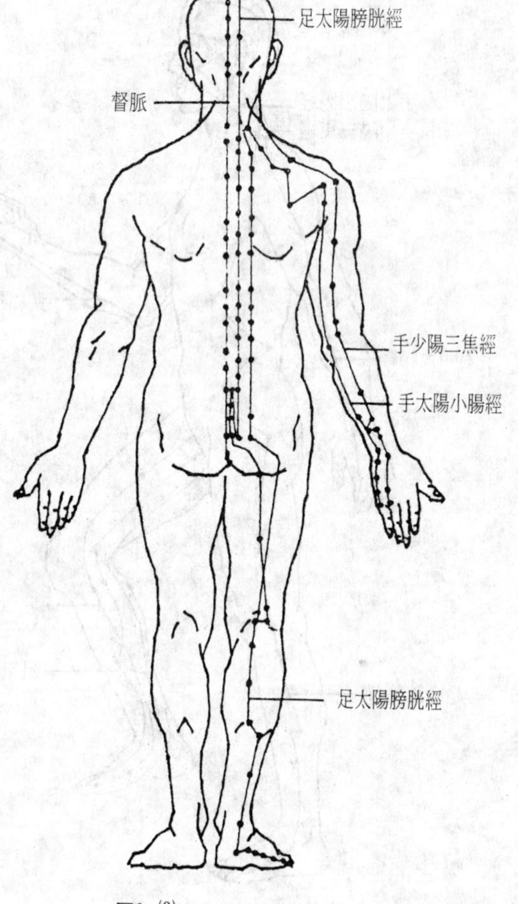

圖1 (3) 十四經分布圖

二、穴竅

穴竅又稱輸穴、穴道、穴位、氣穴，是人體臟腑經絡氣血輸注出入的處所。它通過經絡與臟腑組織密切聯繫，可以反映臟腑組織的生理病理變化，還可以通過導引、按摩穴竅來調整相關臟腑、經絡的機能，達到預防和治療疾病的效果。

㈠丹田與三關：

①上丹田：在兩眉中間（印堂穴）內三寸處。是練氣功、培養眞氣、益智、通行任督脈的要穴。

②中丹田：在兩乳中間（膻中穴）向體內三寸處。是練氣功、調理肺、脾、肝、膽氣的重要穴位。

③下丹田：簡稱丹田，在臍下一點三寸，向腹內三寸處。是練氣功培養眞氣、凝聚眞氣、通行小周天的重要穴位。強壯功、內養功、周天功初步練氣聚氣、壯氣補虛、防治疾病都主張首先意守下丹田。

④尾閭關：在尾骨端，肛門之後上方。是氣通督脈的重要穴竅。

⑤夾脊關：在命門之兩側，夾脊是穴。是氣通督脈的第二個重要穴位。

⑥玉枕關：在腦後枕骨下入腦處。是氣通督脈的第三個重要穴位，練小周天功，氣通督脈，在本穴容易造成氣滯不通而出現頸部板硬，枕部沈重、痠痛等症狀。

㈡常用經穴與奇穴：見下表。

常用十四經穴和經外奇穴表

經絡	穴名	位置	主治
手太陰肺經	中府	前正中線旁開六寸，平第一肋間隙處	咳嗽，胸悶，肩背痛
	雲門	前正中線旁開六寸，鎖骨外端下方，中府上一寸	咳嗽，氣喘，胸痛，肩背痛，胸中煩熱
	尺澤	肘橫紋中，當肱二頭肌腱橈側	肘背攣痛，咳喘，胸脇脹滿，小兒驚風
	列缺	橈骨莖突上方，腕橫紋上一點五寸	咳嗽，咽喉痛，半身不遂，頭項強痛，口眼喎斜，牙痛
	少商	拇指橈側指甲旁約零點一寸	中風昏撲，手指攣痛，小兒驚風。
手陽明大腸經	合谷	手背第一、二掌骨之間，約平第二掌骨中點	頭痛，牙痛，發熱，喉痛，指攣臂痛，口眼喎斜
	手三里	曲池穴下二寸	肘攣，屈伸不利，手臂麻木，痠痛
	曲池	屈肘，肘橫紋盡頭處與肱骨外上髁的中點	頭暈，感冒，肘痛，上肢癱瘓
	肩髃	肩峰前下方，舉臂時呈凹陷處	肩背痛，肩關節活動障礙，半身不遂
	迎香	鼻翼旁零點五寸，鼻唇溝中	鼻炎，鼻塞，口眼喎斜

（續表）

經絡	穴名	位置	主治
足陽明胃經	四白	目正視，瞳孔直下，當眶下孔凹陷中	口眼喎斜，目赤痛癢
	地倉	口角旁零點四寸	流涎，口眼喎斜
	頰車	下頜角上方一橫指處凹陷中，咀嚼時咬肌隆起處	口眼喎斜，牙痛頰腫
	下關	顴弓與下頜切迹之間的凹陷中	面癱，牙痛
	頭維	額角髮際直上一點五寸	頭痛，目眩
	人迎	喉結旁開一點五寸	咽喉腫痛，喘息，氣閉
	缺盆	鎖骨上窩中央，前正中線旁開四寸	胸滿，咳喘，項強，咽喉腫痛
	屋翳	在乳中線上，第二肋間隙處	咳嗽，氣喘，胸脇脹痛，乳癰
	膺窗	在乳中線上，第三肋間隙處	乳癰，乳汁少，胸痛，噎膈，咳嗽，氣喘
	乳根	在乳中直下第五肋間隙處	乳癰，乳汁少，胸痛，咳嗽氣喘
	天樞	臍旁二寸	腹瀉，便秘，腹痛，月經不調
	水道	在天樞穴下三寸	腹痛，疝氣，痛經，陰挺，經閉，白帶，陰冷，腫痛，小便不通
	歸來	在水道下一寸處	腹痛，疝氣，痛經，白帶，陰冷，腫痛
	氣沖	在歸來下一寸，腹股溝上方股動脈內側，任脈旁二寸處	外陰腫痛，疝氣

（續表）

經絡	穴名	位置	主治
足陽明胃經	髀關	髂前上棘與髕骨外緣連線上，平臀溝處	腰腿痛，下肢麻木，痿軟筋攣急，屈伸不利
	伏兔	髕骨外上緣上六寸	膝痛，冷麻，下肢癱瘓
	梁丘	髕骨外上緣二寸	膝痛冷麻
	膝眼	髕骨下緣，髕韌帶外側凹陷中	膝關節痠痛，活動不便
	足三里	膝眼穴下三寸，脛骨前嵴外約一橫指處	腹痛，腹瀉，便秘，下肢冷麻，高血壓
	豐隆	在犢鼻穴與解溪穴連線的中點外開五分處	胸痛，哮喘，痰多，咽喉腫痛，下肢痿痺，腫痛
	解溪	足背踝關節橫紋中央蹞長伸肌腱與趾長伸腱之間	踝關節扭傷，足麻木
足太陰脾經	三陰交	內踝上三寸，脛骨內側後緣	失眠，腹脹，納呆，遺尿，月經不調
	陰陵泉	脛骨內側髁下緣凹陷中	膝關節痠痛，小便不利
	血海	髕骨內上方二寸處	月經不調，膝痛
	箕門	在髕骨內上緣上八寸處	尿閉，小便赤澀，腹股溝腫痛
	大橫	臍中旁開四寸	虛寒瀉痢，大便秘結，小腹痛
	食竇	在第五肋間隙中，任脈旁開六寸	胸脇脹痛
	天溪	在食竇上一肋當第四肋間隙處	胸部疼痛，咳嗽，乳癰，乳汁少
手少陰心經	極泉	腋窩正中	胸悶，脇痛，臂肘冷麻

（續表）

經絡	穴名	位置	主治
手少陰心經	少海	屈肘，當肘橫紋尺側端凹陷中	肘關節痛，手顫肘攣
	神門	腕橫紋尺側端，尺側腕屈肌腱橈側凹陷中	驚悸，怔忡，失眠，健忘
手太陽小腸經	少澤	小指尺側指甲旁約零點一寸	發熱，中風昏迷，乳少，咽喉腫痛
	小海	屈肘，當尺骨鷹嘴與肱骨上踝之間凹陷中	牙痛，頸項痛，上肢痠痛
	秉風	肩胛骨岡上窩中，天宗穴上	肩部疼痛，不能舉臂，上肢痠麻
	肩外俞	第一胸椎棘突下，旁開三寸	肩背疼痛，頸項強直，上肢冷痛
	肩中俞	大椎穴旁開二寸	咳嗽氣喘，肩背疼痛，視物不淸
	肩貞	腋後皺襞上一寸	肩關節痠痛，活動不便，上肢癱瘓
	天宗	肩胛骨岡下窩中央	肩背痠痛，肩關節活動不便，項強
足太陽膀胱經	睛明	目內眦旁開零點一寸	眼病
	攢竹	眉頭凹陷中	頭痛，失眠，眉梭骨痛，目赤痛
	天柱	啞門穴旁開一點三寸當斜方肌外緣凹陷中	頭痛，項強，鼻塞，肩背痛
	大杼	第一胸椎棘突下旁開一點五寸	發熱，咳喘，項強，肩胛痠痛
	風門	第二胸椎棘突下旁開一點五寸	傷風，咳嗽，項強，肩背痛

（續表）

經絡	穴名	位置	主治
足太陽膀胱經	肺俞	第三胸椎棘突下旁開一點五寸	咳嗽，胸悶，氣喘，背肌勞損
	心俞	第五胸椎棘突下旁開一點五寸	失眠，心悸，心絞痛
	肝俞	第九胸椎棘突下旁開一點五寸	脇肋痛，肝炎，目糊，胃痛
	胆俞	第十胸椎棘突下旁開一點五寸	脇肋痛，口苦，黃疸
	脾俞	第十一胸椎棘突下旁開一點五寸	胃脘脹痛，消化不良，小兒慢脾驚
	胃俞	第十二胸椎棘突下旁開一點五寸	胃病，小兒吐乳，消化不良
	三焦俞	第一腰椎棘突下旁開一點五寸	腸鳴，腹脹，嘔吐，腰背強痛
	腎俞	第二腰椎棘突下旁開一點五寸	腎虛，腰痛，遺精，月經不調
	氣海俞	第三腰椎棘突下旁開一點五寸	腰腿痛
	大腸俞	第四腰椎棘突下旁開一點五寸	腰腿痛，腰肌勞損，腸炎
	關元俞	第五腰椎棘突下旁開一點五寸	腰腿痛，泄瀉
	八髎	在第一、二、三、四骶後孔中（分別稱爲：上髎、次髎、中髎、下髎）	腰腿痛，泌尿生殖系疾患
	秩邊	第四骶椎棘突下旁開三寸	腰腿痛，下肢痿痺，小便不利，便秘
	委中	膕窩橫紋中央	腰痛背痛，膝關節屈伸不利，半身不遂

(續表)

經絡	穴名	位置	主治
足太陽膀胱經	承山	腓腸肌兩肌腹之間凹陷頂端	腰腿痛，腓腸肌痙攣
	昆侖	外踝與跟腱之間的凹陷中	頭痛，項強，腰腿痛，踝關節扭傷
足少陰腎經	湧泉	足底中足趾蹠屈時凹陷處	偏頭痛，高血壓，小兒發熱
	太溪	內踝與跟腱之間凹陷中	喉痛，不寐，齒痛，陽痿，月經不調
	照海	內踝下緣凹陷中	月經不調
手厥陰心包經	曲澤	肘橫紋中，肱二頭肌腱尺側緣	上肢痠痛，顫抖
	內關	掌橫紋上二寸，掌長肌腱與橈側腕屈肌腱之間	胃痛，嘔吐，心悸，精神失常
	大陵	腕橫紋中央，掌長肌腱與橈側腕屈肌腱之間	心痛，心悸，胃痛，嘔吐，胸脇痛
	勞宮	手掌心橫紋中，第二、三掌骨之間	心悸，顫抖
手少陽三焦經	中渚	握拳，第四、五掌骨小頭後緣之間	偏頭痛，掌指痛，肘臂痛
	外關	腕背橫紋上二寸，橈骨與尺骨之間	頭痛，肘痛，手指痛，屈伸不利
	陽池	腕背橫紋中，尺總伸肌腱尺側緣凹陷中	肩臂痛，腕痛，消渴，耳聾

（續表）

經絡	穴名	位置	主治
手少陽三焦經	肩髎	肩峰外下方，肩髃穴後寸許凹陷中	肩臂疼痛，肩關節活動不利
	絲竹孔	在眉後凹陷中	目眩，目赤，偏正頭痛，視物不明
足少陽膽經	瞳子髎	在目外眦外側，眶骨外側緣凹陷中	頭痛，目赤，目痛，迎風流淚
	陽白	在前額，於眉毛中點上一寸	頭痛，目眩，目痛
	風池	頸後枕骨下，胸鎖乳突肌與斜方肌三角凹陷中，平風府穴	偏頭痛，頭痛，眩暈，頸項強痛，中風外感
	肩井	大椎穴與肩峰連線的中點	項強，項背痛，手臂上舉不利，諸虛百損
	居髎	髂前上棘與股骨大轉子連線的中點	腰腿痛，髖關節疼痛，骶髂關節炎
	環跳	股骨大轉子與骶管裂孔連線的外三分之一與三分之二交界處	腰腿痛，坐骨神經痛，偏癱，下肢痿痺
	風市	大腿外側中間膕橫紋水平線上七寸	偏癱，下肢痿痺、麻木，膝關節疼痛
	陽陵泉	腓骨小頭前下方凹陷中	膝關節疼痛，脇肋痛
	光明	外踝上五寸，腓骨前緣	膝痛，下肢痿痺，目痛乳脹
	懸鐘	外踝上三寸，腓骨後緣	頭痛，項強，下肢疼痛

(續表)

經絡	穴名	位置	主治
足少陽膽經	丘墟	外踝前下方，趾長伸肌腱外側凹陷中	踝關節痛，胸脇痛
足厥陰肝經	行間	在足第一、二趾縫間趾蹼緣之後方處	月經過多，痛經，尿道疼痛，遺尿，小便不通
	太沖	足背第一、二蹠骨底之間凹陷中	頭痛，眩暈，高血壓，小兒驚風
	章門	第十一肋端	胸脇痛，胸悶，腹脹，腹痛
	期門	乳頭直下，第六肋間隙	胸脇痛，嘔吐，腹脹，泄瀉
任脈	關元	臍下三寸	腹痛，痛經，閉經，遺尿，脫肛，消渴，眩暈
	石門	臍下二寸	腹痛，月經不調，脘腹脹滿，痛經，閉經
	氣海	臍下一點五寸	腹痛，泄瀉，腹脹，閉經
	神闕	臍的中間	腹痛，泄瀉
	中脘	臍上四寸	腹痛，腹脹，嘔吐，納呆，頭痛，失眠
	鳩尾	臍上七寸，劍突下	心胸痛，反胃，胃病，胸中滿痛
	膻中	前正中線上，平第四肋間隙處	咳喘，胸悶，胸痛，心悸，胸痺，心痛
	天突	胸骨上窩正中	咳喘，咯痰不爽，咽喉腫痛
	廉泉	在喉頭結節上方，舌骨上緣凹陷處	噎食困難，涎出，舌下腫痛
	承漿	在下唇溝中央陷中	口不能言，半身下遂，口噤不開

（續表）

經絡	穴名	位置	主治
督脈	長強	尾骨尖下零點五寸	腹瀉，便秘，脫肛
	腰陽關	第四腰椎棘突下	腰背疼痛，下肢痿痺，月經不調
	命門	第二腰椎棘突下	腰背疼痛，虛損腰痛，遺尿，耳聾，耳鳴，泄瀉
	脊中	第十一胸椎棘突下	腰背強痛，腹瀉，脫肛
	風府	後髮際正中直上一寸	頸項強痛，眩暈，半身不遂，咽喉腫痛，外感
	百會	後髮際正中直上七寸	頭痛，眩暈，驚悸，健忘，失眠，耳鳴，脫肛，泄瀉，高血壓
	人中	人中溝正中線上三分之一與中三分之一交界處	驚風，口眼喎斜，昏迷眩暈
經外奇穴	印堂	兩眉頭連線的中點	頭痛，頭暈，不寐
	太陽	眉梢與目外眦之間向後約一寸外凹陷中	偏正頭痛，目眩，牙痛，口眼喎斜，目澀，失眠
	夾脊	第一胸椎至第五腰椎各椎棘突下旁開零點五寸	脊柱強直，疼痛，四肢疾病與臟腑疾病
	四神聰	在百會穴前後左右各一寸處共四穴	頭痛，眩暈，中風癲癇
	天門	在印堂至前髮際處	頭痛，眩暈，外感
	坎宮	自眉頭起沿眉向眉梢成一直線	目赤腫痛，頭痛，目眩、外感神昏

（續表）

經絡	穴名	位置	主治
經外奇穴	天目	印堂穴上方	目眩，前額凝脹感，頭暈
	外勞宮	在掌背與勞宮穴相對	感冒，腹痛，瀉痢，氣通要穴
	外金津	在廉泉穴上一點五寸向左旁開三寸處	中風不語，流涎舌強
	外玉液	在廉泉穴上一點五寸向右旁開三寸處	中風不語，流涎舌強

氣功三調

氣功流派眾多，鍛練方法各異，但是鍛練的基本內容總是包括三個方面：調身（姿勢）、調息（呼吸）、調心（意念），通稱氣功「三調」。在「三調」內容上，各種功法又各有其特點和要求，從而形成了數以千計的不同方法，其生理效應和防病治病效果亦各異。因此，練功者必須結合實際選擇功法內容和方法進行鍛練。

一、調身

調身是擺好正確的練功姿勢。姿勢應自然放鬆、舒適得宜，切不可呆板拘泥、僵緊拿勁，正確的姿勢是順利進行呼吸和誘導精神放鬆入靜的先決條件。

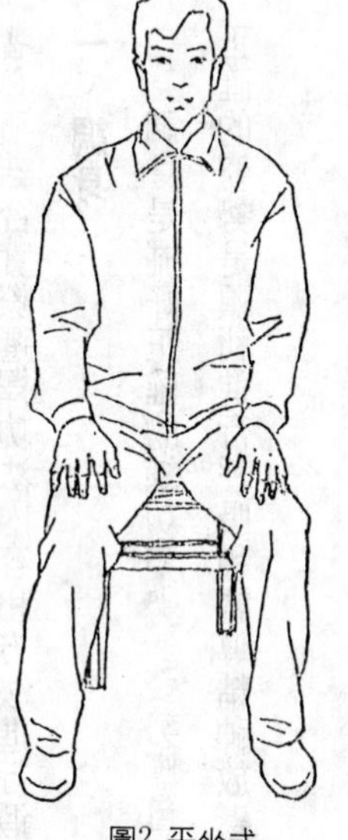

圖2 平坐式

圖3 自然盤坐式

圖4 單盤膝式

㈠練功姿勢的種類：

①坐式：

⑴平坐式：端坐在凳椅上（不要滿坐），兩脚平行著地，兩腿自然分開，軀幹與大腿、大腿與小腿均爲九十度角，兩手平放在大腿上，手心向下：上體要做到頭正頸直，鼻臍相對，沈肩垂肘，含胸拔背，虛靈頂勁，兩眼垂簾或輕閉，口自然閉合，上下牙齒若接若離，舌尖輕抵上腭，自然安靜放鬆坐在凳椅上（圖2）。

⑵靠坐式：姿勢與平坐式相同，只是上體要靠在椅背上進行練功。這種練功姿勢適合於體力較差的練功者。

⑶自然盤膝式：端坐在木板床上，兩腿交叉成「八」字形，自然盤坐，兩手相疊放在兩膝蓋上或放於小腹前，上體要求同平坐式（圖

3）。

⑷單盤膝式：端坐在木板床上，鋪上軟墊子，臀部坐處要墊高些，要使兩股在入坐之後前後平正，右（左）小腿放在左（右）小腿上面，兩手互握或握成子午訣式。上體要求同自由盤膝式（圖4）。

②臥式：

⑴仰臥式：高枕平仰臥於床上，上半身略墊高些，呈斜坡狀，頭端正，雙手與身體平放於體側或雙手重疊放於腹部丹田穴上，兩腿自然伸直，兩脚微開或左脚放在右脚之上（圖5）。

⑵側臥式：側臥於木板床上，頭枕平，頸略向前彎；上面的手放在臀部，手心向下；下面的手放在枕上，離頭約二寸，手心向上；上體伸直，上腿屈膝放在自然伸直的下腿上。一般採用右側臥位（圖6）。

⑶靠臥式：身體斜靠在床上，即半臥位，兩腿自然伸直，兩手重疊（兩勞宮穴相對）放在腹部丹田穴上（圖7）。

⑷高尾式：仰臥於木板床上，將臀部墊高些，兩腿自然彎曲伸開或順勢也將腿墊高形成頭低脚高的斜坡狀，兩臂自然放於體側。

③站式：

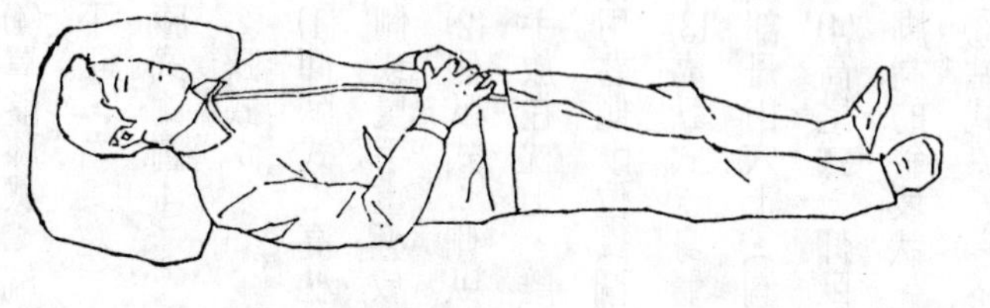

圖5 仰臥式

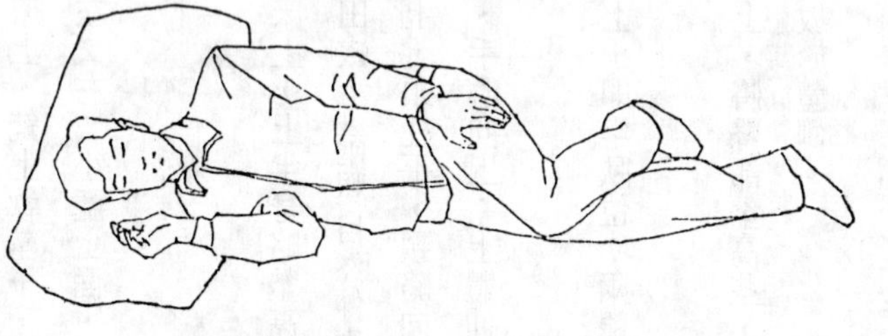

圖6 側臥式

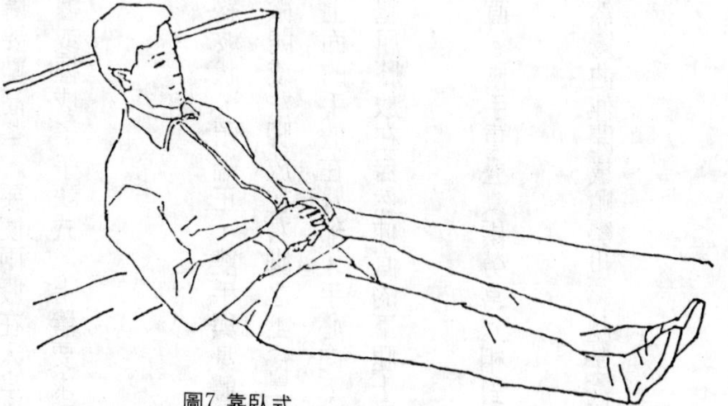

圖7 靠臥式

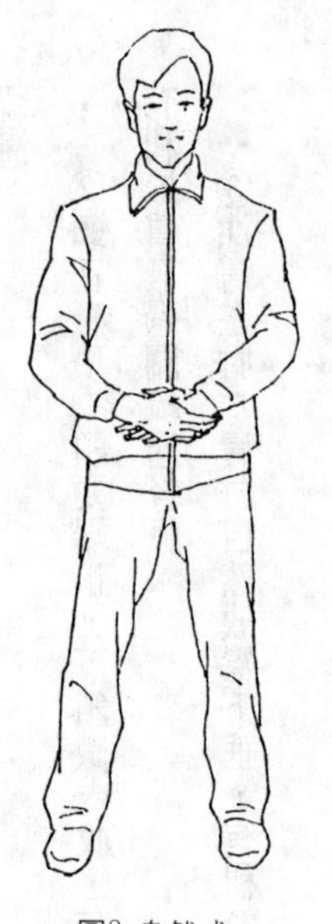

圖8 自然式

圖9 三圓式

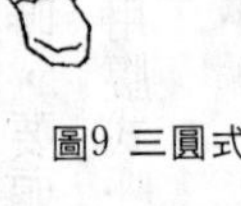

圖10 下按式

⑴站襠式：站立，兩脚左右平分開與肩同寬，頭頸正直，下頜微收，含胸拔背，全身放鬆，兩眼平視或微閉。根據膝關節彎曲的程度可分爲：高位（膝關節微屈），中位（膝關節屈後成一百二十度左右夾角），低位（膝關節屈後成九十度夾角）。根據手臂的姿勢又可分成多種姿勢，常用的有以下幾種：

自然式：兩手重疊（兩手勞宮穴相對）放在小腹丹田處，一般採用高位站襠式（圖8）。

三圓式：兩手在胸前作環抱狀，兩手心向裏，五指自然分開，手指微屈，指尖相對，兩手指尖相距三十公分左右，兩手如抱球狀。兩手高度，上不過胸，下不過臍。一般採取中位站襠式（圖9）。

下按式：兩臂屈肘，小臂前伸於地面平行，兩手心向下，手指自然分開，成下按姿勢（圖10）。

⑵走式：靜站二～三分鐘後，左脚先向前邁出一步，左脚跟著地，上體和兩手向右擺，鼻吸氣，口呼氣，當左脚踏實後，再邁右脚，上體和兩手臂向左擺，鼻吸氣，口呼氣。如此一步一步向前走，一般每次練半小時左右即可。

走式的另一種方法是在行走和散步時，要頭正身直，不左顧右盼，意守丹田、湧泉或尾閭穴，鬆靜自然，兩手拇指輕捏食指，用腹式呼吸法，行走二～三步一吸，行走二～三步一呼，視行步快慢而定。

㈡調身鍛練的要領：

①寬解衣帶：衣帶不宜太緊，否則會妨礙調息，只有寬解衣帶，才能使經絡通暢，氣不留滯。

②頭正懸頂：頭要端正，下頜微內收，有一種微微上頂之勁，這樣頸部才能放鬆端正，有利於眞氣過關疏通督脈。

③沈肩墜肘：肩肘自然放鬆下垂，有利於運達手三陰、手三陽之氣。

④含胸拔背：胸要自然內含，使之脊柱正直，保持身體中正、放鬆，有助於眞氣的周天運行。

⑤舒腰鬆腹：腰腹是練氣、運氣的重要部位，腹爲練氣之爐，腰爲腎之府，命門所在，是通脈運氣之要關，腰腹放鬆而不懈怠，才有助於練氣和氣的運行。

⑥斂臀收膝：斂臀可直脊，以利眞氣運行於督脈；膝鬆則使眞氣通達足三陰、足三陽。

⑦五趾抓地：站式時脚要平鋪，脚趾要扣地，有利於身體的平穩，同時有助於眞氣上行。

⑧垂帘內視：輕閉兩眼，內視所練氣或行氣之處。目爲練功之要竅，目不亂則神可收，即可斷幻覺，又可斷陽光。目不可緊閉，緊閉則光黑過暗而昏，不閉則神露，過明而弛。微開其目，常視鼻端也是入靜的方法。

⑨塞兌返聽：塞兌，是輕合其嘴，不可咬牙緊縮；返聽就是使聽覺歸於自身，以斷外緣。

⑩舌抵上腭：又稱「舌柱上腭」、「柱舌」等。要使舌自然上捲輕抵上腭，使任督兩脈溝通。練功達到一定程度，舌抵上腭之力自然加大而後縮，這是功夫進展的現象，但是不要刻意追求。

⑪若練按摩導引功，則使推、摩、揉等手法姿勢隨手法活動，輕而不浮、重而不滯，不可僵硬。

二、調息

調息就是對呼吸的調整和鍛練。調息是保健氣功練氣的重要環節，是使人體內眞氣積蓄和運行的主要方法。調息不僅可以對機體引起調和氣血、按摩內臟的作用，同時也有助於思想安靜和身體放鬆。這種對呼吸的鍛練就叫「調息」或「吐納」。

㈠調息鍛練的種類：

①自然呼吸法：就是不加意念，以平時自然呼吸頻率和習慣進行呼吸的方法。由於男女生理上的差異及人們習慣的不同，出現了有自然胸式呼吸爲主者，有自然腹式呼吸爲主者，有混合呼吸者，但無論哪種呼吸爲主，均以自然狀態下的呼吸進行。一般練功者均可採用。

②順腹式呼吸法：吸氣時膈肌下降，腹部隆起，呼氣時膈肌上升、腹部內收的呼吸辦法。意守肚臍時易形成順腹式呼吸法。坐式和臥式練功者適宜採取此種方法。此法對防治心血管和腦血管疾病療效較好。

③逆腹式呼吸法：即吸氣時膈肌上升、腹部內收，呼氣時膈肌下降、腹部隆起的呼吸方法，此種方法也是保健氣功常用的方法。鍛練熟悉後，可配合提肛動作，即吸氣時肛門微縮，前陰微收，呼氣時鬆肛，此法適於靜功坐式和臥式。

④停閉呼吸法：是一種「以意領氣」有意識的停頓呼吸的方法。可分爲兩種：一種是呼

吸停法，也叫「軟呼吸法」，具體練法是按「吸氣→呼氣→停閉呼吸→吸氣」的次序反覆練習。另一種方法是吸停呼法，也叫「硬呼吸法」，具體練法是按「吸氣→停閉呼氣→呼氣→吸氣」的次序反覆練習。停閉呼吸法的呼吸腹部是按順腹式呼吸法變化的，只是停閉時腹部保持不動。此呼吸法對防治消化系統疾病療效較好。

⑤風呼吸法：用鼻吸鼻呼，並略帶有氣息的聲音，但聲音不要過大，以自己剛能聽到為度，而且呼吸都比較短促。當配合肢體活動時，先做有節奏的兩個連續而短促的吸氣（即吸、吸），再緊接著做一呼氣，從而形成「吸→吸→呼」這樣的呼吸節奏。

⑥鼻吸口呼法：用鼻吸氣、口呼氣的方法。當練習一些特殊的功法或呼吸道有病、內腔變狹、呼吸不暢時，可採用此法。

⑦讀字呼吸法：配合默讀字音進行呼吸的方法。練習時，用鼻吸口呼的方法進行，只是呼氣時要用讀字發音時的口形，但不發出聲音來。這類方法的典型代表功法是「六字訣」功法。

⑧開合呼吸法：又叫「體呼吸法」。練習時，意守丹田穴，隨呼氣意想氣息向身體各部位充盈（但不要向頭部擴散，頭腦應保持清爽寧靜的感覺），意想全身毛孔也隨著呼吸而開張；吸氣時，意想全身毛孔隨著吸氣而收合。這種意想全身毛孔隨呼吸一開一合，有氣息充盈全

身之感的呼吸法，也叫「毛孔呼吸法」。

㈡調息鍛鍊的要領：

①調息鍛鍊應在調身鍛鍊的基礎上進行，即應首先擺好正確的姿勢。否則會導致呼吸緊迫、情緒緊張、胸悶、頭昏腦脹等不良現象，影響練功效果。

②調息鍛鍊應在自然呼吸的基礎上，氣沈丹田，要在大腦相對安靜的狀態下，逐步把呼吸鍛鍊得柔和、細緩、均勻、深長。初練調息者，切勿猛力呼吸，絕對不要把呼吸勉強拉長或縮短，否則會引起憋氣，胸部悶痛，喉、鼻、氣管不適的副作用。

③古人調息講究呼吸的形態，有風、喘、氣、息四相之說。認爲「守風相則心散，守喘相則心結，守氣相則心勞，守息相則心定」。風相是指呼吸時自己能聽到粗糙的呼吸聲；喘相是指雖聽不到呼吸聲，但呼吸時感到結滯不通暢；氣相是指呼吸雖無聲、不結滯，但出入不均勻細長；息相指在高度入靜狀態下，出現的深長均勻的呼吸。

④在調息鍛鍊前，最好先用口呼氣，意想身中百脈不通之處，體內之濁氣皆隨之呼出，然後閉口納清三次，後任其自然，慢慢用意念調整所要練的呼吸方法。

⑤調息鍛鍊在感到倦乏或不適時（一般在十～二十分鐘後），都應立即改作自然呼吸法，作爲休息和解除疲勞的作用，以免呼吸肌過於疲勞，發生麻痺，使人憋悶，甚至發生危險。

在改變呼吸方式時，身體的姿勢完全不動，以免擾亂心思，不能連續保持安靜狀態。

三、調心

調心是練氣時思想意念的鍛練。氣功的姿勢和呼吸鍛練都是在意念活動的支配下進行的，所以意念在氣功鍛練中引發主導作用。《攝生三要》說：「聚精在於養氣，養氣在於存神，神之於氣猶母之於子也。故神凝則氣聚，神散則氣消，若保持精氣，而不知存神，是茹其華而忘其根矣。」它強調了精氣神在練功中的關係，也闡述了神的重要性。調心的中心環節則是通過意的作用，使思想集中、排除雜念，以一念代萬念，從而逐步誘導入靜，進入虛空的境界。

㈠調心鍛練的種類：

①凝神法：古稱「守一」，即要把意念停留在身體某一經絡、穴位，以達入靜之目的，這種意守與入靜是相輔相承的。意守不僅有利於入靜，而且通過意守的鍛練使意氣相結合，可以調動人體的「內氣」，並促進「內氣」聚集和運行，同時調整內臟功能，達到治病強身之目的。常用的凝神方法有：

⑴丹田意守法：練功時意念停留在臍下丹田處。此法有助於「內氣」的積蓄與發動，也是幫助全身放鬆、大腦入靜的方法。對諸虛百損及泌尿生殖系統的某些疾病有一定的治療作

用。

⑵命門意守法︰命門爲督脈、帶脈交會之點，也是兩腎間氣機會合之處，有生命門戶之稱。意守命門對於某些的陽虛、腎虧、腰痛等疾病有一定的治療作用。

⑶穴位意守法︰練功者意守某一特定經絡穴位的方法，並有一定的治療作用。如︰意守百會穴，能提升一身之陽氣，可調整機體內陰陽的平衡，對某些陽虛氣陷引起的腦貧血、低血壓等疾病有一定療效。意守膻中穴，具有調和氣血的作用，對某些婦科疾病有一定療效。意守會陰穴，可起練精化氣之作用，對於某些泌尿生殖系統疾病及陰虛陽亢等疾病有一定療效。意守湧泉穴，具有育陰潛陽的作用，對神經衰弱、失眠、高血壓、心臟病及陰虛陽亢等症有一定療效。意守勞宮穴，對調節心、神（包括大腦和心臟）有重要作用，交替意守勞宮與湧泉穴，可調節心腎功能，引起交通心腎的作用。

②存想法︰練功者運用意念默想某一外景或某一精神境界，誘導入靜的一種方法。

③放鬆法︰練功者運用意念誘導身體放鬆，以達入靜的方法。通常採用的辦法是意想自己身體各部位逐一放鬆，包括局部放鬆法和三線放鬆法。配合調息練習時，吸氣想「靜」字，呼氣想「鬆」字，而逐步誘導全身放鬆入靜，這是初學練功者常採用的調心方法。

④默念法︰練功者通過默念字句來排除雜念、收斂思緒，以達入靜的方法。要用意默念，

切勿發出聲音。實踐證明，默念的字句要單純，一般不超過九個字為宜，否則停閉時間長，易出現頭痛頭脹、心跳胸悶、呼吸阻塞感、心情煩躁等不良反應。

⑤數息法：練功者默數呼吸次數（一呼一吸為一次），連續計數，數至耳無所聞、目無所見、心無所慮，自然達到入靜狀態。此時就可不必再數息，而變為思想隨呼吸（隨息），不想其他，使身體進入舒適入靜狀態。此法也可達到調息作用，一般失眠的人宜用數息法幫助入睡。據有關文獻記載，夏季數呼氣，可以使人產生涼爽感覺；冬季數吸氣，可使人產生溫暖的感覺。

⑥聽息法：練功者用耳去聽自己呼吸的聲音出入，以聽不到為好，在聽不到時仍繼續去聽可幫助自己入靜。

⑦隨息法：意念集中在呼吸上，但不可用意指揮呼吸，只留意於腹式呼吸的起伏，以便形成意氣合一，達到入靜的目的。

⑧假想法：練功者在鍛練時提出一種假設的現象，通過鍛練，久而久之會出現一種氣的感應，如：撫球、按氣、慣氣、排氣、氣熱如火、氣寒如冰、氣如利劍、氣柔如綿等。這是高度入靜的效應，對促進內氣的調動和運行有一定的作用。

⑨觀想法：練功時，內視觀想自己身體的某一部位或某一經絡，以誘導入靜。通過內景

觀想的鍛練，會逐漸出現「返觀」現象，這也是高度入靜的效應。

㈡調心鍛練的要領：

古練功家常用「心猿意馬最難收」來形容調心鍛練難度之大，也說明調心鍛練是練功中必須注意的關鍵問題。

①意形結合：練功初期，首先將意念放在調身上，按調身的要領擺好姿勢，使身心處於輕鬆、安靜、舒適的狀態。這樣採用先放鬆後入靜或放鬆入靜相結合的方法進行鍛練，是調心鍛練的基本功。同時形意結合要因功法不同而形式亦不同。如在動功中，意念要配合姿勢的升、降、開、合運動進行調心鍛練。這是初學者調心鍛練的基本要領之一。

②意息結合：氣功對呼吸的鍛練也是在意念活動的主導下進行的。所以，調息鍛練的過程也是調心鍛練的過程，兩者是互相聯繫的。初練氣功時，意宜淡，不宜濃，呼吸不要使勁、憋氣，要意息相隨，順乎自然，以達到排除雜念入靜的目的。在此基礎上逐步形成高度入靜狀態，即古人謂之「坐忘」、「心如潭水」的高級階段。此時大腦處於虛空又清醒的狀態，這需要較長時間方能達到。初學者切勿強求，以免欲速不達，功虧一簣。

③恬淡虛無：調心鍛練的過程中要「有爲中寓無爲，無爲中而寓有爲」。練功到一定程度時意越淡越好，以達到若有若無、似意非意、恬淡虛無的境界。此時，練功者的意念「不即

不離」。「意離」，會導致昏睡失控之弊；「意太濃」則不易做到放鬆入靜，還會出現因氣機紊亂產生的憋氣、氣脹、傷氣、心慌等偏差。調心鍛練要順乎自然，要心無昏暗、無散漫、勿忘勿助，不可「執著」，應把意念活動練到進入所謂「鬆、靜、定、空」的境界。

④心靜意定：練功到一定程度會逐步出現氣機發動時帶來的一系列現象，如：「八觸」現象、「自動功」現象、各種幻覺。此時，應採取不喜不恐，不慮不言，任其自來自去，順其自然地堅持練下去，這樣就能避免偏差，功到自成。

⑤精神內守：古人稱之「守虛」、「守神」、「守息」等法。內守與恬淡虛無互相聯繫，「守」(守竅)與「行」(行氣)互相結合，會有利於「內氣」的聚集、儲存、發動和運行，會使全身氣血旺盛通暢。同時，由於所「守」的位置不同，治病作用各異，在治療疾病的練功中應有的放矢，對症實施。

練功注意事項

①練功首先要將自己所練功法中的動作、呼吸、意念、要領弄清楚，將手法、穴位選好、找準，經過一段學習，較熟練了，就可以堅持鍛練。

②要充分發揮自己的主動性，有信心、有決心、有恒心，循序漸進地進行認眞的鍛練。

練功前要將自己的工作、學習、生活等各方面的事情都安排好，不要帶著思想問題和緊張不安的情緒來練功。

③一般要選擇空氣新鮮，環境安靜的地方練功，在室內練功也要注意安靜和空氣流通。但不宜在迎風或電風扇下練功。

④練功前要做好準備工作，首先要使情緒安定下來，解好大、小便，放鬆腰帶，取下手錶、眼鏡，以免影響氣機和血液循環。有些導引手法需暴露體表，有些具體的功法要嚴格遵守其要領和注意事項。

⑤練功次數，有些導引的動作次數，最好按要求練；但練功總時間的長短，也要根據自己的體質、病情和練功的進度靈活掌握，不可勉強延長時間和增加次數，應留有餘力，留有餘興，以不感到疲勞爲度。

⑥不要在過飽或過飢餓時練功。一般要在進餐一個小時以後再練功。

⑦以氣功治療疾病時，可以同時配合藥物或其他治療方法進行綜合治療。婦女月經期練功時間不宜過長，不要向下肢引導過多的意念活動。

⑧練功中體內出現熱、脹、痠、痛、麻、癢、涼、蟲爬、肌肉跳動等感覺，這是體內氣機發動的現象，不要驚恐緊張，也不要好奇追求，一切順其自然。

⑨練功中要節制房事，對煙、酒、茶及辛辣之物都應適當控制。逐漸戒煙。

⑩練功中突然受到驚恐，如大的響聲、或別人騷擾，或練功中出現奇特現象，都不要緊張、害怕，要找出原因，使情緒安定下來再練功。

⑪練功要做到起功穩，練功穩，收功穩。不可草率起功和收功，以免氣不歸原或氣機紊亂。

⑫練功的面向方位，保健或作爲防病練功者，可選擇面東、面南練功，或白天面向太陽方向，夜間面向月亮方向均可。若以氣功治病者，則要根據疾病的性質來選擇練功方位。如陽虛症，則應面向東方或南方；陰虛症則應面向西方或北方等。

⑬練功的時間，保健者，一般選擇在早晨起床後，晚上睡覺前練功爲宜。如以氣功治病者，則要根據疾病陰陽、虛實來選擇適當的時間爲更好。如陽虛者，宜在六陽時練功（子丑寅卯辰巳）；陰虛者，宜在六陰時練功（午未申酉戌亥）。也可等分時間，每天練四～六次，即六或四小時練功一次。

⑭在選擇功法時，應首先選好一種基本功法，再考慮選擇輔助功法，根據病情配合鍛練。病情嚴重者，要遵照醫囑，並在醫生指導下練功。

第二章 內科病症防治

感冒

感冒是風邪侵襲人體所引起的，以頭痛、鼻塞、流涕、噴嚏、惡寒、發熱等爲主要臨床表現的外感疾病，一年四季均可發病，但以冬春季節爲多見。由於四季氣候的變化和病邪的不同，或由於體質有強弱，感邪有輕重，因此，在症候表現上有風寒、風熱兩大類。

感冒主要是感受風寒、風熱之邪氣所致，多發於氣候突變、寒暖失常之時。風寒、風熱之邪氣侵襲人體，往往在稟賦素虛、正氣虛弱、肺衛調節功能失常的情況下感受外邪，內外因相引而發本病。

西醫學之上呼吸道感染屬於本病範圍，流行性感冒屬於時行感冒的範疇，可參照本篇辨證練功防治。

練氣功可以增強體質，調節肺氣而預防感冒，已被大量臨床資料所證實。一般體弱易患感冒的患者經練功二十餘天後就可以產生明顯的作用，所以氣功防治感冒，主要著重於預防。

【辨證】

㈠外感風寒：惡寒重，發熱輕或不發熱，無汗，頭痛，四肢痠痛，鼻塞流涕，聲重，喉癢。咳嗽，痰清稀，舌淡，苔薄白，脈浮緊。

㈡外感風熱：發熱重，惡寒輕，頭痛，有汗，咽喉腫痛，咳痰黃稠，苔薄白或微黃，脈浮數。

【功法】

㈠基本功法：

①乾坤運轉功：

⑴預備：取坐式或站式。以站式爲例：鬆靜站立，兩脚與肩同寬，全身放鬆，自然呼吸，排除雜念，兩目輕閉，舌抵上腭，兩手合十當胸待勢（圖11）。

圖11 預備

⑵上下抱球運轉：兩手在胸前自然伸開，呈抱球狀。男左手在上（女右手在上），拇指與膻中穴同高，右手在下

圖12 上下抱球運轉

圖13 左右抱球運轉

圖14 日月輪轉

（女左手在下），小魚際平臍，兩手內勞宮相對（圖12）。呼吸自然，意想兩手抱一汽球，陰陽之氣在兩手之間循環。先用意吸一口氣入於丹田，呼氣時將氣從丹田送入兩掌之間，隨之兩掌用勁推拉數次，有氣牽引撐脹感後，左手向順時針方向轉，右手向逆時針方向轉，似搓球之狀，做二十五次；然後，兩手再向反方向旋轉搓球三十次。

(3)左右抱球運轉：兩手在腹兩側，呈抱球狀，內勞宮相對，兩拇指與膻中穴同高（圖13），意想兩手抱球，左手向順時針方向轉，右手向反方向旋轉搓球二十五次；然後兩手再向反方向轉三十次。

(4)日月輪轉：左手在上平天突穴，右手在下平神闕穴，如懷中抱球狀（圖14）。先吸一口氣入丹田，然後呼氣運氣於兩手之間，用內勁將兩手與胸、腹推拉數次，待有氣感後，左手向內轉，右手向外轉，兩手前臂內外輪轉二十五次；然後再向反方向輪轉三十次。最後兩手在胸前合十靜練片刻，再搓搓手，搓搓臉收功。

②祛風解表導引功：

(1)推前額：以兩手食、中、無名指併攏，用指面從兩眉中點向前髮際直推二十四～五十次（圖15）；然後再自前額中點向兩側分推二十四～五十次。意注掌下，自然呼吸，吸氣時用力推摩。

(2)揉運太陽：以兩手中指按太陽穴向耳後方向揉運二十四～五十次（圖16）。

(3)掃散膽經：兩手四指微屈併攏，用指尖在耳上頭之側面，從額角順膽經向腦後摩擦掃散五～十次（圖17）。

(4)洗鼻：用兩大拇指背，相互搓摩，然後輕輕上下摩擦鼻之兩側。吸氣時搓摩五次；呼氣時搓摩五次，共做九息（圖18）。

(二)輔助功法：

①風寒感冒者，宜加練閉息發汗導引功。

功法：右側臥位，吸氣時用力屈膝屈肘，同時兩手用力握拳，兩腳用力屈趾，然後閉氣

圖15 推前額

圖16 揉太陽

圖17 掃散膽經

圖18 洗鼻

至不可再忍耐時呼氣，同時全身放鬆，以意念向周身皮毛疏導邪氣，從毛孔而出，做九息；再改左側臥位，以同法做九息，令汗出表解。

②風熱者，宜加練疏風解表導引功。

⑴伸腿坐位，以兩手掌平按於床上，縮身屈背向上舉（圖19）九次；然後以兩拳捶擊腰背，從上至下反覆數次。

⑵盤坐位，兩手小指交叉，攀腦後風府、風池穴處，先搓摩九次；再兩手壓頭、屈頸、彎腰至於床，再直起，反覆數次；復搓腦後九次收功。

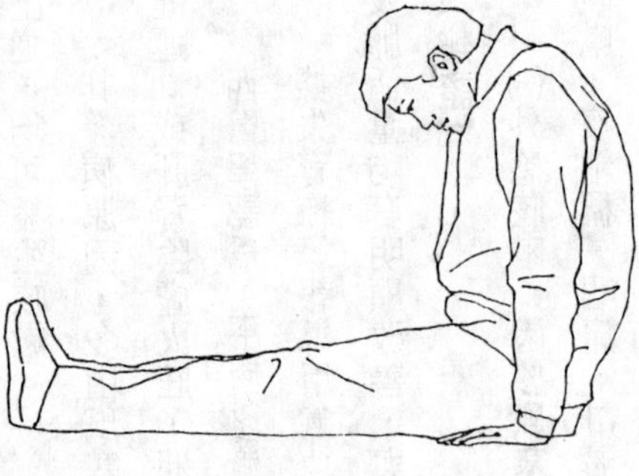

圖19 伸腿弓背

【注意事項】

㈠預防感冒者，乾坤運轉功每天練功一～二次。最好每天早起（五～七時）在空氣新鮮，環境優美處練功。治療者，可練祛風解表導引功，再據風寒或風熱之不同加練輔助功法。每天練二～四次爲宜。

㈡一般練功體位以面向東、東南或南爲宜。

㈢要保持衣服鞋襪乾燥，天寒時注意穿戴溫暖。平日適當地進行體力勞動和鍛練，以增強體質。

㈣練功時力求自然舒適，推摩手法要柔和，不可用蠻力，或過度疲勞。

咳嗽

咳嗽是肺系疾患的主要症狀之一。因肺臟上通咽喉，開竅於鼻，外合皮毛，職司呼吸；同時肺爲嬌臟，畏寒畏熱，所以不論外感或內傷疾患，一旦影響到肺，致使肺氣失宣或肺氣上逆，均可發生咳嗽。

其發病原因，多由風寒或風熱之邪氣犯肺，外束於肌表，傷及肺衛；或肺臟虛弱，脾失健運；或肝腎陰虛火旺，邪火犯肺等，均可使肺氣壅遏不宣，淸肅失職，發爲咳嗽。

西醫學認爲，本病多爲呼吸道感染引起的支氣管炎、肺炎等病而出現咳嗽、痰多等症狀。據朱育梅等報導用氣功治療慢性氣管炎併發肺氣腫九十例，患者之容易感冒、氣短咳嗽及肺活量均有明顯改善，與對照組對比有明顯的差異。

【辨證】

㈠外感咳嗽：因於風寒者，咳嗽，痰多稀白，鼻塞流涕，苔薄白，脈浮；因於風熱者，咳嗽，痰粘稠，咽痛，口渴，身熱，苔薄黃，脈浮數。

㈡內傷咳嗽：因於痰濕者，咳嗽多痰，痰白而粘，胸腔作悶，苔白膩，脈濡滑。因於肝火犯肺者，氣逆咳嗆，面紅咽乾，咳引脇痛，苔薄黃，少津，脈弦數；因於肺虛者，多乾咳少痰，口燥咽乾，午後潮熱，兩顴紅赤，手足心熱，腰膝痠軟無力，失眠盜汗，形體消瘦，神疲乏力，舌質紅，少苔，脈細數。

【功法】

㈠基本功法：

①理肺壯氣功：

⑴預備。平坐式或站式，全身放鬆，舌抵上腭，兩目微閉，自然呼吸，排除雜念。

⑵兩手在臍下丹田處呈抱球狀（圖20）。用逆腹式呼吸，在吸氣時兩手用內勁向外撐，收肛提氣；呼氣時，兩手向丹田處抱，同時鬆肛，收氣於丹田，做三十六息。然後兩手呈抱球狀不動，以意靜守丹田五～十分鐘。

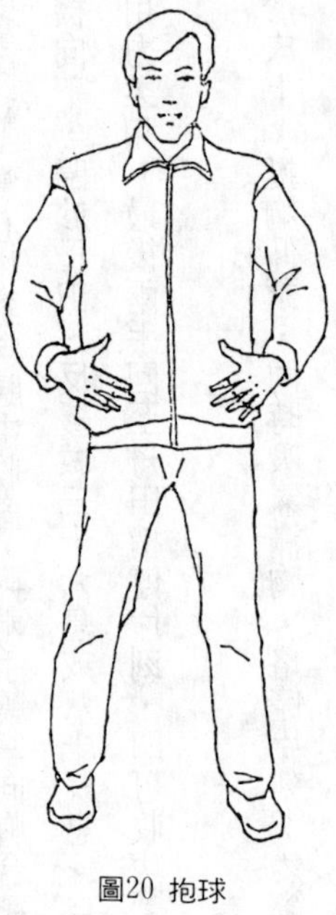
圖20 抱球

⑶接上式。兩手翻掌向上提至中丹田（膻中）處，然後手掌外轉掌心向外，

自胸部向左右分推至體兩側(圖21)；兩掌內翻，掌心相對向膻中收攏，再兩手轉掌向胸合攏至膻中，後翻掌向下推至丹田，導引氣機向下，歸於丹田，反覆做三十六息或八十一息。自然呼吸，意隨掌行，兩手動作要自然，用力柔和。最後兩手回至丹田稍停片刻，即可收功。

②理肺導氣功：

(1)弓背呼吸：自然盤坐，兩手掌按於床上，挺胸仰頭，同時吸氣滿胸，略停片刻；然後呼氣，同時屈頸弓背、縮胸(圖22)。做九息或十八息。

(2)理肺內外轉：自然盤坐，兩手掌扶於膝上，以腰為軸，先向左轉八息(圖23)；再向右轉八息。向左或向右旋轉時，在向後方轉之半圈時吸氣，向前轉之半圈時呼氣，每轉一周為一息。

(二)輔助功法：

①外感咳嗽者，宜加練摩胸呬氣功。(編按：呬音ㄒㄧˋ，喘息；道家吐納法，有呵、呼、呬、噓、吹、嘻六字訣。請參本章「澎脹」動功六字訣。)

功法：站位或坐位。全身放鬆，排除雜念。兩手放於同側胸部(圖24)，慢慢吸氣；呼氣時，口念呬字訣，同時兩手掌旋摩胸部，練八息或三十六息。

外感風熱者，多練理肺導氣功之弓背呼吸法；外感風寒者，多練理肺內外轉法。

圖21 分推

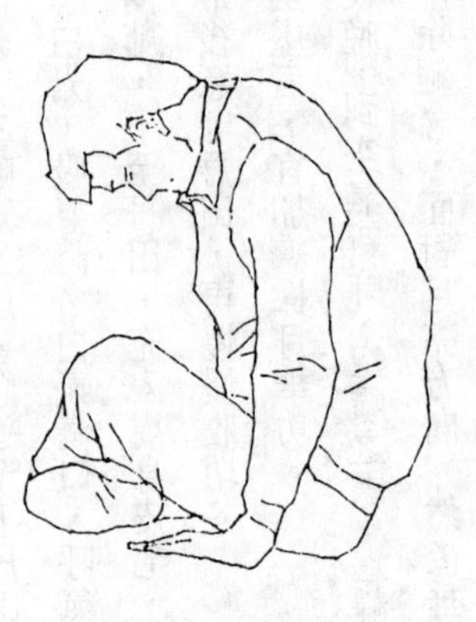

圖22 弓背呼吸

圖23 理肺內外轉

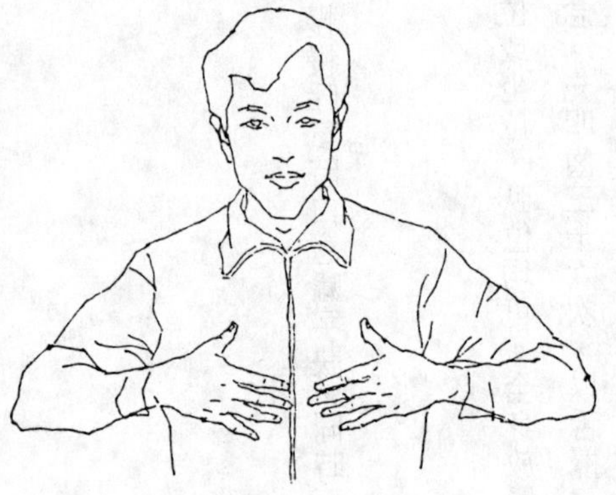

圖24 摩胸吧氣功

②內傷咳嗽：

(1)因痰濕者，多練摩胸呬氣功。

(2)因肝火犯肺者，宜加練摩脇噓氣功。

功法：站位或坐位，兩手平放於兩脇下（圖25），慢慢呼氣時口念噓字訣，同時兩手掌輕輕旋摩兩脇部。做九息。

(3)因肺氣虛者，宜加練服白氣功。

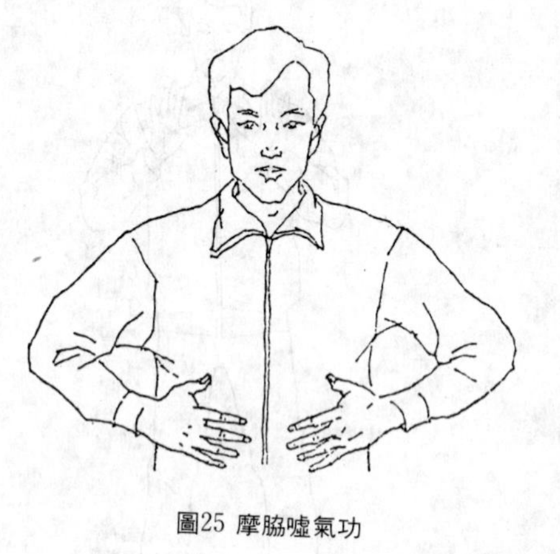

圖25 摩脇噓氣功

功法：站位或坐位、臥位均可。全身放鬆，自然呼吸，排除雜念。先叩齒三十六次，以舌攪津液於口內，並將津液分三次嚥下，以意念送至下丹田。然後意想白光，吸氣時令白氣滿口，呼氣時將此氣慢慢送至兩肺，下至丹田，充入周身皮毛，做九息或十八息。最後意守丹田，再慢慢收功。

(4)肝腎陰虛者，宜加練採月華功。

功法：夜晚，到空氣新鮮、空曠之處。鬆靜站立，調勻呼吸，排除雜念，面對月亮方向。然後垂簾至微見月亮之光線，以口鼻吸氣，意想吸月華令滿一口，微閉息凝神。然後慢慢呼氣，同時意想口中之月華慢慢嚥下，送至丹田爲一次。共六息或十二息或三十六息。

【注意事項】

㈠每天練功二～四次，以面向東、東南或西南方向練功爲宜。

㈡練功應選擇空氣新鮮、空曠之處，以防煙霧、塵埃的吸入。平時注意適應寒熱氣候的變化，防止感冒。避免情志刺激，加強體育活動，如廣播操、太極拳等小運動量的鍛練。

㈢慢性病患者，練功要樹立信心，持之以恒，艱苦鍛練，才能收到好的效果。

㈣急性支氣管炎患者，應及時配合藥物治療，控制感染。待感染基本控制後再逐漸減去藥物，以練功治療爲主。

【病例】

張某，男，四十六歲，一九八〇年四月八日初診。

患慢性氣管炎二、三年，經常反覆發作，近日因感冒引起咳嗽加重。痰多且有大量泡沫，每天清晨及傍晚咳嗽較重。胸腔作悶，神疲乏力，大便時溏。

體檢：兩肺下可聽到鼾音及濕囉音。X光透視：肺透明度增強，肺紋理清晰，肺運動減弱。苔白膩，脈濡滑。

診斷：痰濕咳嗽（慢性支氣管炎）。

功法：囑練理肺壯氣功、理肺導氣功、摩胸呬氣功。

練功經過：練功十天，症狀逐漸減輕。堅持練功三個月症狀基本消失。一九八二年診後追蹤，患者因持續練功，已三年未復發。

哮喘

凡呼吸困難，甚至張口抬肩，不能平臥，謂之喘。呼吸急促，喉間有哮鳴聲者，謂之哮。所以《醫學正傳》說：「喘以氣息言，哮以聲響言。」因之，哮必兼喘，故一般稱爲哮喘。

本病的發病原因：虛寒症，多由脾腎陽虛，聚液成痰，復感外寒或飲食生冷，內外合邪，寒痰越盛，哮喘發作。實熱症，多由素體陽盛，或嗜食辛鹹甘味太過，積熱蒸液成痰，痰熱交阻，上伏於肺，復感熱邪，而致內外合邪，哮喘發作。

西醫學之支氣管哮喘，屬本病範疇。

中醫學中咳嗽、氣喘，均屬肺系疾病，氣功導引方法有相通之處。如《備急千金要方》說：「肺臟病者，胸背滿脹，四肢煩悶……療法：用噓氣出。」《古今圖書集成・醫部全錄》記載了氣喘的具體導引方法，說：「氣喘導引法：先從中念，次以神定之，再通散四肢手指而出，顧本源爲主。」上海市第六人民醫院一九六〇～一九六一年以氣功爲主綜合治療該病一百一十六例，經隨訪，顯效三十四例，顯著進步三十二例，進步四十六例，無效四例。從臨床證明氣功治療本病有效。

【辨證】

㈠虛寒型：哮喘發作，吐痰清稀，色白多沫，口不渴，舌質淡，脈沈細而弦。脾肺氣虛者，多兼見喘促氣短，倦怠乏力，食慾不振，脈象虛弱；腎虛者，多兼見呼多吸少，汗出肢冷，脈沈細。

㈡實熱型：哮喘發作，吐痰稠黃膠粘，或白厚成塊，咯吐不利，胸膈煩悶不安，口渴喜飲，舌質紅，苔黃膩，脈滑數。

【功法】

㈠基本功法：

①部位臟腑放鬆功：

⑴預備：取平坐式或盤坐式、或站式，病甚時，可以背部倚靠床架，當氣喘已平，可改用站式。兩脚與肩同寬，兩手自然相疊（男左手在下，女右手在下），放於小腹丹田處，全身放鬆，臟腑、組織也要有意識的放鬆。兩目輕閉，呼吸自然，舌抵上腭，排除雜念。

(2)放鬆法：按部位自上而下，先注意一個部位，再默念「鬆」字，從頭到肩、上肢、背、腰、髖、兩下肢逐次放鬆五～十個循環。再以同法放鬆胸部和腹部三～五次，然後，依次放鬆肺、心、肝、腎、大腸、小腸。其方法是先想肺的形象和部位，默念「鬆」字，用意念將它放鬆，以同法依次放鬆至小腸為一循環，做五～十個循環；在默念鬆字時，也可配合呼吸，當呼氣時念鬆字，同時意想放鬆的部位。再意想輕鬆舒適，氣機暢通，哮喘、胸悶一掃而光。最後搓手、搓臉收功。

②胸脇導引功：

(1)預備：坐式或站式。調勻呼吸，排除雜念，全身放鬆，兩目微睜，視而不見，舌抵上腭。

(2)推理膻中：先用右手食、中、無名、小指指面從胸骨切跡下推至劍突三十六次；再用四指指面揉兩乳之間膻中穴三十六次。呼吸自然，意注指下。

(3)推導理氣：呼氣時，以右手掌自胸部中線向左側推五～十次；吸氣時暫停，共十息。再以同法用左手掌自胸部中線向右推十次。自然呼吸，手隨意動，引氣向胸部左右散開。

(4)摩脇降氣：呼氣時，以兩手平掌，從兩腋下搓摩至腹側五～十次。吸氣暫停，共十息。

(二)輔助功法：

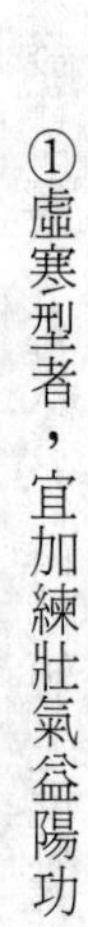

①虛寒型者，宜加練壯氣益陽功。

功法：盤坐式，兩手互握成「子午訣」式（圖26）。全身放鬆，排除雜念，兩目微閉，意守丹田。初練採用自然呼吸法，使其逐漸達到均勻，細緩，同時以意念守住丹田。等呼吸練順了，再練深呼吸法，使呼吸逐漸放慢加長，做到緩細、均勻、深長。也可配合順腹式呼吸或逆腹式呼吸鍛練。然後以兩手搓摩腰骶部，自上至下緩慢柔和，不可用力，然後收功。兼見脾、肺、腎氣虛者，練完意守丹田後，再意想溫熱、火紅的太陽隨氣息進入丹田，用意念守住，並逐漸意想太陽的光和熱，以丹田爲中心逐漸向全身散發，達於皮毛，全身內外溫暖如春。再緩緩將其收歸丹田，即可收功。

圖26 子午訣

②實熱型者，宜加練摩胸呬氣功（見本章「咳嗽」）。

【注意事項】

㈠每天練功二～四次。

㈡哮喘發作時病勢較劇，應根據「急則治其標，緩則治其本」的原則，用一定的藥物治療，氣功可作爲輔助療法；當急性發作緩解後要加強氣功鍛練，以培元固本，益氣理肺預防發作。

㈢本病常由感冒、氣候變化、疲勞、飲食不當、起居失宜爲誘因而致反覆發作。故要適寒溫，勞逸適度，少食辛辣，禁煙、酒，並加強體育鍛練，提高身體素質，可以減少該病的發作。

【病例】

劉某，男，二十五歲，工人，一九六八年十月三十日初診。

哮喘復發近一個月，素有哮喘已五年，隨時可發作，發作時每至夜間爲甚，經常以西藥對症治療，僅獲短效。近日咳嗽、哮喘，喉間痰鳴，痰多白粘而清稀，氣粗胸悶，不能平臥，食慾減退，精神萎靡，四肢不溫。

體檢：發育正常，營養中等，面色蒼白，舌苔薄白，脈弦滑。體溫攝氏三十六點五度，脈搏每分鐘八十次，呼吸每分鐘二十六次。兩肺滿布哮鳴音，肝肺未捫及，腹平軟。

診斷：哮喘（虛寒型）。

功法：囑練部位臟腑放鬆功，胸脇導引功。配合中西藥治療。

練功經過：練以上功法一月後發作次數顯著減少，逐漸停止服藥物。繼續練功三個月，症狀基本控制，三個月只發作二次，每次發作時間短，症狀輕，飲食增加，睡眠好，身體逐漸強壯，能參加正常工作。囑其繼續練功，以鞏固療效。

飲症

飲症是體內水液停積，運化失常的一種疾患。《景岳全書·痰飲》說：「痰之與飲，雖曰同類，而實有不同也。」故應加以區別。凡肺、脾、腎之臟陽虛，水液失於輸布、運化、通調，以致水濕停積的，即叫做飲。本病有虛症、實症之分。

其發病原因多由脾腎陽氣衰微，脾不能運化，陽氣不布，停而爲飲。

西醫學所說之慢性氣管炎、支氣管哮喘、滲出性胸膜炎、胃腸功能紊亂等，在疾病的某個階段可出現本病的症候，可參照本病辨證施功。

【辨證】

㈠虛症：脾胃陽虛者，胸膈脹滿，腹部有振水音，嘔吐清水痰涎，口渴不欲飲，水入即吐，或背寒冷如掌大，頭昏目眩，氣短，心悸，舌質淡，苔白滑或白膩，脈弦滑。腎陽虧虛者，少腹拘急不仁，小便不利，或呼吸不暢，呼多吸少，氣促短氣，動則尤甚，舌淡苔白滑，脈沈弱。

㈡實症：飲停胸脇者，脇痛，咳唾則更甚，轉側、呼吸均牽引作痛，肋間脹滿，氣短息促，有時只能偏臥於一側，舌苔薄白，脈沈弦。飲犯胸肺者，咳喘胸滿，甚則不能平臥，痰如白沫，量多，久咳則面目浮腫，舌苔白膩，脈弦緊。

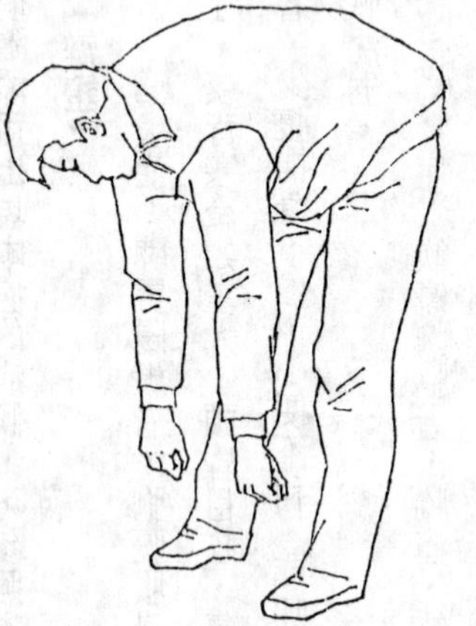

【功法】

㈠基本功法：

①升降陰陽導引功：

⑴預備。站位，兩脚與肩同寬，兩手自然放於身體兩側，舌抵上腭，兩目平視，頭如頂物，沈肩垂肘，調勻呼吸，排除雜念，意守丹田。

圖27 探拳引陽

⑵探拳引陽：緩緩向前彎腰，兩手自然握拳，向足前探去（圖27），至最大限度時，同時以意引足三陽經之氣從頭至背、腰、臀、下肢，直至足部為止。然後緩緩直腰，兩手如握重物，同時引足三陽經之氣入脚轉入湧泉，循足三陰經上下肢、腹、胸部。

⑶舉掌引陰：兩拳變掌，向前上方伸出，至兩臂伸直為止（圖28），同時以意引足三陰之氣上行至胸，再循手三陰達上

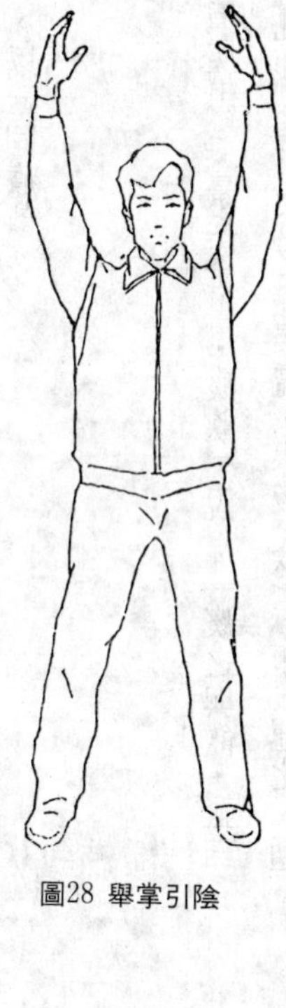

圖28 舉掌引陰

肢，入內勞宮穴。

然後兩手再順勢收回至胸前，同時以意引手三陰經之氣由內勞宮轉至外勞宮沿手三陽經上行至肩、頭，再握拳引足三陽經之氣下行。如此循環無端三十六圈。

鍛練此功亦可配合呼吸，呼氣時引足三陽、手三陰經之氣下行至趾（指）；吸氣時，引足三陰經之氣至腹、胸，引手三陽經之氣至頭。

②鶩行氣功：

⑴預備。站位，兩脚與肩同寬，全身放鬆，調勻呼吸，排除雜念。

⑵身體保持正直，頭如頂物，先吸一口氣，以意下送至病痛處，然後，停閉呼吸至不可忍受時再慢慢呼氣，同時下肢、腰、胸部仍保持正直，頭頸向前屈曲至最大限度，作屈曲運動的同時意想痰飲停留之處順身體向下，從足排出體外，深入地下。做十二息或二十四息。

㈡輔助功法：

①虛症：脾、腎陽虛者，宜加練服日精溫陽功。

功法：站位，兩脚與肩同寬，鬆靜站立，調勻呼吸，排除雜念，面對太陽方向。早晨當太陽從地平線上升起時，微閉目，但尚可以望見柔和微紅的日光。然後以鼻吸氣，收溫熱光華之氣令滿一口，隨呼氣慢慢嚥下，以意送至丹田爲一次，如此九嚥。最後意想溫熱發光的太陽在丹田煦煦發熱，並透發全身，痰飲之邪氣盡被蒸化，從周身毛孔驅出體外。

②實症：飲停胸脇、飲邪犯胸肺者，加練摩胸呬氣功（見本章「咳嗽」）及疏肝宣肺導氣功。

功法：

⑴坐位或站位。在呼氣時，先以右手掌自胸部中線向左側推五～十次；吸氣時暫停，共十息。再以同法用左手掌自胸部中線向右推十息。

⑵導氣降逆：以兩手掌相疊（左手掌在下），按於胸部膻中穴處，自膻中輕輕向丹田推摩，以意導引痰飲邪氣下降從會陰而出。做十次。

⑶摩脇降氣：兩手平掌自然放於兩脇下，呼氣時從此推摩至腹兩側五～十次。做十息。

【注意事項】

㈠每天練功二～四次。

㈡在治療期間應少飲水，忌食生冷辛辣食物。避免冒雨、涉水、坐臥濕地。

㈢注意氣候變化，隨時增減衣服。

㈣練功中加強溫化痰飲或導引邪排出體外的意念活動。

肺癆

肺癆是具有傳染性的慢性虛損疾患，臨床表現以身體逐漸消瘦、咳嗽、咳血、潮熱、盜汗爲主症。其病因爲素體虛弱，正氣不足，癆蟲感染所致。陰虛者，因癆蟲蝕肺，肺陰耗傷，清肅失職，虛火灼津，津液不能輸布，或不能下澤於腎，或肺腎陰虛則陽氣不潛，虛火上越而致；陽虛者，肺氣耗散，子食母氣，病及於脾，脾虛氣弱而致。陰陽兩虛者，氣無所主，衛陽不固或由於久病陰損及陽，陰陽俱虛而致。

西醫學認爲本病是由肺臟感染結核桿菌而引起的一種傳染性疾病，稱爲肺結核。

氣功治療肺結核在古代醫籍中多有記載，如唐·孫思邈在《備急千金要方》中就說：「肺臟病者……療法用噓氣出，以鼻引氣，呼氣少微吐之，不得開口。」明·高濂《遵生八箋》也說：「去肺家勞熱，氣壅咳嗽……依法呬之，病去即止。」近代用氣功治療肺癆積累了豐富的經驗。著名氣功家蔣維喬先生，年輕時曾患肺結核，就是使用呼吸、習靜的氣功養生法治好的。一九八六年陸孝夫等報導氣功治療肺結核一百二十四例，症狀消失或好轉者佔95.9%；X光攝片病灶進步率爲79.3%；兩個月後平均每人增加體重二點五一公斤。

【辨證】

㈠陰虛型：口乾咽燥，乾咳少痰，痰中帶血，骨蒸潮熱，手足心熱，顴紅盜汗，男子遺精，食少乏力，舌質紅，苔薄黃少津，脈細數。

㈡陽虛型：咳嗽，咳血，面色㿠白，惡寒自汗，氣短乏力，語音低微，便溏或瀉，苔薄或剝，脈細無力或細數無力。

㈢陰陽兩虛型：咳嗆咯血，勞熱骨蒸，盜汗，遺精，聲嘶失音，形體羸弱，形寒惡風，自汗，喘息氣短，面浮肢腫，飲食少進，大便溏薄，舌質紅少津，或舌淡體胖有齒痕，脈微細。

【功法】

㈠基本功法：肺癆吐納功。

①姿勢。採取仰臥式，或側臥式，或平坐式。全身放鬆，排除雜念，調勻呼吸，鬆靜自然，舌抵上腭。

②叩齒、攪津、嚥津。先上下牙齒輕輕叩擊三十六次；再以舌攪口內津液左轉三圈，右轉三圈，然後將津鼓漱並分三次嚥下，以意將其送入丹田處。

③意念與呼吸。意守丹田，以順腹式呼吸，或逆腹式呼吸鍛練丹田之氣，使呼吸鍛練得緩、細、勻、長。

④丹田、湧泉貫氣法。如果採用逆腹式呼吸，在吸氣時收腹提肛，用意念將身體內外之氣引至丹田，隨著呼氣，同時鼓腹、鬆肛，再將丹田之氣下引至兩脚心湧泉穴。如此一呼一吸，上下氣機進行交流。呼吸時要注意柔和自然，絕不勉強。

㈡輔助功法：

①陰虛者，練丹田、湧泉貫氣法時，當吸氣時收腹提肛，意想湧泉穴處之暖氣流順三陰經（下肢內側）向上入於丹田，轉至命門穴；呼氣時，此暖氣流自命門順三陽經（下肢外側及後側）下降至湧泉。如此一呼一吸，體內之氣在丹田與湧泉之間順陰、陽經循環流動。

②陽虛者，練丹田湧泉貫氣法時，在吸氣時意想湧泉處之暖氣流順三陽經上貫命門，然後呼氣，再使丹田之氣順三陰經下達湧泉，如此循環鍛練。

③陰陽兩虛者，練丹田、湧泉貫氣法時，在吸氣時，意想身體內外之氣從百會、湧泉會聚於下丹田；呼氣時意想丹田之氣順三陰經下歸於湧泉，如此循環鍛練。

④按摩導引功，以上三型均可練本功法作爲輔助治療。當練完以上功後先搓雙手，再以兩手掌搓臉，用十指梳髮。然後以左手揷腰，以右手掌在胸部右側自上向下旋轉推摩八十一次，再以同法推摩左側八十一次。自然呼吸，推摩動作要輕柔。最後雙掌相疊，以肚臍爲中心左旋摩三十六次，再右旋摩三十六次，收功。

【注意事項】

㈠每天練功三～四次，每次二十～三十分鐘。並隨時隨地練調息和意守丹田的功夫。

㈡在選擇姿勢時，臥式適用於病灶範圍較大，年老衰弱的患者，或正在咯血、高熱不退的患者。採取側臥位時，最好患側在下，健側在上，以防止患側分泌物通過支氣管向對側播散的可能，局部病灶也能引起一定的壓縮作用。

㈢練功前或練功中出現某些明顯症狀，如劇烈咳嗽、胸痛等，應先用藥物，待其緩解後再練功。

㈣進行人工氣胸、氣腹治療的第一個月內，和肺導管留管期間，須暫停練功。

㈤當病情減輕，體力逐漸增強後，應配合一種動功鍛練，如六段錦、八段錦、太極拳等。在原則上要求運動量由小到大，時間由短到長，動作由簡到繁，循序漸進，防止過度疲勞。在咯血及發熱期間，宜暫停練動功。

胃痛

胃痛又稱胃脘痛，以胃脘部經常發生疼痛爲主症。古代文獻所稱心痛，多指胃痛而言。發生本病的原因，多由憂思惱怒，氣鬱傷肝，肝木失於疏泄，橫逆犯胃，肝胃氣滯而發疼痛；

或寒邪犯胃，或過食生冷，寒積於中，皆可致胃寒而痛。或因素體脾胃虛弱或勞倦過度，或久病脾胃受傷，均可導致中焦虛寒而致胃痛。

本症多見於西醫學急慢性胃炎、胃及十二指腸潰瘍、胃神經官能症等。

本病爲氣功治療效果較好的病症之一。如北戴河療養院氣功治療消化系統多種疾病，平均治癒率爲52.3%，有效率在80%以上。其中以胃、十二指腸潰瘍的治癒率最高。浙江省工人療養院氣功治療潰瘍病一百一十三例，經八十～一百天的臨床觀察，總有效率爲91.1%。

【辨證】

㈠寒邪犯胃：胃脘疼痛暴作，畏寒喜暖，口不渴，喜熱飲，苔白，脈弦緊。

㈡肝胃氣滯：胃脘脹痛，飽悶不適，食後尤甚，痛無定處，攻撐連脇，遇情志不遂則重，噯氣頻作，矢氣較舒，或有噁心嘔吐，泛酸，苔薄白，脈沈弦。

㈢胃熱陰虛：胃脘疼痛並有燒灼感，痛無定時，但下午或空腹時嘔吐加重，得食稍緩，口乾口苦，顴赤，心煩易怒，納食量少，苔黃少津，舌質紅，脈弦細而數。

㈣脾胃虛寒：胃痛隱隱，泛吐清水，喜溫喜按，納食減少，神疲乏力，甚者手足不溫，大便溏薄，舌質淡，脈軟弱。

【治療】

(一)基本功法：內養功。

①姿勢：根據體質情況，可採用臥式或坐式練功。體質虛弱者，先練臥式、仰臥或側臥均可。平身仰臥，軀幹正直，兩臂自然舒伸，十指鬆展，掌心向上，放於體側；下肢自然伸直，腳跟相靠，足尖自然分開。或側臥於床上，頭微前俯，脊柱微向前弓。右側臥時，右上肢自然彎曲，掌心向上，置於前面枕上；左上肢自然伸直，放於同側髖部；右下肢自然伸直，左下肢髖膝自然屈曲，放於右下肢小腿部。兩目輕閉或微露一線之光，舌抵上腭。

身體較好者，可練坐式：端坐於椅上，頭如頂物，鬆肩垂肘，掌心向下，輕放於大腿膝部，兩腳平行分開，與肩同寬，小腿與地面垂直，膝關節屈曲呈九十度。

②呼吸與意念：擺好姿勢，用逆腹式呼吸，或順腹式呼吸，用鼻吸鼻呼法。意念默想「自己靜」、「自己靜坐」、「自己靜坐身體好」、「自己靜坐身體能健康」等字句。先從少的字句練起，逐漸增多字數，但最多不超過九個字。練法是：吸氣時默想所練字句的第一個字，然後停頓呼吸，默想中間的字；呼氣時默想最後一個字。如練「自己靜坐身體好」字句時，以鼻吸氣，同時舌抵上腭，收腹提肛，默想「自」字；再停閉呼吸，默想「己靜坐身體」五個字；然後以鼻呼氣，同時舌放下，鼓腹，鬆肛，默想「好」字，如此反覆練習。

練完功後用自然呼吸練一會，意守丹田，然後以意引氣，以臍爲中心由小圈至大圈左旋三十六圈至腹側，然後再由小圈至大圈右旋三十六圈，回至臍中。最後搓搓手、搓搓臉收功。

㈡輔助功法：

①寒邪犯胃者，宜加練服日精溫陽功（見本章「飲症」）。

②肝胃氣痛者，宜加練摩脇噓氣功（見本章「咳嗽」）。

③胃熱陰虛者，宜加練理脾胃導引功。

功法：

⑴推腹：兩手擦熱相疊（男左手在下，女右手在下），放在右側乳下。呼氣時下推至小腹右側，吸氣時還原，再用同樣方法自上向下推腹中線及右側乳下。從上至下各推十次。

⑵摩腹：兩手擦熱相疊，放於臍部，內勞宮對準肚臍，以臍為中心旋轉摩擦，左、右旋各三十六次。以意領氣，隨掌轉動。

④脾胃虛寒者，宜加練服黃氣功。

功法：靜坐，自然呼吸，排除雜念。先叩齒三十六次，以舌攪津液，分三次嚥下，送入臍上中脘處。再意想黃氣，以鼻吸之滿口；呼氣時用意念將黃氣慢慢送入中脘，再使其布散於四肢，如此十次。

【注意事項】

㈠每天練功四~六次，每次二十~三十分鐘。

㈡樹立癒病的信心，精神愉快，堅持練功，持之以恒，自會收到良好的效果。

㈢養成良好的生活習慣，建立正常的生活規律。如定時起床、進餐、練功等。

㈣避免吃對胃刺激性過大的食物，如辛辣、煙、酒等。

【病例】

耿某，男，三十四歲，一九八〇年五月五日初診。

主訴：胃脘部隱痛七、八年。胃脘部隱隱作痛，週期性發作。在季節變化，過度疲勞，飲酒或飲食失調時疼痛加重。發作嚴重時呈灼痛或刺痛，空腹時疼痛加劇。進飲食後逐漸緩解，喜熱飲，按之較舒。四肢無力，精神不振，失眠，頭暈，飲食欠佳。

體檢：身體消瘦，面色皖白，腹軟，上腹部在臍孔右上方有明顯壓痛，舌質淡，苔白，脈沈細無力。鋇餐X光檢查：胃粘膜粗，外形輪廓整齊，十二指腸球部充盈欠佳，縮小變形，輕度激惹，局部壓痛，無明顯龕影。

診斷：虛寒胃痛（十二指腸球部潰瘍）。

功法：內養功、服黃氣功。每日三次，每次二十~三十分鐘。

練功經過：經練功一個月後睡眠較好，飲食量增加，胃痛減輕。經三個月練功諸症消失，痊癒。

呃逆

呃逆以氣逆上衝，喉間呃呃連聲，令人不能自控爲主症。本病發生的原因，實症者，多由過食生冷或寒涼食物，寒氣蘊結中焦，或情志不暢，肝氣鬱結，氣鬱化火，肝火犯胃，致胃氣失於和降上逆而致；虛症者，由於年高體弱，或久吐久痢，或胃陰不足，失於濡潤，胃失和降，其氣上逆而致。

西醫學認爲本症多由胃腸神經官能症，或某些胃、腸、腹膜、縱膈、食道疾病引起膈肌痙攣所致。

【辨證】

㈠實症：呃逆連聲，胃脘不舒，得熱則減，得寒愈甚，飲食減少，或口臭燥渴，小便短赤，舌苔白潤，脈象遲緩或舌苔黃，脈滑數。

㈡虛症：呃聲低弱，氣不相連，面色皖白，食少肢冷，舌淡，脈沈細，或口舌乾燥，煩渴不安，舌質紅，無苔少津，脈細數。

【功法】

㈠基本功法：降逆止呃功。

患者站位，面南背北，兩腳與肩同寬，全身放鬆，兩手自然垂放於兩側。用逆腹式呼吸，吸氣時，兩腳跟輕輕抬起，腳尖著地；呼氣時以意引氣自胸下沈丹田，轉而至兩足蹈趾之大敦穴處三息或九息。然後兩手重疊（男左手在下，女右手在下），放於小腹部。用逆腹式呼吸，

圖29 摩脘呼氣功

深吸一口氣，呼氣時口念「噓」字音，導引氣機下歸於大敦穴。

㈡輔助功法：

①實症者，宜加練摩脘呼氣功。

功法：坐位或站位。以右手掌輕輕平放於上腹中脘部，慢慢吸氣，呼氣時右手掌作順時針方向輕輕旋摩，同時念「呼」字音（圖29）。做十息或二十息。

②虛症者，宜加練服黃氣功（見本章「胃痛」）。

【注意事項】

㈠每於呃逆發作時即練基本功法。在不發作時，練輔助功法，每日二～三次。

(二)練完基本功法後，最好立即喝一杯溫開水，再坐下休息一會兒。

(三)本症輕重差別極爲明顯。如偶然發作，大都輕淺，練以上基本功法即可立即消失，如持續不斷則須反覆鍛練調整始能漸平。若在其他急慢性疾病中出現，多爲病勢轉重的表現，應加以注意。

【病例】

王某，男，三十六歲，一九八三年六月五日初診。

主訴：呃逆一天。呃逆連聲不斷，因食寒涼食物，又快步趕路引起。胸悶脇痛，上腹脹痛，頭痛不適，每次發作持續半小時左右，已發作七、八次之多。

體檢：精神尚可，腹軟。來診時適逢呃逆發作，呃逆連聲而有力，舌苔薄白，脈沈緊。

診斷：寒邪犯胃呃逆(膈肌痙攣)。

功法：降逆止呃功。

治療經過：指導患者立即練降逆止呃功，當練至六息時即停止發作。然後讓患者飲下一杯溫開水，坐下休息。後再未發。

嘔吐

嘔吐是由於胃失和降，氣逆於上引起的病症。本病發生的原因，多由感受風寒、暑濕以及穢濁之氣，侵犯胃腑，以致胃失和降；或飲食不節，食生冷油膩不潔之物，停滯胃中不得運化，損傷胃氣而上逆；或脾胃虛弱，運化功能減弱，痰濕阻胃，氣逆不降等均可引起嘔吐。

嘔吐可見於西醫學的多種疾病，本病主要指神經性嘔吐、慢性胃炎、幽門痙攣等。

【辨證】

㈠外邪犯胃：突然胸悶嘔吐，多兼惡寒、發熱、舌苔白膩、脈浮數等。

㈡食滯傷胃：嘔吐酸腐食物，噯氣厭食，脘腹脹滿，得食愈甚，吐後脘舒，舌苔厚膩，脈滑。

㈢脾胃虛弱：飲食稍多即吐，面色蒼白，倦怠乏力，便溏，舌淡，脈虛弱。

【功法】

㈠基本功法：降逆和胃功。

①放鬆降氣：坐位或臥位。自然呼吸，微閉雙目，排除雜念，全身放鬆，意想自百會經胸、腹至會陰爲中空一管。在吸氣時意想「靜」字，呼氣時意想「鬆」字，自頭經胸至腹按

部位放鬆十四息，再以同法自胸內兩肺至胃放鬆十四息，導引胃氣下降。然後意想頭頂百會之氣順胸、腹中空之管下降至會陰穴處，再分流至下肢內側順足三陰經下降至足底湧泉穴。

②和胃降逆：坐位或臥位。先用食、中、無名指指面從胸骨切跡下推至劍突部三十六次；再揉膻中穴三十六次。然後呼氣時以手四指或全掌在胸部中線自劍突向恥骨聯合推三十六次；再以四指面自中脘斜向腹之兩側分推三十六次。最後以拇指按揉內關、足三里穴各五十次。推揉手法要求輕柔舒適，不可用蠻力。

㈡輔助功法：

①外邪犯胃者，宜加練摩脘呼氣功（見本章「呃逆」）。

②食滯傷脾者，宜加練導滯降氣功。

功法：於寅、卯、辰時（三～九點）空腹之時，站位，兩腳與肩同寬，身體直立，兩手拿兩肘，向腹部抱緊，腳跟微微抬起，足尖著地（圖30）。然後兩腳跟落地，直身垂直下蹲，並以意想胃部之氣隨之下行至腳，如此五次或十八次。然後左右手掌放於同側腰肋處，自上向下搓摩十

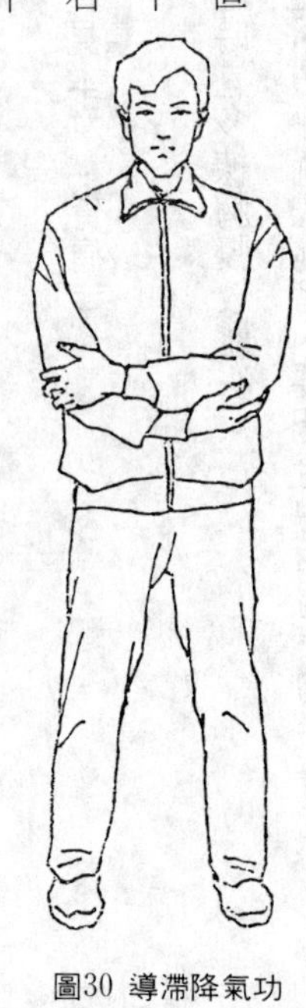

圖30 導滯降氣功

四次。

③脾胃虛弱者：宜加練服黃氣功（見本章「胃痛」）。

【注意事項】

㈠每天練功三～四次。在頻繁嘔吐時宜多練胸腹放鬆法。

㈡嚴重病例頻繁嘔吐造成失水和電解質平衡失調者，要配合中西醫藥物治療。

㈢養成定時進食的習慣。最好吃易消化的食物。勿吃對胃部刺激性過大的食物。

【病例】

王某，女，四十八歲，一九八一年十一月六日初診。

主訴：嘔吐一年，加重七天。近一年來時常嘔吐，反覆發作，多數在飯後停留一些時間即出現噁心，繼則嘔吐，量不太多，有時則把全部食物吐出來。吐出物味淡，有白色粘膜樣東西。飲食欠佳，體乏無力，四肢不溫。

體檢：肌肉消瘦，面色㿠白，舌質淡，苔薄白，脈虛細無力。肝脾未捫及，腹軟，上腹臍上有輕度壓痛。X光鋇餐檢查：胃蠕動緩慢，胃張力低，胃粘膜皺壁規則，大小彎壁光滑。小彎切跡位於髂嵴連線以下約二公分處，其他正常。

診斷：脾虛嘔吐（胃下垂、胃神經官能症）。

功法：練和胃降逆功、服黃氣功。

練功經過：經練功二十天，嘔吐消失。囑練內養功（用高尾式）治療胃下垂。

泄瀉

泄瀉，又稱腹瀉。是指排便次數增多，糞便清稀，甚至如水樣而言。引起泄瀉的原因多由感受寒熱濕邪，損傷脾胃，脾失健運，脾胃升降失調；或飲食不節，過食肥甘，多食生冷，誤食不潔之物，損傷脾胃，使其傳導失職；或脾胃素虛，勞倦內傷，肝氣鬱結等均可引起泄瀉。

西醫學中急慢性腸炎、腸結核、胃腸神經功能紊亂等引起的腹瀉均屬本病的範疇。

目前氣功防治泄瀉已經積累了豐富的臨床資料。實踐證明，內養功、站樁功、氣功自控療法、吐納功、延年九轉功、按摩導引功等均有很好的療效。如：鄭州市氣功研究會醫療氣功輔導站對十三例患者，運用蹺步運化功爲主治療慢性結腸炎，經練功一～三個月，痊癒六例，顯效四例，好轉三例。

【辨證】

㈠寒濕：泄瀉清稀，腸鳴腹痛，完穀不化，脘悶少食，或兼有寒熱，苔薄白，脈濡緩。

㈡濕熱：泄瀉腹痛，瀉下急迫，或瀉而不爽，糞色黃褐而臭，肛門灼熱，小便黃，舌苔黃膩，脈濡數。

㈢食滯腸胃：腹痛腸鳴，瀉下糞便臭如敗卵，伴有不消化食物，瀉後痛減，噯氣，脘腹痞滿，不思飲食，舌苔垢濁，脈滑實。

㈣脾胃虛弱：大便時溏時瀉，水穀不化，飲食減少，脘腹脹滿，面色萎黃，肢倦乏力，舌淡苔白，脈細弱。

【功法】

㈠基本功法：延年九轉功。

①預備：站位，兩脚與肩同寬，頭如頂物，脊直鬆肩，微收臀鬆膝。自然呼吸，舌抵上腭，兩目平視，排除雜念。然後叩齒三十六次，以舌攪口內津液，分三次嚥下，以意送至下丹田。

②轉摩心窩：以兩手食、中、無名指疊按心窩部（左手在下，右手在上），由下向左旋轉、摩揉二十一次（圖31）。

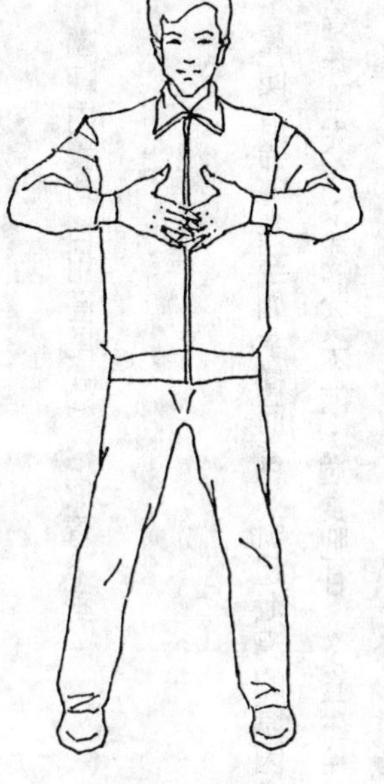

圖31 轉摩心窩

意存掌下，用力輕柔緩和。

③旋推分摩：以兩手食、中、無名指疊放於心窩部（劍突下），一邊向左旋摩，一邊下推至恥骨聯合部。然後，兩手自恥骨聯合處向左右腹兩側分摩，再同時向上旋摩，回至心窩處（圖32），共二十一次。

④直推任脈：以兩手食、中、無名指疊放於心窩部，順任脈向下直推二十一次。

⑤插腰推胃經：以左手插腰，拇指在前。以右手掌自右乳下（乳根穴）直推至腹股溝處二十一次（圖33）。再以右手插腰，如前，以左手掌自左乳下直推至腹股溝二十一次。

⑥趺坐搖轉：推摩完畢趺坐，兩手拇指掐子紋握拳，扶於膝上，以腰為軸將胸自左轉前，由右歸後搖轉二十一次（圖34）。再照前法向反方向搖轉二十一次。

㈡輔助功法：

①寒濕瀉者，宜加練周天自轉功。

功法：坐位或側臥位。全身放鬆，舌抵上腭。以肚臍為中心，吸氣時運動腹肌，以意領氣，從右腹下側向上、向左旋轉，同時默念「白虎隱於東方」，呼氣時運動腹肌，以意引氣，自左腹上側，從上向下、向右旋轉，同時默念「靑龍潛於西位」，如此循環（順時針方向）。先以臍為中心，從小圈到大圈，經三十六圈至腹之側（圖35）。再向反方向旋轉，吸氣時從左

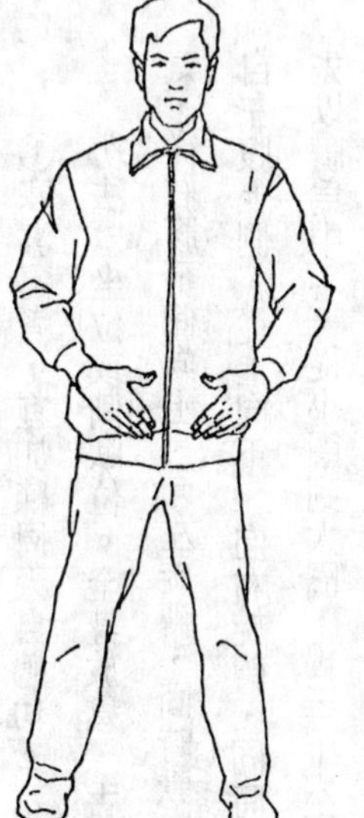
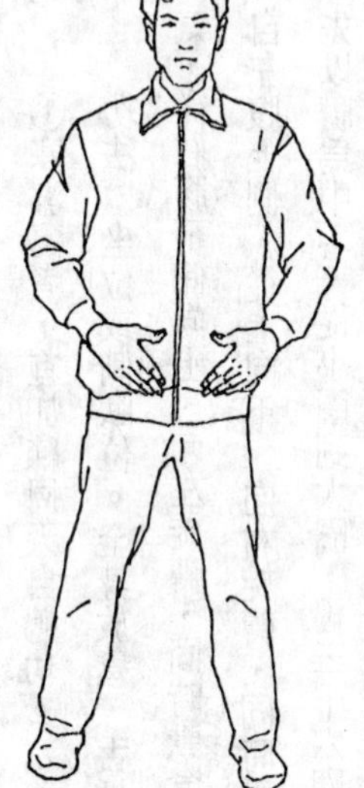

圖32 旋推分摩

圖33 叉腰推胃經

圖34 趺坐搖轉

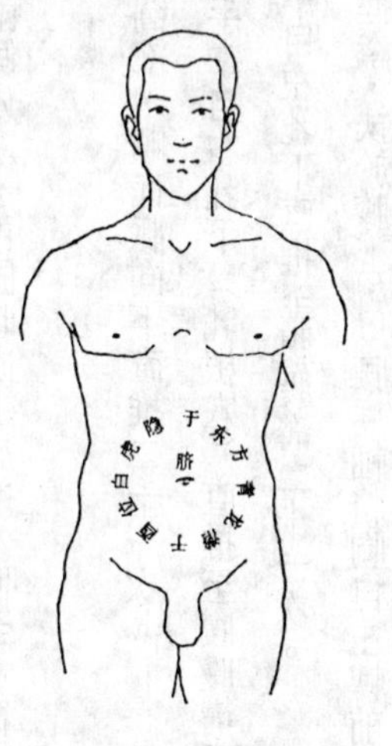

圖35 周天自轉

下腹引氣向上，向右旋轉，默念「青龍潛於西位」；呼氣時從右向左旋轉默念「白虎隱於東方」，如此從大圈至小圈（逆時針方向），經八十一圈再回至臍部。待腹瀉症狀基本控制後，做順、逆旋轉各三十六數即可。

初練以呼吸及腹肌之力量引動氣機旋轉，等熟練了，只用意念即可引動內氣繞臍旋轉。練完功，以手掌在腹部向順時針方向轉摩三十六次，再向逆時針方向轉摩三十六次，收功。

②濕熱瀉者，宜加練摩脘呼氣功（見本章「呃逆」）。

③食滯腸胃者，宜加練周天自轉功。

功法：同寒濕瀉，但應先順時針方向轉八十一數，然後再逆時針方向轉三十六數。

④脾胃虛弱，宜加練服黃氣功（見本章「胃痛」）。

⑤泄瀉不止，反覆發作，宜收澀止瀉，加練收澀止瀉功。

功法：坐位或仰臥位。兩手掌疊放於臍上（左手在下），兩手內勞宮穴正對臍中。意念存於臍下，兩眼內視臍中，意守三～五分鐘。然後，運用逆腹式呼吸，吸氣時收腹、緊縮肛門上提、聳肩，以意念從肛門引氣順督脈上升至百會；呼氣時引氣順任脈歸於臍。如此做五～十息。

【注意事項】

㈠每天練功三～八次。

㈡練功前要排除大、小便，鬆解腰帶。

㈢飲食有節。不可過飽練功，飽則氣滯；不可飢餓練功，飢則氣行無力。

㈣對腹瀉不止、水瀉等均可配合收澀止瀉法。

㈤養成良好的生活習慣，解除緊張情緒，飲食上以易消化、富有營養爲原則，宜少食多餐，忌食生、冷、酸、辣及油膩之品。

㈥本病急性發作，脫水等應配合中西藥物治療。

【病例】

鄭某，男，四十歲，一九八〇年十月二十二日初診。

腹瀉十餘天，大便稀，日瀉六～十次，脘腹脹滿，瀉下糞便臭如敗卵，輕微腹痛，噯氣，厭食，小便正常。

體檢：面色黃，精神不振，腹軟，肝脾未觸及，舌苔厚膩，脈滑。大便化驗檢查：糞稀，有少量食物殘渣。

診斷：食滯泄瀉。

功法：囑練延年九轉功。

治療經過：經練功三天後大便日行二～三次，便質較前厚，加練周天自轉功，只練向逆時針方向轉。經十天練功諸症消失。痊癒。

便秘

便秘，又叫大便秘結。在正常情況下，食物在體內經過胃腸消化、吸收所剩糟粕在一～二日內即能排出，若大便間隔超過二天以上，糞質又過於乾燥堅硬，以致排便艱澀不暢，一般就可視爲便秘。

便秘可單獨出現，也可合併在其他疾病中。其病因多由過食辛辣厚味，腸胃積熱，或熱病之後餘熱留戀，耗傷津液；情志不舒，久坐少動，氣滯不暢；或年老體弱、久病、產後氣血兩虧，排便無力；或腎陽不足，陰寒內結等導致大腸傳導功能失常而致便秘。

西醫學認爲本病可由腸道器質性疾病引起，但多數屬腸道功能紊亂引起的單純性便秘（功能性便秘）。本節主要指單純性便秘而言。

一九七九～一九八二年作者曾對十八例功能性便秘患者進行辨證施功，臨床療效觀察結果，除三例停止練功後又出現便秘外，其他患者均獲痊癒。

【辨證】

㈠熱秘：大便乾結，數日不通，腹脹腹痛，面紅身熱，口乾口臭，心煩意亂，舌紅苔黃，脈滑數。

㈡氣秘：大便秘結，欲便不得，胸腹脹滿，噯氣頻作，納食減少，舌苔薄白，脈弦。

㈢虛秘：雖有便意，但大便努掙難下，掙則氣短汗出，便後乏力，面色㿠白，唇甲少華，精神不振，舌淡嫩苔薄，脈虛細。

㈣冷秘：大便艱澀，排出困難，小便清長，四肢不溫，腹中冷痛，喜熱怕冷或腰脊痠冷，舌淡苔白，脈沈遲。

【功法】

㈠基本功法：

①調氣自轉功：

⑴預備。坐位或仰臥位。全身放鬆，調勻呼吸，排除雜念，舌抵上腭。然後叩齒三十六次；再以舌攪口內津液，分三次嚥下，以意送至下丹田。

⑵用意念、呼吸和腹肌運動導引內氣以肚臍爲中心向順時針方向旋轉。吸氣時，運動腹肌，以意領氣從右腹下側向上、向左轉動半圈；呼氣時，運動腹肌，並以意領氣從左腹上側向下，向右旋轉半圈，如此，一呼一吸轉動一圈，自臍向外逐漸擴大，轉至腹側共八十一圈。

初練用意念、呼吸、腹肌導引氣機，熟練後只用意念導引。

②通便按摩功：

⑴仰臥位，腹肌放鬆，左手掌按於臍部，右手疊壓左手上，先向順時針方向旋轉揉摩腹部八十一次；再向逆時針方向旋轉揉摩腹部八十一次。意注掌下，呼吸自然。

⑵再以同法，自劍突部位向恥骨聯合處推摩八十一次。呼氣下推，意注掌下的感覺。

⑶坐位或站位。用兩手掌按於腰骶關節部向下推擦。一呼氣下推五～十次，吸氣時暫停。共五～十息。

㈡輔助功法：

①熱秘者，宜加練肅肺呬字功。

功法：站位，兩脚與肩同寬，全身放鬆。吸氣時，兩手由腹前上提成棒球狀，至膻中處，兩手掌外旋翻掌使掌心向外，向左右展臂推掌，同時呼氣發「呬」字音，呼氣盡，兩臂從兩側自然下落。然後再提起按上述要領做第二次呼氣。共二十四息。

②氣秘者，宜加練尾閭墜氣導引功。

功法：站位。聳肩，雙目圓睜，咬牙閉氣，緊撮肛門，左右轉動數次，然後以鼻微微呼氣，同時鬆肛，兩目內視尾閭，以意引氣自胸至腹，下達尾閭爲一次，做八息或十六息。

③虛秘者，宜加練意守丹田功。

功法：坐位或臥位，全身放鬆，兩手按於臍兩側天樞、大橫穴處，舌抵上腭，意守下丹田，兩目內視，以逆腹式呼吸練功八十一息。

④冷秘者，宜加練溫丹功。

功法：坐位或臥位。全身放鬆，自然呼吸，入靜後，意想溫熱火紅的太陽在臍下丹田處發熱，並逐漸向整個腹部擴散；然後以意引它繞臍左旋三圈，右旋三圈，再收歸丹田。

【注意事項】

㈠每天練功二～六次。

㈡每天清晨可飲一杯鹽水。多食蔬菜及其他纖維食物。

㈢養成定時排便的習慣（即使無便意，亦應堅持去蹲坐）。

㈣練功時意念、呼吸、姿勢、手法等要密切配合。

㈤若經練功便秘症狀已經消失，仍可堅持練調氣自轉功。但應先向順時針方向轉三十六圈（從臍至腹側），然後再向逆時針方向轉三十六圈，從腹側至臍止。亦可練周天自轉功（見本章「泄瀉」）。

【病例】

林某，女，三十六歲，一九七九年十二月二十三日初診。

主訴：大便乾結不暢三年，加重一年。產後身體虛弱，右側下肢疼痛（診斷爲坐骨神經痛）。半年後出現大便乾結，兩三日一次。每於大便時用力努掙難下，便後周身乏力，汗出，腹痛綿綿，頭目眩暈。面色㿠白，精神不振，厭食，失眠，煩躁，身體消瘦，氣短。常服果導、雙醋酚汀等藥才得以解大便，造成心理負擔。

體檢：腹軟喜按，無包塊，舌淡，苔薄白，脈虛細。

診斷：虛秘（習慣性便秘）。

功法：囑練調氣自轉功，通便按摩功。每日四次。

練功經過：經練功三日後大便逐漸變軟，一兩日大便一次。練功二十日後症狀消失，大便日行一次。當練調氣自轉功時，自覺腹內有一股溫熱之氣在隨意念運行。囑其繼續練功，並將氣以意導引入下肢，練五十多天後坐骨神經痛亦痊癒，飲食量增加，睡眠好轉，病癒再未復發。

痢疾

痢疾，是以腹痛、裏急後重、下痢赤白膿血爲主症。多發於夏秋季節。本病多由外受濕熱、疫毒之氣，內傷飲食生冷，損及脾胃及腸而形成。

西醫學中細菌性痢疾、阿米巴痢疾屬於本病範疇。

【辨證】

㈠熱痢：腹痛，裏急後重，下痢赤白，肛門灼熱，小便短赤，舌紅，苔薄膩，脈滑數。

㈡寒痢：痢下赤白粘凍，白多赤少，或純白凍，伴有腹痛、裏急後重，飲食乏味，中脘飽悶，頭身重困，舌質淡，苔白膩，脈濡緩。

㈢休息痢：下痢時發時止，日久不癒，發作時便下膿血，裡急後重，腹部疼痛，飲食減少，倦怠怯冷，舌質淡，苔膩。

【功法】

㈠基本功法：

①延年九轉功（見本章「泄瀉」）。

②滌穢功：

⑴預備：坐位或臥位。全身放鬆，兩目輕閉，舌抵上腭，調勻呼吸，排除雜念。

⑵滌穢：意想眞氣從胃口旋入，憑空而行，眞氣運歸大腸，以意驅動大腸熱毒垢穢之氣，由左繞右，廻旋九曲，將穢毒之氣旋轉送往谷道，做十息。然後，吸氣微提肛門，使肛門閉

住，再自右繞左反方向九曲旋至胃口，做五～十次。

(3)意守丹田：滌穢後再意守丹田，使眞氣收歸元海，以還本原，再以手掌揉腹、搓手、搓臉收功。

(二)輔助功法：

①寒痢者，宜加練周天自轉功（見本章「泄瀉」）。

②熱痢者，宜加練摩脘呼氣功（見本章「呃逆」）。

③休息痢，宜加練服黃氣功（見本章「胃病」），以及收澀止瀉功（見本章「泄瀉」）。

【注意事項】

(一)每天練功四～六次。

(二)痢疾急性期要配合中西藥物治療，並實行隔離措施。

(三)保持手的清潔，做好飲食衛生。養成便後洗手的習慣。

(四)食易於消化而無刺激性的食物，注意營養。

臌脹

臌脹，是因腹部膨脹如鼓而得名。以腹脹大、皮色蒼黃、脈絡暴露為特徵。《靈樞・水脹》

篇載：「腹脹身皆大，大與膚脹等也，色蒼黃，腹筋起，此其候也。」這段文字，已較詳細地描繪了臌脹的主要特徵。本病的致病因素，主要有情志鬱結，氣失調暢，氣機不利，痞塞中焦，或嗜酒過度，飲食不節，滋生濕熱，損傷脾胃，或感染血吸蟲或黃疸積聚日久均能導致臌脹。

西醫學的有關疾病中，如肝硬化、腹膜內腫瘤、結核性腹膜炎等形成的腹水都屬於臌脹範疇。

【辨證】

㈠氣滯濕阻：腹部膨隆脹滿，按之腹皮緊，叩聲中空，脇下脹滿或疼痛，納食減少，食後作脹，噯氣不爽，苔白膩，脈弦滑。

㈡濕熱蘊結：腹大堅滿，脘腹撐急疼痛，渴不欲飲，煩熱口苦，小便赤澀，舌尖邊紅，苔黃膩或兼褐色，脈弦數。

㈢寒濕困脾：腹大脹滿，按之如囊裹水，胸脘悶脹，神倦乏力，畏寒食少，小便少，大便溏，舌淡苔薄白，脈沈緩。

㈣肝脾血瘀：腹大堅滿，脈絡怒張，右脇或兩脇刺痛，面色晦滯，頭頸胸臂有血痣，呈絲紋狀，手掌赤痕，唇色紫褐，口渴，飲水不能下，大便色黑，舌質紫紅或有紫斑，脈細澀或芤。（編按：芤，音ㄎㄡ，脈浮大而軟，中空如葱管。）

㈤肝腎陽虛：腹大脹滿，甚則青筋暴露，面色晦滯，唇紫，口燥，心煩，齒鼻時或衄血，小便短少，舌質紅絳少津，脈弦細數。

【功法】

㈠基本功法：動功六字訣。

預備式：自然站式。每變換一字均應從預備式開始。

呼吸法：採用鼻吸口呼的順腹式呼吸法。呼氣時讀字，同時收腹、提肛、縮腎、腳趾輕微抓地，重心後移至兩腳根。吸氣時，閉口、舌抵上腭、重心微前移至前腳掌。

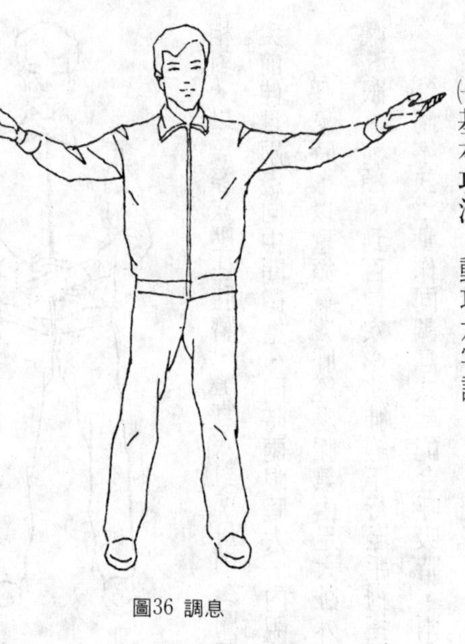

圖36 調息

調息：鼻吸鼻呼。吸氣時，兩臂從側前方慢慢抬起，掌心向下，抬至與肩平，翻掌心向上（圖36），屈肘向胸前劃弧，同時呼氣，兩手經臉前沿身體下按至腹部，再左右分向腿兩側，恢復預備式，共做六息。每練完一個字後要調息三次，練完六個字後也要做調息六次。

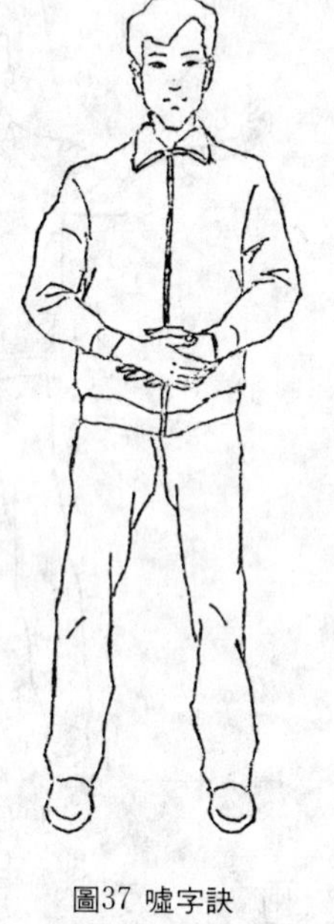
圖37 噓字訣

①噓字訣：兩手重疊（男子左手在裏、右手在外，女子相反），內外勞宮穴相對，以魚際穴壓住肚臍，勞宮穴對準丹田（圖37）。呼氣時讀噓字音，口型是兩唇微闔，舌尖前伸且兩邊向中間微捲，同時兩眼瞪大，內視肝區，呼氣盡再吸氣。共做六遍。

呼氣時，以意領氣。肝經之脈氣由足大趾外側大敦穴上行，經小腹，絡膽入肺，上行喉嚨、眼、前額、到百會穴；絡肺經下行至手拇指內側少商穴。

②呵字訣：動作同調息式。配合呼吸時，兩手上抬時吸氣，兩手向胸前劃弧到成預備式時呼氣。呼氣時，讀呵字音，口型爲嘴半張，舌抵下頜。

呼氣時，以意領氣。脾經之脈氣從足大趾內側隱白穴，沿腿內側上行入腹與衝脈相會，注入心臟，走肺，出腋下，沿臂內側下行到手小指少沖穴。同時內視心臟。

③呼字訣：預備式後，隨吸氣兩手手心向上捧至胸前；然後右手臂內旋翻掌上托成單臂托天之勢（掌心向上、指尖向左），同時呼氣，讀「呼」字，口型爲撮口如管狀，舌放平用力

圖38　呼字訣

前伸，使衝脈上升之氣從口噴出，同時左手翻掌，掌心向下，自然下按至身體左側，呼氣盡。然後，隨呼氣右臂外旋翻掌，掌心向後，沿體前慢慢下落，同時左臂外旋，手指向上沿身體上穿至胸前兩手交叉（上穿手在裏，下降手在外）；分手，左手上托，右手下按，同時呼氣讀「呼」字音（圖38）。如此循環進行，左右手各托一次爲一遍，共做六遍。最後，兩手由胸前交叉後同時下按成預備式。

呼氣時，以意領氣。脾經之脈氣由足大趾內側隱白穴，上行腹部入脾臟，聯絡胃腑，再上行到咽喉、舌根，散於舌下；同時從胃到心臟沿心經下行到手小指內側少沖穴。同時內視脾胃部。

④呬字訣：預備式後，兩手如捧物經腹前抬至胸前膻中穴處，兩手翻掌，掌心向前，然後向左右分開（圖39），同時呼氣讀「呬」字音，口型爲兩唇微向後收，上下齒微闔稍留縫隙，舌尖抵縫發音；呼氣盡，兩臂由體側自然下落，同時開始吸氣，接開始動作。重複以上動作，共做六遍。

圖39 呬字訣

圖40 吹字訣

呼氣時，以意領氣。由足大趾外側大敦穴引肝經脈氣上行，走腿內側，經小腹到肺，走肺經到手大拇指少商穴。同時內視肺區。

⑤吹字訣：兩臂自然抬起，在胸前環抱，兩手虎口撐圓，指尖相對，隨呼氣讀「吹」字音，口似閉非閉，嘴微向後收，舌向前挺，但有縮意，脚趾抓地，屈膝下蹲，兩臂如抱球自然下落（圖40），呼氣盡，兩手落於兩膝旁；然後隨吸氣身體慢慢起立，兩手摩擦腿兩側上行，經臀部（環跳穴）、腰部（腎俞穴）向胸前伸出，成環抱狀。重複以上動作，共做六遍。

呼氣時，以意領氣。由腎經的湧泉穴起，上行經大腿內側，沿脊柱入腎，到胸中入肺，脈氣轉注心包經至手中指指尖端中沖穴。同時內視腎臟。

⑥嘻字訣：預備式後，隨吸氣兩手從腹前上捧至胸前膻中穴；然後隨呼氣讀嘻字音，兩唇微開，稍向裏收，舌平伸而有縮意，同時兩臂內旋翻掌上托成雙手托天勢，掌心向上，指尖相對（圖41），呼氣盡，吸氣時，兩臂外旋翻掌，掌心向後，順臉前下落至胸前，轉呼氣（不讀音），兩手翻掌下按，經腹前至體側。如此重複以上動作，共做六遍。

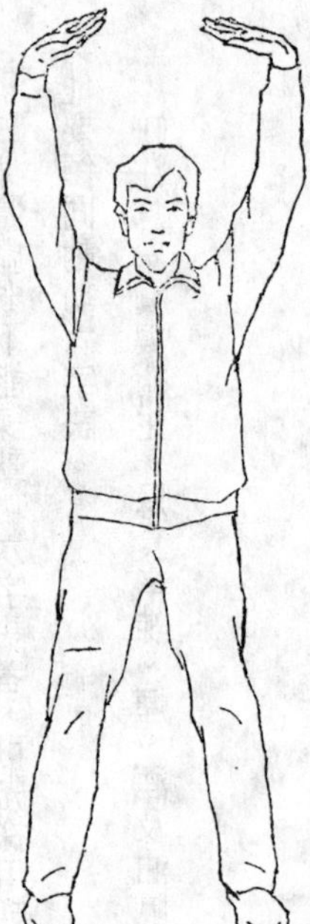

圖41 嘻字訣

呼氣（讀字的呼氣）時，以意領氣。從足竅陰穴沿腿外側上升，至頭部轉而入手少陽三焦經，沿手臂外側抵無名指指端關沖穴。隨吸氣，引三焦經之脈氣折而下行，又回至膽經之竅陰穴內。

㈡輔助功法：

①氣滯阻絡、寒濕困脾、肝脾血瘀者，多練噓字訣、呼字訣，或再加練呵字訣、呬字訣，加練口訣的次數，做六的倍數，如加練二倍，則為十二次。根據邪氣實的情況決定增加次數的多少。

②肝腎陰虛者，宜加練採月華功（見本章「咳嗽」）。若兼見陽虛症狀，宜加練服日精溫陽功（見本章「飲症」）。

【注意事項】

㈠動功六字訣，一般每日練習三次；也可以上午爲主，下午爲次，酌情安排；每日練功十五～三十分鐘。練功方向，上午面向東，下午面向南方。

初練動功六字訣，應首先練好姿勢，然後注意呼氣時讀音。開始讀音可發出聲音，逐步熟悉發音口型，掌握正確發音，使氣順通。約練功半月以後便可以從出聲階段轉入細勻深長的似有非有的氣流階段。《醫學入門》指出：「至於六字氣，雖能發散外邪，而中虛有汗者，忌。」所以虛症忌用。在操作過程中，若出現虛汗、心悸、頭暈時，應立即停止練習。

㈡若由結核或血吸蟲引起的腹水，應結合中西藥物治療。

㈢身體虛弱不能練動功六字訣者，可先採用臥式、坐式，練靜功六字訣，除不做動作外，其他要領同動功六字訣。

㈣注意營養與衛生，忌食辛辣、煙、酒及油膩煎熯之食物。（編按：熯，音ㄅㄛˋ，同爆。）

脇痛

脇痛是以一側或兩側脇肋疼痛爲主要表現的病症，也是臨床比較多見的一種自覺症狀。

本病發生的原因，因肝居脇下，其經脈布於兩脇，膽附於肝，其脈循於脇，故脇痛之病主要責於肝膽，《景岳全書•脇痛》說：「脇痛之病本屬肝膽二經，以二經之脈皆循脇肋故也。」又因肝主疏泄，性喜條達，所以若情志抑鬱，或暴怒傷肝，肝失調達，疏泄不利；或外傷久病，瘀血停積，脇絡不暢；或外邪侵犯，濕熱蘊結，或久病體虛，勞欲過度，精血虧損，均可使肝膽疏泄失於調達而引起脇痛。

西醫學中慢性肝炎，肝、膽管結石，膽囊炎等肝膽疾患均可參照本病之功法辨證練功治療。

據馬有忠等報導採用銅鐘氣功治療慢性肝炎八十一例，顯效26.5%，好轉17.5%，無效6.2%。青島療養院用自控療法治療慢性膽囊炎六十八例，其好轉率達90%以上。

【辨證】

㈠肝氣鬱結：脇部脹痛，每因情志變動而增減，胸悶不舒，飲食減少，噯氣頻作，舌苔薄白，脈多弦。

㈡瘀血停著，脇痛如刺，痛處不移，入夜更甚，痛區拒按，或在季肋處捫到痞塊，舌質紫暗，脈沈澀。

㈢肝膽濕熱：脇痛口苦，胸悶納呆，噁心嘔吐，目赤或目黃身黃，小便黃赤，舌苔黃膩，脈弦數。

㈣肝陰不足：脇肋隱痛，其痛悠悠不休，口乾咽燥，心中煩熱，頭暈目眩，舌紅少苔，脈細弦而數。

【功法】

㈠基本功法：

①疏肝利膽功：

⑴預備：鬆靜站立，兩脚與肩同寬，頭如頂物，腰脊要直，收胯鬆膝，兩上肢自然放於體側，沈肩墜肘，手掌自然伸開，兩目輕閉，內視丹田，舌抵上腭。先靜站片刻，再叩齒三十六次，以舌攪口內津液，分三次嚥下，以意隨津液將其送入丹田。

⑵按腹嘻氣：兩手掌相疊（左手在下），自然按於小腹部，兩內勞宮穴正對丹田。以鼻吸鼻呼或鼻吸口呼法，用逆腹式呼吸法。吸氣時腹部以丹田爲中心微內收、提肛、縮腎囊，呼氣時，腹部仍以丹田爲中心微鼓、鬆肛，口念嘻字音九息。

(3)摩胸噓氣：接上式，一手自然放於體側，按上法呼吸。呼氣時左手輕輕旋摩右脇肋，口發噓字音，吸氣時暫停，做十一息。然後再以同法，用右手旋摩患部脇肋處十一息。

(4)導引肝膽經氣：接上式，以左側痛爲例：左足向左前方邁半步，踇趾內側觸地，足跟上提，膝關節微屈，身體重心放於右足，右膝微屈下蹲（高低根據自己的身體情況而定），頭如頂物，兩目輕閉。兩手隨步出，伸向左前方，手掌自然伸直，兩手內勞宮相對與膽經日月穴相平，同時呼氣，兩手掌順膽經往下推，同時以意導氣順足少陽膽經至足竅陰穴；然後吸氣，身體上提至直立，同時兩手內勞宮轉向足厥陰肝經大敦穴，再順肝經往上拉，以意導氣順肝經至期門穴入肝絡膽，做十一息。再以同法出右足導引右側肝膽經之氣十一息。最後還原至預備式，收功。

②疏肝導氣功：

(1)下按導氣：鬆靜站立，兩臂自然下垂，掌心向下，五指微翹，微用力下按，並意想達手心，直至五指尖，下按三次（圖42）。

圖42 下按導氣

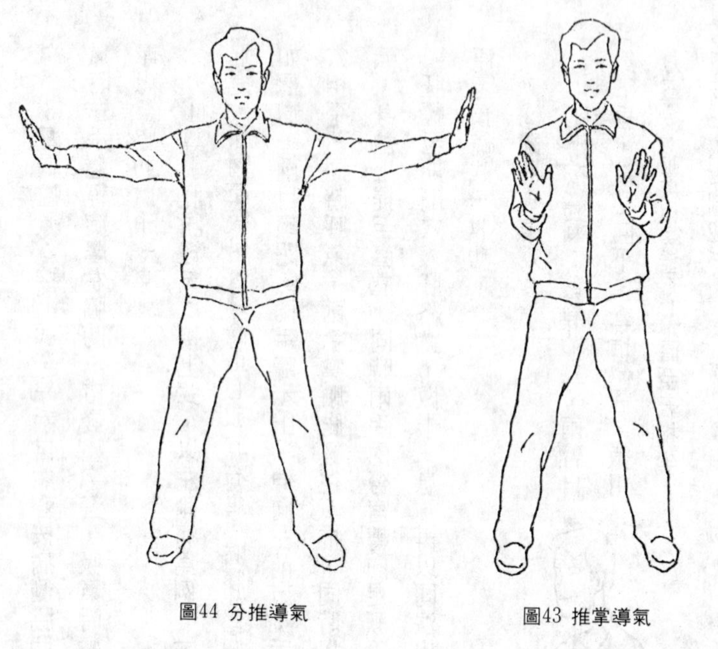

圖43 推掌導氣

圖44 分推導氣

(2)推掌導氣：接上勢，兩手順勢提至胸前兩側，掌心向前（圖43），意存兩掌，向前推出，再收至胸前。

(3)分推導氣：接上勢，兩手左右平伸，如鳥舒翼，十指上蹺，掌心向左右平推（圖44），行氣至掌心，直至指尖，推三次。

(4)三田導氣：接上勢，兩掌順勢收至胸前，掌心向上，指尖相對，意存兩掌，再翻掌向下（圖45），推至恥骨聯合處，氣行至下丹田，再仰掌托氣至中丹田（膻中處），如此三次。然後兩手放於體兩側，收功。

㈡輔助功法：

①肝氣鬱結、肝膽濕熱者，宜多練疏

肝利膽功中摩胸噓氣法，可練二十二息。

②瘀血停著者，宜多練疏肝導氣功，每式各練六～九次。

③肝陰不足者，宜加練服青氣功：

功法：站位、坐位或臥位。全身放鬆，自然呼吸，排除雜念，舌抵上腭。

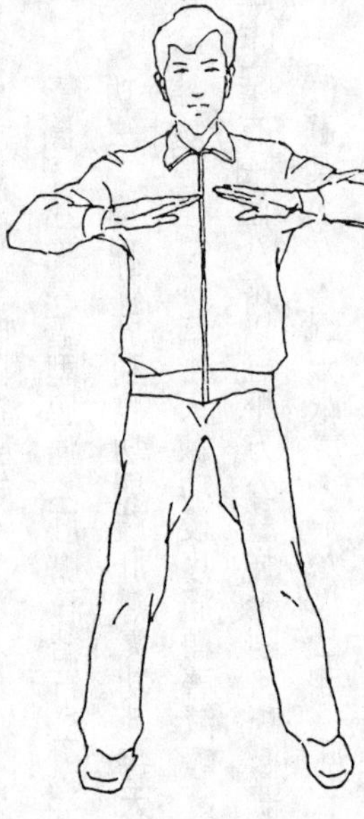

圖45 二田導氣

先叩齒三十六次，以舌攪津液，分三次嚥下，送入兩脇，再下歸丹田。然後再意想青氣隨鼻吸氣而入，令之滿口；呼氣時，將青氣慢慢送至肝、再引歸入丹田，做八次或十六次。最後還原至預備式，收功。

【注意事項】

㈠每天練功二～四次。膽屬春木，為少陽升發之氣，主時在晨，故練功時間要抓住早晨的有利時機，選擇空氣新鮮之地，以利於膽氣流通。

㈡注意營養，飲食節制，避免刺激性和粗糙食物。膽囊炎患者要忌食油膩之品。嚴格限制飲酒、吸煙。

㈢練功中應注意避免情志刺激，戒怒忌躁，安神定志。

【病例】

㈠陳某，男，三十歲，一九八四年十月二十日初診。

主訴：肝區及背部疼痛五年，肝區及背部隱隱作痛，有時陣發性疼痛加重，其痛如刺，入夜更甚，飲酒、吃油膩性食物後可引起疼痛加重，飲食差。

體檢：精神不振，營養較差，肝脾未觸及。肝區叩擊痛，舌質有暗紫斑點，脈沈澀。B超檢查：肝大小形態正常，肝實質內回聲均勻，肝右上葉上段肝內膽管可測及八乘以六平方公釐、八乘以七平方公釐、八乘以五平方公釐強光團伴聲影，餘肝內膽管未見擴張，膽囊形態正常，壁不厚，暗區透聲好。

診斷：瘀血停著型脇痛（肝膽管結石）。

功法：囑練疏肝利膽功與疏肝導氣功。每天練三次。

練功經過：經二十天練功後疼痛顯著減輕，練功三個月後疼痛基本消失，B超檢查：肝右上葉有一個八乘以五平方公釐強光團。囑繼續練功治療。

㈡蘇某，女，五十八歲，一九八七年一月十九日初診。

主訴：右側脇肋疼痛七、八年，加重一年。脇肋部疼痛，飽食或食高脂肪飲食後，或惱怒生氣後疼痛加重，引及右肩胛下區疼痛，胸悶不舒，飲食減少，噯氣頻作。

體檢：營養中等，精神尚可。肝脾未捫及，膽囊區有輕度觸痛與叩擊痛。X光片檢查：有擴大的膽囊陰影。舌苔薄白，脈弦。

診斷：肝氣鬱結型脇痛（膽囊炎）。

功法：囑練疏肝利膽功配合練胸部功。

練功經過：經二個月練功，症狀明顯減輕。練四個月症狀消失，痊癒。一九八八年五月追訪，再未復發。

腹痛

腹痛是指胃脘以下、恥骨聯合以上部位發生疼痛的症狀而言。腹內有許多臟腑，並且是手足三陰、足少陽、足陽明、沖、任、帶等經脈循行之處。因此有關臟腑、經脈受外邪侵襲或蟲積、食滯所傷，或氣血運行受阻，均可導致腹痛。本病主要論述一般常見的腹痛。至於急腹症、婦科疾病，以及痢疾、霍亂、積聚等所致的腹痛可參考有關疾病。本病發生的原因：若寒痛者，多因外受寒邪，侵入腹中；或過食生冷；或中陽受傷，脾胃運化無權，寒積留滯於中，以致氣機阻滯發生疼痛。熱痛者，多因暑熱之邪侵襲腹中，鬱氣化熱；或恣食辛辣厚味，濕熱食滯交阻，氣機不和，傳導失職，以致腹痛。虛痛者，多因素體陽虛，脾陽不振，健運無權，或寒濕停滯，氣血不足，不能溫養臟腑，故而腹痛。實痛者，多由暴飲暴食，或過食甘膩厚味，或誤食腐餿不潔之物，損傷腸胃，食積停滯，氣機失於調暢而致腹痛。

【辨證】

㈠寒痛：腹痛急暴，得溫痛減，遇冷更甚，口不渴，小便清利，大便溏薄，舌苔白膩，脈沈緊。

㈡熱痛：腹痛拒按，脹滿不舒，大便秘結，煩渴引飲，自汗，小便短赤，舌苔黃膩，脈洪數。

㈢虛痛：腹痛綿綿，時作時止，喜熱惡冷，痛時喜按，飢餓或勞累後更甚，得食或休息後稍減，大便溏薄，兼有神疲、氣短、怯寒等症。舌淡苔白，脈沈細。

㈣實痛：脘腹脹悶，疼痛，攻竄不定或痛處不移，痛勢較劇，苔薄，脈弦。

【功法】

㈠基本功法：

①腹部功：

⑴預備：仰臥位，全身放鬆，舌抵上腭，自然呼吸。

(2)揉腹壯氣：以右手掌放於中脘穴處，自右向左旋揉三十六次。再在臍部左右旋揉三十六次。

(3)分腹理氣：呼氣時，以兩手四指或全掌在腹部中線，自劍突向恥骨聯合推三十六次，意念注意手下推摩的感覺。

(4)揉丹壯氣：左手在下，右手疊壓在左手上，旋揉小腹中點三十六次。然後再以五指捏攏，輕輕叩擊五十～一百次。

(5)按揉痛點：以左手食、中、無名指併攏，以指面輕輕按壓在腹部疼痛處，用右手食、中、無名指併攏疊壓於左手三指上，向順時針方向（實症）或向逆時針方向（虛症）旋揉五～十分鐘。用力由輕至重，由淺入深，柔和深透。

②周天自轉功：見本章「泄瀉」。實熱痛者，向順時針方向旋轉，由臍轉至腹側；虛寒痛者，向逆時針方向旋轉，由腹側起轉至臍。每次轉八十一息。

㈡輔助功法：

①實熱痛者，多做腹部功之分腹理氣一節。加練摩脘呼氣功（見本章「呃逆」）。腹部攻竄疼痛連及兩脇者，宜加練摩脇噓氣功（見本章「咳嗽」）。

②虛痛者，宜加練服黃氣功（見本章「胃痛」）。寒痛者，宜加練服日精溫陽功（見本章

「飲症」）。

【注意事項】

㈠每天練功二～四次。

㈡腹痛急劇，噁心嘔吐，或吐血、便血者，宜遵醫囑練功，並結合中西醫藥物治療。特別是急腹症腹痛，宜按外科處理，不可盲目自行練功，貽誤病情。

㈢練功前要解除大、小便，最好在飯後一小時後練功，飢餓、勞累時不宜練功。

㈣手法不宜快，要與呼吸、意念相配合。由胃炎、胃及十二指腸潰瘍等引起的慢性腹痛，應參照胃痛功法練功治療。

積聚

積聚是指腹內結塊，或脹或痛的一種疾病。積症和聚症有不同的病情和病機。積爲有形，固定不移，痛有定處，病屬血分，乃爲臟病；聚爲無形，聚散無常，痛無定處，病屬氣分，乃爲腑病。積的形成時間較長，病情也重，治療較難；聚之爲病，病程較短，病情較輕，治療較易。

本病發生的原因，由情志抑鬱，七情鬱結，肝氣不舒，氣機阻滯，氣滯血瘀，日積月累而成。或由酒食不節，飲食內傷，損傷脾胃，濕濁凝聚成痰，痰濁與氣血搏結，乃成本病；或因起居失宜，臟腑失和，正虛濕濁瘀凝所致。

西醫學中，胃腸功能紊亂、腸梗阻、幽門梗阻、肝脾腫大、腹腔腫瘤、內臟下垂等均屬本病範疇。

【辨證】

㈠肝鬱氣滯：腹中氣聚，攻竄脹痛，抑鬱憂慮，常因情緒變化而時聚時散，脘脇之間時或不適，苔薄，脈弦。

㈡食滯痰阻：腹脹或痛，便秘，納呆，時有條狀物聚起在腹部，往往按之則脹痛更甚，苔膩，脈弦滑。

㈢氣結血瘀：積塊增大，按之覺硬，痛處不移，面黯消瘦，體倦乏力，飲食減少，時有寒熱，舌青紫或有瘀點，脈弦滑或細澀。

㈣正虛瘀結：積塊堅硬，疼痛逐漸加劇，面色萎黃或黧黑，肌肉消瘦，飲食不振，舌質淡紫，或光紅無苔，脈細數或弦細。

【功法】

㈠基本功法：

①自發動功：

(1)預備：站位，兩脚分開，與肩同寬，頭正脊直，腰髖放鬆，兩膝稍彎曲，身體重心放在足後跟，沈肩垂肘，兩臂自然下垂，全身放鬆。心理放鬆，兩目輕閉，舒展眉宇，舌抵上腭，雙唇輕輕閉合。

(2)呼吸與意念：採用自然呼吸，逐步達到深、慢、細、勻的腹式呼吸。先用意念將身體從上至下按部位放鬆數遍；然後微睜雙目凝視面前與目光平行高的一點（如牆、樹等物上的一點），或自己設想一個小白圓球在兩眼前三十三公分左右，兩眼凝視此點數秒鐘至數分鐘，感到眼睛疲勞，眼皮沈重時，上眼皮慢慢下垂，至兩目閉合，同時用意念把身體的重心往下沈，然後意想此球從尾閭關處向下墜出二十～三十公分，以氣懸於尾閭關處（尾骨尖），再意想此球前後微微擺動。此時若身體開始輕輕搖晃，則以意念將此球收至丹田，將意念放鬆，並順從身體的自然運動，不加意念導引。

(3)自發動：當通過意念、姿勢的鍛練，出現輕微自發動後，隨著身體的不斷放鬆和微動，便開始出現前傾後仰，或全身抖動、手臂運動、走碎步等自發動的現象。此時應順其自然，隨勢而動，順氣而動，否則就可能抑制自發動功。接著自發動作的幅度將逐漸增大，動作的頻率和方式也逐漸增多，身體的許多部位就可能出現多種多樣的不規則動作，如舞蹈、蹦跳、武打等。以後二十～六十分鐘動作逐漸減慢，最後自行停止。

(4)收功：當自發動功停止後，恢復到預備式。然後兩手臂從體側向上舉起，經過肩上、耳後、後枕至頭頂，繞至頭前，兩手掌心向下經顏面、前胸、腹部回到原位。這樣反覆三～五次。

②延年九轉功（見本章「泄瀉」）。

(二)輔助功法：

①肝胃氣滯者，宜加練胸脇導引功（見本章「哮喘」）。

②食滯痰阻者，宜加練理脾胃導引功（見本章「胃痛」）。

③氣結血瘀者，宜加練腹部功之分腹理氣法（見本章「腹痛」）。

④正虛瘀結者，宜加練內養功（見本章「胃痛」）。

【注意事項】

(一)每日練二～三次，每次半小時左右，三個月爲一個療程。

(二)練功前排除大、小便，摘去眼鏡、手錶、鋼筆等物。先散散步，做到心平氣和，才開始練功。

(三)要選擇環境清靜，地面平整的場地練自發動功。排除容易拌倒或碰撞的障礙物。最好在醫生指導下或有人陪伴下練功，以防跌倒或出其他事故。

㈣練自發動功中，儘管動作劇烈，但仍要保持精神放鬆，排除雜念，順其自然，保持放鬆狀態。如果在練功時沒有出現自發動功現象，只要掌握練功要領，慢慢就會動起來，即使動不起來，也不要急躁，動起來後，不要追求。個別不出現自發動功的人，只要堅持練功，對治療疾病及身體健康也同樣有效。

㈤動作出現劇烈或大幅度旋轉時，不要害怕，可以睜開眼睛，默念「我要停下來」、「我要停下來」或「我要動作慢下來」等意念暗示內容，自發動功即可慢慢停止。如不想再練下去，可用手指在百會穴或命門穴按一下或足十趾屈曲抓地，再放鬆，反覆進行，動作即可停止。

㈥收功後，要定定神，散散步，不要馬上吃東西或用冷水洗手、洗臉、洗澡。有汗時要用乾毛巾擦擦汗。

【病例】

程某，女，四十三歲，一九八二年六月二日初診。

主訴：腹中氣聚不散，脹滿疼痛二年，加重三個月。每於生氣後即引起腹部氣聚，脹滿疼痛，攻竄兩脇，腹部脹大，時常噯氣，連續噯氣可達三十分鐘，然後疼痛脹滿減輕。近三個月來因生氣引起諸症加重。自覺胸腹滿悶不得息，似有一股氣體自臍腹部上衝而引起脇肋部疼痛，引及背部脹痛，飲食欠佳，夜寐不安。曾在醫院作B超、化驗檢查，未發現異常。時常服中西藥物治療，均不見效，痛苦萬分。

體檢：體胖，營養中等，腹部按之脹滿，叩之呈鼓音，肝脾未捫及，腹圍九十八公分，舌苔薄，脈弦。

診斷：聚症（肝鬱氣滯）。

功法：自發動功。

練功經過：經練功二天後，出現後仰，旋轉自發動功，功後連續噯氣二十多分鐘，諸症均大有減輕，患者喜出望外。當即按腹見氣消腹軟，腹圍爲八十八公分。練功七天後出現舞台花旦小跑樣自發動功，症狀也隨之逐漸減輕，練功二個多月，諸症消失。囑停練自發動功改練延年九轉功以健脾益氣，痊癒。

心悸

心悸是病人自覺心跳心慌，驚悸不安的一種疾病，一般多爲陣發性，每因情志波動或勞累而發作。本病發生的原因，多由心神不寧者突受驚恐，心驚神搖而致；心血不足者，多由久病體虛，或失血過多，或思慮過度，勞傷心脾而致；陰虛火旺者，久病虛勞，或房勞過度，或遺洩頻繁，傷及腎陰；或腎水素虧之人，水不濟火，虛火妄動，上擾心神，而致心悸；心陽不足者，多由大病久病之後，陽氣虛衰，不能溫養心脈，故心悸不安；瘀血阻絡者，由於心陽不振，血瘀運行不暢，或由於風寒濕邪阻於血脈，內犯於心，營血運行不暢，亦能引起心悸。

西醫學的各種心臟病所引起的心律失常，以及缺鐵性貧血、再生障礙性貧血、甲狀腺機能亢進、神經官能症等出現以心悸爲主症時，可參照本篇辨證施治。

一九八四年賈文鄉報導三例心律失常患者經練鬆靜功而痊癒。同年檀山報導一例心律失常患者，經練眞氣運行功而癒。一九八五年馬仁美報導用吐納導引功治療冠心病六十八例，一年後冠心病組七～九項指標有明顯改善。上海胸科醫院運用氣功治療五十三例冠心病，結果有效率爲95%。可見氣功治療各種心臟病有較好的效果。

【辨證】

㈠心神不寧：心悸不安，善驚易恐，多夢易醒，舌苔如常，脈動數。

㈡心血不足：心悸不安，頭暈氣短，面色少華，倦怠無力，舌質淡少苔，脈細弱。

㈢心陰不足：心悸不寧，心煩少寐，口舌乾燥，舌質紅無苔，脈細數。

㈣心陽不振：心悸氣短，動則更甚，胸脘痞滿，神疲乏力，形寒肢冷，舌質淡或紫黯，舌苔薄白，脈細弱或數或結代。

㈤瘀阻心絡：心悸並伴有心胸急劇疼痛，陣發性發作，沿手少陰、手厥陰經脈放射，心胸痞悶如重壓感，舌質紫黯，苔薄白，脈沈弦或澀。

【功法】

㈠基本功法：

①鬆靜功：

⑴預備。坐位，端坐於椅上，頭微前俯，兩脚平分，與肩同寬，兩膝屈曲呈直角；沈肩垂肘，十指舒展，兩手掌心向下，分別放於兩膝上；舌抵上腭，兩目留一線之縫，寧神調息，排除雜念，鬆靜自然，用自然呼吸調息三分鐘。

⑵接上勢，待入靜後配合呼氣從頭頂沿任脈緩緩放鬆到中丹田，同時從頭部沿著督脈放鬆至命門穴。吸氣後配合呼氣再從肩胛部放鬆到肘部、手部。再吸氣後，配合呼氣前從中丹田，後從命門穴放鬆到腰骶與下丹田。再吸氣後，配合呼氣從腰骶與下丹田沿下肢放鬆到湧泉穴。並隨放鬆隨入靜，引氣下行。意想溫暖的淋浴，緩慢沖洗了病邪，全身無病，一身輕鬆之感；並隨身體的放鬆，呼氣時默念「靜」字，從而誘導精神和心臟的放鬆，當放鬆至兩

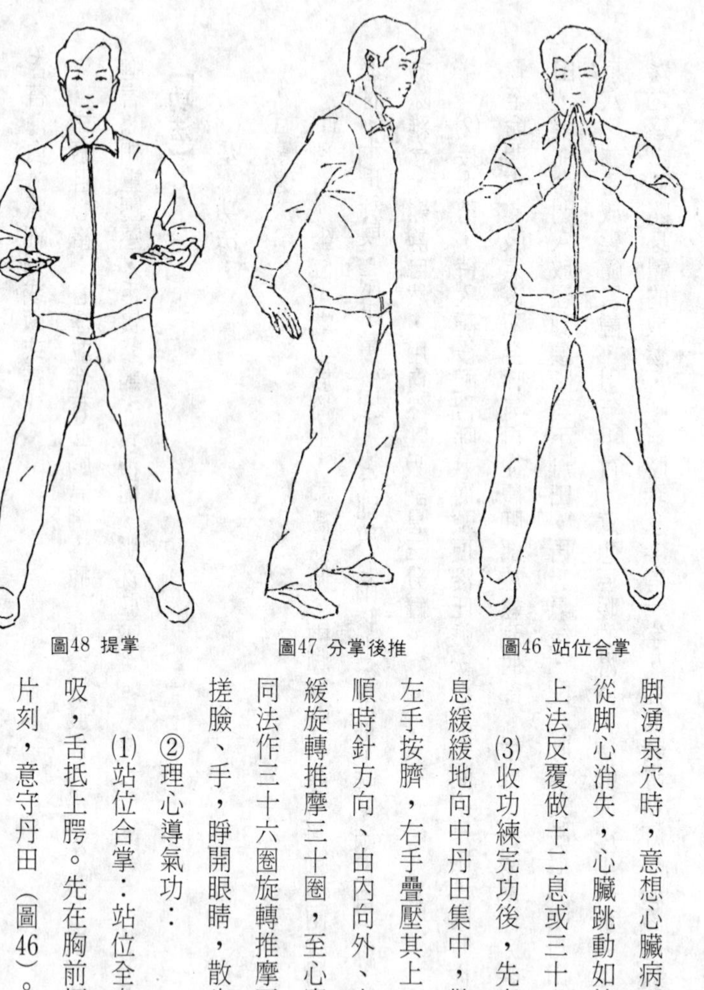

圖46 站位合掌

圖47 分掌後推

圖48 提掌

脚湧泉穴時，意想心臟病不適之症，即將從脚心消失，心臟跳動如鐘一樣穩定。依上法反覆做十二息或三十六息。

(3)收功練完功後，先意想身體各部氣息緩緩地向中丹田集中，做三次，然後以左手按臍，右手疊壓其上，兩手自臍中心順時針方向、由內向外、由小圈至大圈緩緩旋轉推摩三十圈，至心窩及腹側。再以同法作三十六圈旋轉推摩至臍中；最後搓臉、手，睁開眼睛，散步收功。

②理心導氣功：

(1)站位合掌：站位全身放鬆，自然呼吸，舌抵上腭。先在胸前輕合兩手，靜站片刻，意守丹田（圖46）。

(2)分掌後推：接上勢，兩手轉掌向

圖49 平推

圖50 後拉

外，兩臂順身體兩側分推至背後，靜止片刻（圖47）。

(3)提掌：接上勢，兩手翻掌向上提至胸部兩側（圖48）。

(4)平推：接上勢，兩手慢慢平伸向前，勁在中指端，手掌大魚際處微下壓（圖49）。

(5)後拉：接上勢，兩手握拳似拉重物狀，沿身體兩側拉向背後（圖50）。

(6)單推掌：按上勢，右手如持重物狀舉至胸，向右豎掌，推出（圖51）；然後，右手收回，左手亦如持重物狀向左推出，最後恢復原勢。反覆練二～三次。

㈡輔助功法：

①心血不足、心陰不足、心神不寧者，

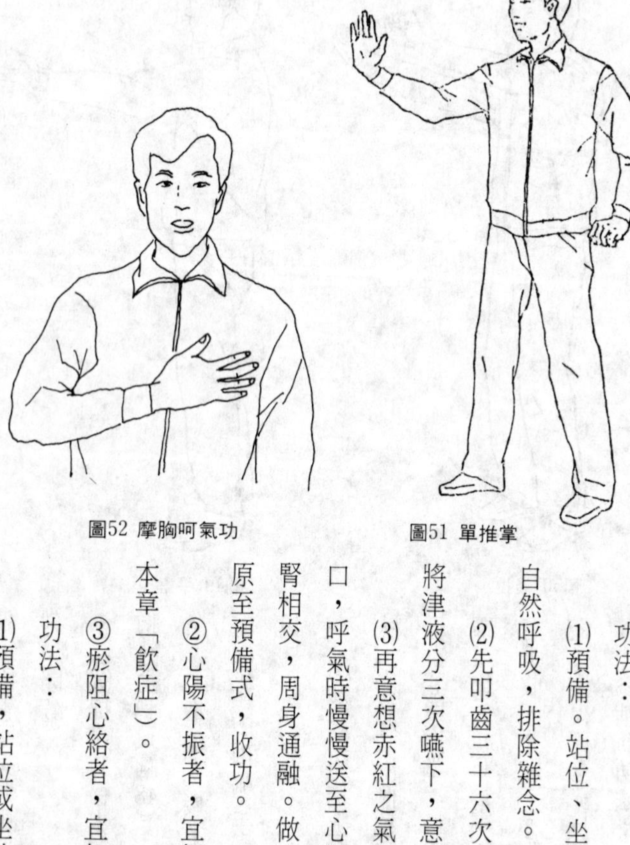

圖51 單推掌

圖52 摩胸呵氣功

宜加練服赤氣功。

功法：

⑴預備。站位、坐位或臥位，全身放鬆，自然呼吸，排除雜念。

⑵先叩齒三十六次，舌攪津液於口內，並將津液分三次嚥下，意念隨之送入丹田。

⑶再意想赤紅之氣，以鼻吸之，並令之滿口，呼氣時慢慢送至心臟，再送至丹田，使心腎相交，周身通融。做七次或十四次。然後還原至預備式，收功。

②心陽不振者，宜加練服日精溫陽功（見本章「飲症」）。

③瘀阻心絡者，宜加練摩胸呵氣功：

功法：

⑴預備，站位或坐位。全身放鬆，排除雜

念，口念「呵」字訣，再緩緩呼氣，慢慢吸氣，自然呼吸。

(2)先叩齒、攪舌、嚥津畢，右手平掌放於左胸部心前區，同時右手掌向順時針方向輕摩，意念存於掌下，共六～十二息（圖52）。

【注意事項】

(一)每天練二～四次，一般每次二十～三十分鐘。練功時間的長短、次數的多少要根據身體的具體情況而定，以練功後舒適不疲勞爲原則。

(二)練功環境要安靜，避免受驚。

(三)本病與精神因素關係密切，氣功治療本病的效果，主要根據病人的入靜程度，入靜時間越長，其療效就越好。因此在練功中務必做到袪除雜念，安定情緒，避免七情過度刺激。

(四)身體虛弱，病情嚴重者，只練鬆靜功和坐位與臥位的功法。待身體逐漸恢復，再加練理心導氣功。

【病例】

楊某，男，五十七歲，一九八四年九月八日初診。

主訴：心悸、胸悶一年，加重一個月。有時心率變慢或間歇，此時則出現胸悶、氣短、心悸、頭暈、乏力、氣急等症狀。心電圖檢查診斷爲「完全性右束支傳導阻滯」，予以中西藥物治療，症狀逐漸減輕，但近一個月來症狀加重，發作頻繁，心悸，胸悶，氣急，伴有頭暈目眩，倦怠無力，飲食欠佳，睡眠不安，坐臥不寧等而求治於氣功。

體檢：精神萎靡，面色無華，營養中等，舌質淡紅，脈細弱。聽診：發作時心律每分鐘四十五次，心律慢而規則，第一心音減弱。九月八日心電圖檢查診斷爲「完全性右束支傳導阻滯」。

診斷：心悸（房室傳導阻滯）。

功法：鬆靜功加服赤氣功。

練功經過：經九天練功後心悸發作次數顯著減少，自覺周身有力，睡眠也較前好轉。經練功三個月後症狀消失，心電圖檢查正常。

水腫

水腫是指體內水液瀦留，泛濫肌膚，引起頭面、眼瞼、四肢、腹背甚至全身浮腫。水腫主要分陽水與陰水兩種。陽水者多由於風邪外襲，肺氣不宣，不能通調水道，下輸膀胱，風水相搏，溢於皮膚，或因水濕內侵，脾不健運或平素酒食不節，生冷太過，濕蘊於中，脾爲濕困，水濕不得下行，泛於肌膚而致。陰水者，多由勞倦傷脾，房勞過度，腎氣內傷，或由陽水失治，水濕逗留不化，遷延日久，耗傷脾腎陽氣，腎虛則開闔不利，脾陽虛則運化無力，脾腎不能運化、行水以致水液停聚，泛濫於肌膚而形成水腫。

西醫學中急慢性腎炎，充血性心力衰竭，肝硬變，內分泌失調，以及營養障礙等疾病所出現的水腫均屬本病範疇。

【辨證】

㈠陽水：

①風水泛濫：眼瞼浮腫，繼則四肢及全身皆腫，來勢迅速，肢節痠重，小便不利，多有惡寒、惡風、發熱等，舌苔薄白，脈浮滑或浮緊；或舌質紅，脈浮滑數。

②水濕侵漬：全身浮腫，按之沒指，小便短少，身體重而困倦，胸悶，納呆，泛惡，苔白膩，脈沈緩。

㈡陰水：

①脾陽不振：身腫腰以下為甚，按之凹陷，不易恢復，脘悶腹脹，納減便溏，面色萎黃，神倦肢冷，小便短少，舌質淡，苔白滑，脈沈緩。

②腎陽衰微：面浮身腫，腰以下尤甚，按之凹陷不起，心悸，氣促，腰部冷痛痠重，尿量減少，四肢厥冷，怯寒神疲，面色灰滯或晄白，舌質淡胖苔白，脈沈細或沈遲。

【功法】

㈠基本功法：

①眞氣運行五步功：

預備：練習眞氣運行有行、立、坐、臥四種姿式。一般採用垂腿坐式，方法是：坐在高低適宜的椅凳上，以坐下來大腿面保持水平，小腿垂直，兩脚平行著地，兩膝間的距離以能放下兩拳（拳眼相對）爲準。兩手心向下，自然的放在大腿上面，沈肩垂肘，腰脊要直，下頜微收，頭如懸頂，以體態端正自然爲標準。或採用側臥式、盤坐式、仰臥式等均可。

第一步，呼氣注意心窩部。

坐好後，即縮小視野，心不外馳，注意鼻尖少時，即可閉目內視心窩部，用耳朶細聽自己的呼氣，使不要發出粗糙的聲音，在呼氣的同時意念隨呼氣趨向心窩部。吸氣時任其自然，不要加任何意識作爲。再呼氣時仍如前法，久久行之，眞氣即在心窩部聚集起來。這是排除雜念的好方法，但仍雜念紛擾，也可用數息法。即呼氣默數一，再呼氣默數二，這樣一直默數到十，再從一至十反覆默數，直到雜念不再興起，即可恢復前法。

練功三～五天，即感到心窩部沈重。五～十天每一呼氣即感到有一股熱流注入心窩部，這是眞氣集中的表現，它爲練第二步打好了基礎。該步一般須練十天。要求每日早、中、晚練三次，每次二十分鐘。

第二步，意息想隨丹田趨。

當第一步功做到一呼氣心窩部有了明顯的發熱感，就可練意息相隨，在呼氣時延伸下沈的功夫，慢慢地一步步自然向小腹（丹田）推進。不可操之過急，如果用力過大，產生高熱亦屬不當。

每次呼氣都感到有一股熱流送入丹田。往往小腹汩汩作響，腸蠕動增強，矢氣的現象增多，這是眞氣到小腹，腸功能發生改變，驅逐邪氣的一種表現。

該步功每日練三次，每次二十～三十分鐘。

第三步，調息凝神守丹田。

當第二步功做到丹田有了明顯的感覺，就可把呼吸有意無意的止於丹田。不要再過分注意呼氣往下送，以免發熱太過，耗傷陰液。呼吸應放自然，只將意念守在丹田部位，用文火溫養。

練該步功十幾日後小腹內形成氣丘，隨著功夫的增長，氣丘也越來越大，小腹的力量感到充實。待有足夠力量，即向下游動，有時陰部作癢，會陰跳動，四肢腰部有時發熱。

該步功每日練三次，每次需半小時以上。

第四步，通督勿忘復勿助。

意守丹田四十天左右，眞氣充實到一定程度，有了足夠的力量時，即沿脊柱上行。在眞氣上行的時候，意念隨著上行的力量(勿忘)，若行到某處停下來，也不要用意識向上導引(勿助)，這個上行的快慢是基於丹田的力量如何。如果丹田力量充實，眞氣上行到玉枕關通不過，內視頭頂即可以通過。

該部功是在第三步功的基礎上丹田充實，小腹飽滿，會陰跳動，後腰發熱，命門處感覺眞氣活躍，自覺有一股力量沿脊柱上行，這種活動現象是因人而異的，有的人眞氣一次就可通過督脈，但有的人則行行住住，數日方可通過。在督脈未通之前，背部常有向上拔的樣子，如向後傾，可以將身體調整一下，如頭部周圍拘緊，有時沈悶不適，這是通督之前必有的現象。在這階段中，必須堅持練功，不可疑慮放鬆，一旦督脈通過後自然輕鬆愉快。

該步功每天要酌情增加練功次數，每次時間也應延長到四十～六十分鐘。

第五步，元神蓄力育生機。

繼續意守丹田。通督以後各條經脈都相繼開通，假如頭頂百會穴處出現活動力量，也可以意守頭頂，可以靈活掌握。

練該步功時，有渾身似電流竄動，皮膚發麻、發癢有似蟲蟻爬行。眉心鼻骨緊張，環唇

圖53　通尾閭

圖54　通雙關

麻緊，身體有時溫熱，有時涼爽，皮膚隨呼吸而動，吸氣時向裏收合或向上浮起，呼氣時向外擴散或向下沈；有時輕浮縹緲，有時重如泰山，有時無限高大，有時極度縮小，有時身體自發運動等等。這都是經絡暢通，內呼吸旺盛，眞氣活動的表現。但是這些表現也是因人而異，即不要追求，出現後也不要驚恐，坐到靜極的時候，以上各種現象都會消失。

②通任督導引功：

⑴預備：兩脚相併站立，兩手自然放於體側，頭如頂物，兩目平視，調勻呼吸，排除雜念，意守丹田，靜站片刻。

⑵通尾閭：微躬身前屈，一百～一百五十度，兩手相握，虛拱前出（圖53），兩目視

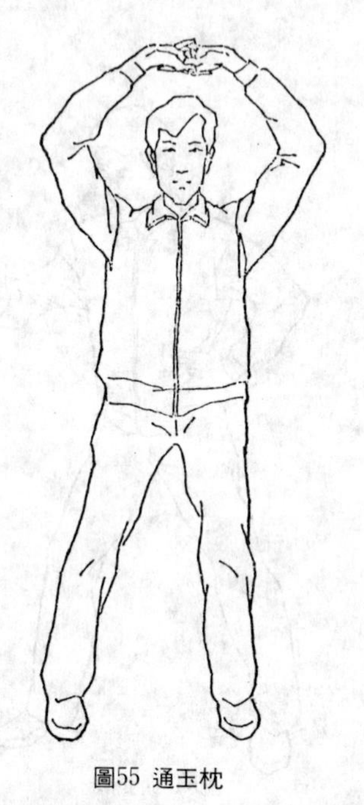

圖55 通玉枕

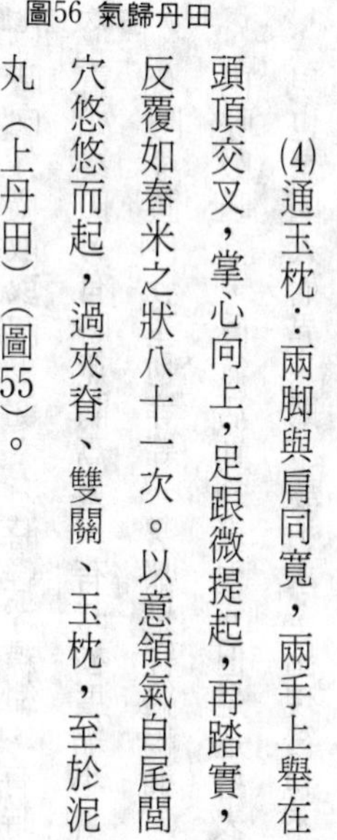

圖56 氣歸丹田

拳心，視而不見，自然呼吸，意領丹田之氣會聚於尾閭部位，左右搖擺三十六次。

⑶通雙關：接上勢，以左手握拳向前伸出，左足同時向左前方邁半步，微成左弓右箭步，右手四指在前，拇指在後插腰，如勇士開弓之狀。然後以意領氣從尾閭運至夾脊雙關，左右搖動三十六次。再如左勢換右側勢搖動三十六次（圖54）。

⑷通玉枕：兩脚與肩同寬，兩手上舉在頭頂交叉，掌心向上，足跟微提起，再踏實，反覆如舂米之狀八十一次。以意領氣自尾閭穴悠悠而起，過夾脊、雙關、玉枕，至於泥丸（上丹田）（圖55）。

⑸氣歸丹田：接上勢，兩手握拳，拱手於胸前，與膻中等高。兩膝屈曲下蹲（位置

高低根據個人的體質情況而定），如人端坐之狀。意領此氣從泥丸順督脈下行至丹田守之（圖56）。

⑹收功：直立，兩手放於體側，搓搓手，搓搓臉，自由活動一下，即可收功。

㈡輔助功法：

①陽水者，宜加練摩胸呬氣功（見本章「咳嗽」）。或摩脘呼氣功（見本章「呃逆」）。

②陰水，脾陽不振者，宜加練服黃氣功（見本章「胃痛」）。腎陽衰微者，宜加練服黑氣功。

功法：

⑴預備。站位，坐位或臥位。全身放鬆，排除雜念，舌抵上腭。

⑵先叩齒三十六次，舌攪津液於口內，並將津液分三次嚥下，意念隨之，送入丹田。

⑶再意想黑氣，吸氣時，以鼻吸氣，令之滿口；呼氣時慢慢將黑氣送至兩腎，再入丹田，做六～十二次。然後，還原至預備式，收功。

【注意事項】

㈠每天練功三次，每次三十～六十分鐘。

㈡水腫嚴重時有胸水、腹水等，宜採用半臥位練靜功。症狀較輕者，練坐位並配合練通任督導引功。

㈢注意休息，增加營養，多食赤小豆、小黑豆、鯽魚、鯉魚等，以助利尿。少食油膩食物，禁食辛辣刺激性食物。

淋症

凡小便頻數，淋瀝不爽，尿時疼痛者，即稱爲淋症。習慣上將淋症分爲石淋、氣淋、血淋、膏淋、勞淋五種，故有五淋之稱。

本病發生的原因由多食辛熱肥甘之品，或嗜酒太過，注於下焦，尿液受其煎熬，日積月累，尿中雜質結爲砂石，則爲石淋。或濕熱下注膀胱，下陰不潔，穢濁之邪侵入下焦，釀成濕熱而爲淋。或心火移熱於小腸，熱傷血絡，迫血妄行，小便澀痛有血，則爲血淋。若濕蘊結於下，以致氣化不利，無以分清泌濁，脂腋隨便而去，小便如脂如膏，則爲膏淋。久病體虛，勞累過度，房室不節，脾腎虧虛，如遇勞而發則爲勞淋。或惱怒傷肝，氣鬱化水，或氣滯不宣，氣火鬱於下焦，影響膀胱之氣化，則少腹墜脹，而成氣淋。

【辨證】

淋症多見於西醫學的泌尿系感染，泌尿系結石和腫瘤，前列腺疾病，以及乳糜尿等病。

㈠石淋：尿中有時挾有砂石，小便艱澀，或排尿時突然中斷，尿道刺痛窘迫，少腹拘急，或腰腹絞痛難忍，甚則尿中可見帶血，舌質偏紅，久則舌質淡，苔薄黃，脈沈弦或弦滑。

㈡氣淋：肝鬱氣滯者，症見小便澀滯，少腹滿痛，舌質帶青，脈虛細無力。中氣不足者，症見少腹墜脹，迫切作痛，尿有餘瀝，面色㿠白，舌淡脈細。

㈢血淋：小便熱澀刺痛，尿色紫紅，甚則夾有血塊，疼痛滿急加劇，或見心煩。舌苔黃，脈滑數。

㈣膏淋：小便混濁如米泔水，或有滑膩之物，尿道熱澀刺痛，甚者淋出如膏，形體消瘦，頭身無力，腰膝痠軟，舌淡，苔膩，脈細弱無力。

㈤勞淋：小便不甚赤澀，但淋瀝不已，時作時止，遇勞即發，精神困憊，舌質淡，脈虛弱。

【功法】

㈠基本功法：

①動功六字訣（見本章「臌脹」），多練嘻字訣。

②利下焦通淋功：

⑴推腹。以兩手掌相疊（左手在下）按於中脘穴處，呼氣時兩手自中脘直推至恥骨聯合

三十六次。

⑵揉臍摩腹。用以上手法左手內勞宮對臍，向順時針方向旋轉按揉三十六次。然後以臍爲中心輕輕向逆時針方向旋轉摩腹三十六次。

⑶以同樣手法，左手掌內勞宮穴按於丹田處，向順時針方向按揉三十六次。

⑷以兩手掌按在小腹兩側自上向下推擦三十六次。

⑸然後取坐位，以兩手掌互相擦熱，在骶部從上向下以熱爲度。

⑹先以左手食、中、無名、小指併攏，以指面自左膝關節內側順大腿內側推至大腿根，推三百次；再以右手四指指面以同法推右大腿內側三百次。

⑺最後仰臥於床上，兩膝屈曲向胸腹部，兩手十指交叉扣起抱住膝部，前後緩緩振搖腹部，同時以口吸氣，再以鼻緩緩出氣，做十二息或二十四息。

㈡輔助功法：

①石淋、血淋、膏淋者，宜多練動功六字訣之呼字訣與吹字訣（見本章「臌脹」）。

②氣淋肝鬱氣滯者，宜多練動功六字訣中噓字訣，中氣不足者，宜加練服黃氣功（見本章「胃痛」）。

③勞淋者，宜加練服黑氣功（見本章「水腫」）。

【注意事項】

㈠每天練功二~四次。當欲排尿時，即練利下焦通淋功。
㈡禁食含鈣質多的食物以及辛辣刺激性食物。
㈢做利下焦通淋功時手法要輕柔，不可用蠻力氣。

尿濁

尿濁是以小便混濁，白如泔漿，而無尿道疼痛爲主症。本病發生的原因多爲飲食肥甘過度，濕熱內生，下注膀胱，腎臟封藏功能障礙；或腎氣空虛，封藏不固，精脂下注；或因脾氣虧虛，中氣下陷，精微下流，故小便混濁或呈乳白色，而成尿濁之病。

【辨證】

㈠濕熱下注：小便混濁呈乳白色，有時帶有凝塊，每食腥葷食則加重，尿無疼痛，胸滿口渴又多飲，舌苔黃厚膩，脈象濡數。
㈡腎虛不固：小便混濁，煩熱口乾，腰膝痠軟，疲倦乏力，頭暈目眩，舌質紅少苔，脈沈細或細數。
㈢脾氣下陷：小便混濁，遇勞益甚，面色萎黃，倦怠乏力，舌質淡少苔，脈虛弱。

【功法】

㈠基本功法：

①養氣強壯功：

⑴一般子午時練功，採取站立式，屈膝，屈髖，腹部微內收，鬆肩沈肘，塌腕舒指，肘彎曲，放於體側，含胸拔背，下頜內收，兩脚左右開立與肩同寬，足跟微虛，脚趾抓地。

⑵初練此功時，先練意守丹田法或意守外景，達到一定功夫，可以以意運氣。吸氣時意想氣從脚跟，經大腿後側，由背部督脈上至百會；呼氣時，氣由百會沿任脈至小腹入丹田，再由丹田向後下方引氣，經大腿內側直至湧泉，在運氣時感覺丹田與湧泉發熱。

⑶採取逆腹式呼吸方法，吸氣時收腹提肛。呼氣時，由足跟向上提氣至會陰部時，以縮肛收胯，脚趾抓地動作，幫助行氣，並意想「力拔山兮」蓋世之浩然之氣上行，氣至百會下行時，加上呑嚥動作，助氣直至湧泉，感覺毛孔與全身無不通透，甚爲舒適方爲奏效。完功後用升降開合法，進行導引，使氣歸原。

②回精還液功：

每於小便時，左手拇指掐子紋握拳（女子雙手握拳），屈趾，咬牙。當小便便出一部分時，猛吸一口氣縮回小便，並從陰莖龜頭向內收，導氣入命門，呼氣時使氣復歸丹田，同時手、腳、全身微鬆，再小便；當便至一部分時再行此功。如此行功三次，使小便尿完，每次小便時都行此功。

㈡輔助功法：

①濕熱下注者，宜加練摩腹呼氣功（見本章「呃逆」）。

②腎虛不固與脾虛下陷者，宜加練百會湧泉導氣旋轉功。

功法：坐位、站位、臥位均可。全身放鬆，自然呼吸，意想百會至會陰有一管相通，首先從會陰穴起，以意引導氣機向左旋轉，逐漸向上轉至百會穴；然後會陰與百會同步向左旋轉三～五分鐘；最後從百會導氣向右旋轉至丹田，同時提會陰之氣至丹田，意守片刻收功。

【注意事項】

㈠每天練二～三次。回精還液功每次小便時都要練功，要養成練功的習慣。

㈡青少年要杜絕手淫的惡習，青壯年患者練功治療期間要禁止房事。

㈢不食辛辣、油膩食物，禁煙、酒。

癃閉

癃閉是指尿液瀦留於膀胱，排尿困難，甚至小便閉塞不通的一類疾病。癃和閉均指排尿困難，但有區別。小便不暢，能點滴尿出，但尿量很少，病勢較緩者爲癃；小便完全閉塞，欲解不得，脹急難通，病勢較急者爲閉，一般統稱癃閉。

發生本病的原因，多由濕熱阻滯膀胱，或腎熱移熱與膀胱，形成濕熱互結，使膀胱氣化發生障礙；或熱壅於肺，肺氣不能肅降，津液輸布失常，水道通調不利，不能下輸膀胱；或年老體弱，腎陽不足，命門火衰，致使膀胱氣化無權等均可導致癃閉。

西醫學稱本病爲尿瀦留。一些使膀胱神經功能失調的疾病、過多服用冬眠藥物或阿托品、膀胱和尿道結石或前列腺肥大等引起的尿瀦留，均可按本病功法治療。

【辨證】

㈠膀胱濕熱：小便量少，點滴不爽，尿色黃赤，有灼熱感，或尿不能排出，小腹脹滿，舌苔黃膩，脈滑數。

㈡肺熱氣壅：小便涓滴不通，或點滴不爽，咽乾，煩渴欲飲，呼吸短促，舌苔薄黃，脈數。

㈢腎陽不足：小便滴瀝不爽，甚至不通，排出無力，全身虛弱，面色蒼白，腰以下冷，腿膝無力，舌質淡，脈沈細。

【功法】

㈠基本功法：

①排尿按摩導引功：

⑴坐位：先將雙手搓熱，從腰部向骶部推擦，以熱爲度。再以左手四指面自膝關節內側推至大腿跟部三百次；然後再以右手推右側大腿內側三百次。

⑵仰臥位：以右手按於小腹部，吸一口氣，呼氣時向順時針方向旋轉揉摩，再吸氣，再呼氣揉摩，反覆進行，做三～五分鐘。

⑶仰臥位：先以右手中指端按點會陰五～十次；自然呼吸，盡量使腹肌放鬆，以右手食、中指按於臍下二寸半，垂直點按三～五分鐘。然後站起，以意從尿道口吸氣，收腹提肛引氣向命門，呼氣時，導氣自命門轉向丹田，順任脈自尿道口出，同時鬆腹、鬆肛以氣導引膀胱之尿液從尿道口出。反覆進行，直至尿液排出。

②導尿功：排尿時，頭正身直，兩眼平視前方，意想百會與會陰穴成中空一管。以鼻吸鼻呼法，緩緩吸氣，收腹提肛，同時意想氣從百會沿任脈向下達丹田（臍下一點三寸），微停閉呼吸，即呼氣，同時鬆腹、鬆肛，意想丹田之氣向膀胱緊壓，如用力排尿一樣，迫使尿液經尿道排出。如此反覆進行，直至尿液排出。排尿畢收氣於丹田，全身放鬆，略停便可。

㈡輔助功法：

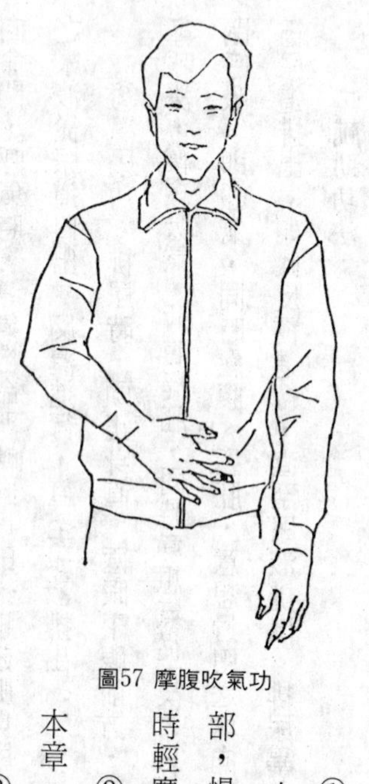

圖57 摩腹吹氣功

圖58 壯腎益氣功

①膀胱濕熱者，宜加練摩腹吹氣功。

功法：站位或坐位，右手平放於小腹部，慢慢吸氣，呼氣時口念吹字訣，右手同時輕摩小腹部（圖57），做十息或二十息。

②肺熱氣壅者，宜加練摩胸呬字功（見本章「咳嗽」）。

③腎陽不足者，宜加練壯腎益氣功。

功法：

⑴站位，兩手握拳，抵住兩側腰部軟肉處，以腰爲軸向左轉六圈（圖58）。再向右轉六圈。

⑵搓腎腑。站位或坐位。兩手在腰部兩側向下推搓三十六次。意存腰部。

⑶兜腎囊。右手托兜腎囊，左手掌平按於恥骨聯合下陰毛處，兩手同時一托一兜八

十一次，然後再換手托兜八十一次。

【注意事項】

㈠排尿功在有尿意不能排出時練習，其他功法每天練三～四次。

㈡注意積極治療尿瀦留的原發病。

㈢按摩手法要輕柔深透，意念存於手法，向下導引內氣運行。

不寐

不寐，又稱失眠。是指經常不能獲得正常睡眠而言。本病輕者入寐困難，或寐而不酣，時寐時睡，醒後不能再寐，嚴重者可整夜不能入寐。發生本病的原因多由機體素弱，情志刺激，或用腦過度，肝腎陰虛，虛火上擾；或由思慮過度，心脾受傷，陰血不足，陰不斂陽，或由五志過極，用腦過度，肝失調達，鬱而化火，擾動神明；或由飲食不節或脾胃不健，食滯不消，釀成痰熱壅遏於中，胃氣不和，擾及心神等均可引起失眠。

不寐多見於西醫學的神經官能症、更年期綜合徵等。

據何杉一九八五年報導氣功治療神經官能四十四例，顯效十六例，好轉十三例，有效十四例，無效一例。楊遠景等一九八四年報導，自發動功配合點穴治療不寐四十三例，基本痊癒十例，顯效十三例，好轉十二例，無效八例。

【辨證】

㈠陰虛火旺：心悸失眠，頭暈頭痛，煩躁易怒，腰膝痠軟，五心煩熱，耳鳴健忘，口乾津少，舌質紅，苔薄黃，脈沈弦細。

㈡心脾兩虛：多夢易醒，心悸健忘，頭暈目眩，肢倦神疲，飲食無味，面色少華，舌質淡，苔薄，脈細弱。

㈢肝鬱化火：失眠，性情急躁易怒，不思飲食，口渴喜飲，目赤口苦，小便黃赤，大便秘結，舌質紅，苔黃，脈弦而數。

㈣痰熱內擾：失眠頭重，痰多胸悶，惡食噯氣，吞酸噁心，心煩口苦，目眩，苔膩而黃，脈滑數。

【功法】

㈠基本功法：

①振椿放鬆功：

(1)預備：站位，兩脚平行，與肩同寬，頭平含胸，直腰沈肩，兩手自然放於體側，兩膝微屈收腹提肛，兩上眼皮輕垂，舌抵上腭，自然呼吸，排除雜念。

(2)振樁：全身重心移至足跟，然後兩膝微屈，以足跟柱地，使全身上下振動，足跟時時受壓，左右兩手同時自然前後甩動，幅度由小到大，兩手輕擊腰腹、骶及小腹部；再依次輕輕叩擊腹骶、腰腹、胸背，而後緩緩停止振動，恢復原勢。

(3)部位放鬆：先以意自上至下順次放鬆頭、頸、肩、臂、胸背、腰腹、腿、膝、脛、足底。再以鼻吸氣時默念「靜」字，以鼻慢慢呼氣時意守湧泉穴。

(4)叩擊點穴：男患者左（女患者右）手慢慢抬起，食、中、無名指捏攏，以指尖叩擊左側頭部攢竹、太陽、頷顏、角孫、風池七～九遍，再用右手（女左手）以同法叩擊右側以上穴位七～九遍，最後兩手搓熱浴面，緩慢睜眼，散步收功。

②扳指通經功：

(1)坐式或臥式：全身放鬆，排除雜念，自然呼吸，將兩手掌向外平伸；然後兩手握拳，小指一伸一屈爲一次，做八十一次。

(2)通導手三陰三陽經：坐位。右手仰掌放於右腿上，以左手掌從右肩內順手三陰經向下推摩至手掌（圖59(1)）。邊推邊慢慢呼氣，意念隨手掌下行。

然後，右手變俯掌，左手掌轉摩至右手背，順手三陽經推摩至肩部，向上推摩時吸氣，意念隨掌運行，共七次；再以右手按摩合谷穴三十六次。不可憋氣，兩上肢力求放鬆（見圖

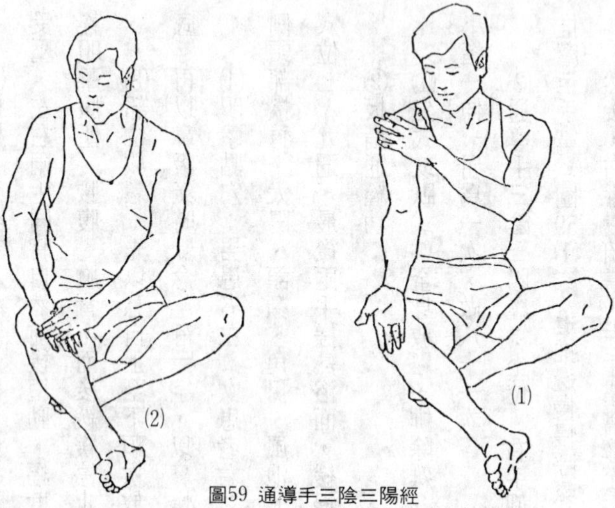

(2)

(1)

圖59 通導手三陰三陽經

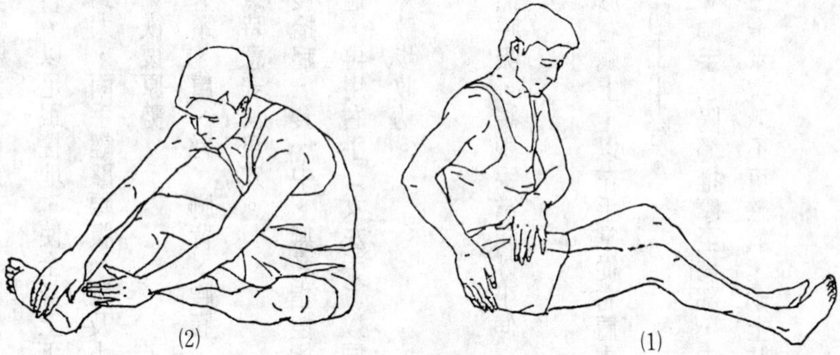

(2)

(1)

圖60 通導足三陽三陰經

59⑵)。最後按揉曲池三十六次，按揉合谷三十六次。

⑶通導足三陽三陰經：坐於床上，左手放於右腿根的前面，右手在右腿根外、後側，順足三陽經向下推摩至足部。向下推時呼氣，意隨掌行（圖60⑴)。然後，兩手反轉向足內側順足三陰經推摩至大腿根部，向上推摩時吸氣，意隨掌行，共七～九遍（圖60⑵)。

㈡輔助功法：

①陰虛火旺者，宜加練採月華功（見本章「咳嗽」)。

②心脾兩虛者，宜加練服黃氣功（見本章「胃病」)。

③肝鬱化火者，宜加練摩脇噓氣功（見本章「咳嗽」)。

④痰熱內擾者，宜加練摩脘呼氣功（見本章「呃逆」)。

【注意事項】

㈠每天練功二～四次；每於睡前練扳指通經功。

㈡本病與精神因素很有關係，在練功中務必安定情緒，避免七情過度刺激。特別要注意避免在情緒波動時練功。

㈢要節制房事，生活要有規律。

【病例】

陳某，男，四十六歲，一九八一年十一月四日初診。

主訴：失眠二年，加重半年。每夜只能睡三～四小時，多夢，心煩，記憶力減退。近半年來每日均要服大劑量安眠藥方可入睡四～五小時。伴有腰膝痠軟，四肢乏力，精神萎靡，飲食尚可，二便正常，曾在西醫院多次作頸部X光檢查、腦血流圖、甲狀腺功能等，未發現異常。

體檢：體瘦，精神不振，舌苔薄黃，脈細弦。

診斷：失眠（神經衰弱）。

功法：囑練振椿放鬆功與扳指通經功。

練功經過：經十天練功後只服一片安眠藥可睡六～七小時，經四個月鍛練諸症消失，痊癒。

鬱症

鬱症是由於情志不舒，氣機鬱滯所引起的一類病症。本病發生原因，多由鬱怒、思慮、悲哀、憂愁七情之所傷，導致肝失疏洩，脾失運化，心神失常，臟腑陰陽氣血失調而成。西醫學中的神經衰弱、癔病以及更年期綜合徵等，屬本症範疇。

【辨證】

㈠肝氣鬱結：精神抑鬱，情緒不寧，善太息，胸脇脹痛，痛無定處，脘悶噯氣，腹脹納呆，或嘔吐，大便失常，女子月事不行，舌苔薄膩，脈弦。

㈡氣滯痰鬱：咽中不適。如有物梗阻，咯之不出，嚥之不下，胸中窒悶，或兼脇痛，舌苔白膩，脈弦滑。

㈢憂鬱傷神：精神恍惚，心神不寧，悲憂善哭，時時欠伸，舌質淡，苔薄白，脈弦細。

㈣心脾兩虛：多思善慮，心悸膽怯，失眠健忘，面色不華，頭暈神疲，食慾不振，舌質淡，脈細弱。

【功法】

㈠基本功法：

①益腎回春功：

⑴預備：站位，兩脚自然分開，與肩同寬，兩手自然下垂，頭如頂物，脊柱要直，膝鬆微屈，五指抓地，舌抵上腭，兩目視而不見，排除雜念，鬆靜自然，調勻

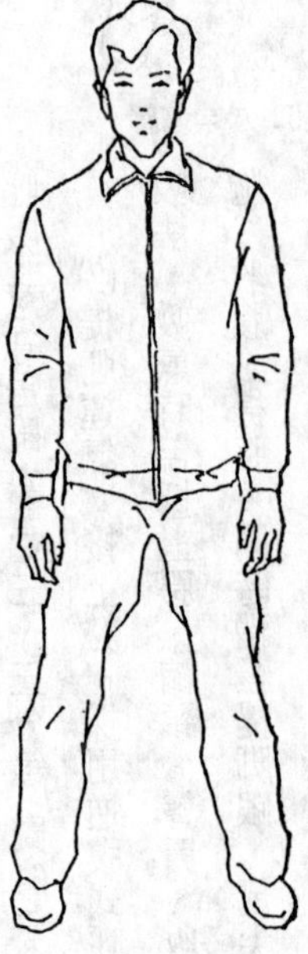

圖61 預備

圖62 八字運肩

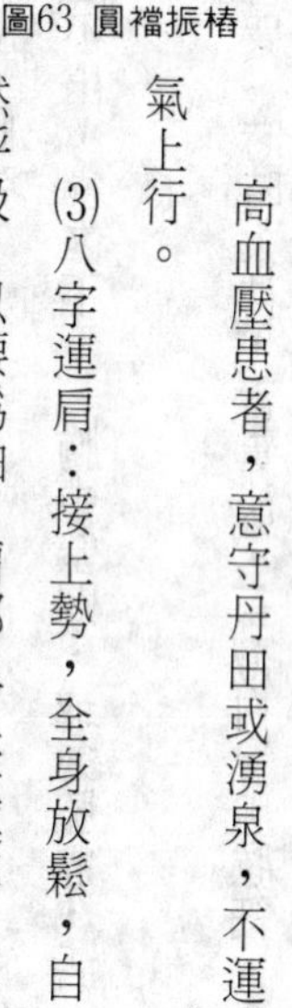
圖63 圓檔振樁

呼吸，意守丹田，靜站三～五分鐘（圖61）。

(2)提肛運氣：接上勢，採用逆腹式呼吸法，吸氣時舌抵上腭、縮頸、聳肩、收胸、收腹、提肛，同時慢慢提腳跟，足尖踮地，運氣沿督脈上行至頂。呼氣時鬆肛，全身放鬆，足跟落地，運氣沿任脈下至丹田，共八次。在運氣上行時，意念不可太重，若無氣感，意至即可，不可再隨意增加次數。

高血壓患者，意守丹田或湧泉，不運氣上行。

(3)八字運肩：接上勢，全身放鬆，自然呼吸，以腰爲軸，肩部呈八字運轉，男先左轉，女先右轉，左右各八十一次（圖62），或八的倍數，量自身實際情況而增加。

⑷圓襠振樁：兩脚之間比上勢略寬，兩腿內收肌微用力內收，兩膝微微內叩，呈圓襠勢（圖63），呼吸自然，微閉雙目，咬肌放鬆，小腹如忍大便狀，以膝微屈微伸，引動軀體上下振動，牙齒微微撞擊，咯咯作響，陰部任其振蕩開闔，每次五～二十分鐘。或根據自己的身體情況增加時間。

⑸振樁完，意守小腹氣海與命門之間的一點，五～十分鐘。

②升降陰陽導引功：

⑴預備。站位，兩脚與肩同寬，兩手自然放於身體兩側，舌抵上腭，兩目平視，頭如頂物，沈肩垂肘，調勻呼吸，意守丹田。

⑵緩緩向前彎腰，兩手自然握拳，向足前探去，至最大限度時同時以意引足三陽經之氣從頭至背、腰、臀、下肢，直至足部爲止。然後緩緩直腰，兩手如握重物，同時引足三陽經之氣入脚，轉入湧泉，循足三陰經向上至下肢、腹、胸部。

⑶接上勢，兩手由拳變掌，向前方伸出，至兩臂伸直爲止，同時以意引足三陰之氣上行至胸，再循手三陰達上肢，入內勞宮穴。

然後兩手再順勢收回去胸前，同時以意引手三陰經之氣，由內勞宮轉至外勞宮，沿手三陽經上行至肩、頭，然後再握拳引足三陽經之氣下行，如此循環無端三十六周。

鍛練中配合呼吸時，引足三陽經之氣下行時呼氣，引足三陰經之氣上行時吸氣，引手三陰經之氣下行時呼氣，引手三陽經之氣上行時吸氣，意念隨經氣運行。

㈡輔助功法：

①肝氣鬱結者，宜加練胸脇導引功（見本章「哮喘」）。

②氣滯痰鬱者，宜加練摩脇噓氣功（見本章「咳嗽」）及摩脘呼氣功（見本章「呃逆」）。

③憂鬱傷神者，宜加練理心導氣功（見本章「心悸」）。

④心脾兩虛者，宜加練服赤氣功（見本章「心悸」）及服黃氣功（見本章「胃痛」）。

【注意事項】

㈠每天練功一～二次。

㈡練功前排除大小便，練益腎回春功時應穿寬鬆的衣服，最好穿大襠褲練功。

㈢生活起居要有規律，節制房事。

陽萎

陽萎，是指成年男子陽事不舉，或舉而不堅，不能進行正常的性生活，發生陽萎的原因多由青少年有手淫惡習，或房事過度導致腎精虧損，腎陽不振，命門火衰，或思慮過度或受驚恐懼，腎氣受傷，神思不寧而成，或濕熱內盛，影響肝腎，形成宗筋弛縱而造成陽萎。

西醫學認為造成陽萎的原因有精神性與器質性兩大類，前者占85%至95%。據報導一百五十例臨床觀察，80%以上的患者經過自行練功可以收到滿意的治療效果。

【辨證】

㈠命門火衰：陽萎，頭暈目眩，精神萎靡，腰腿痠軟，面色晄白，舌質淡，脈沈細而弱。

㈡驚恐傷腎：陽萎，膽怯多疑，失眠多夢，精神不振，心悸，失眠，舌苔薄膩，脈弦細。

㈢濕熱下注：陽萎，陰囊、陰莖或兩腿灼熱，潮濕，痠痛，舌苔黃膩，脈沈滑。

【功法】

㈠基本功法：鐵襠功。

①推腹：仰臥，全身放鬆，調勻呼吸，排除雜念。用兩手相疊（左手在下）自劍突部位向恥骨聯合推摩三十六次（圖64）。兩手向下推時慢慢呼氣，將眞氣送入丹田，意念隨手掌的

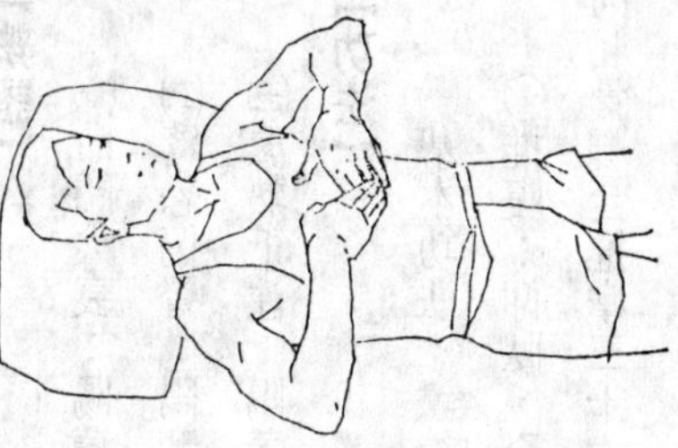
圖64 推腹

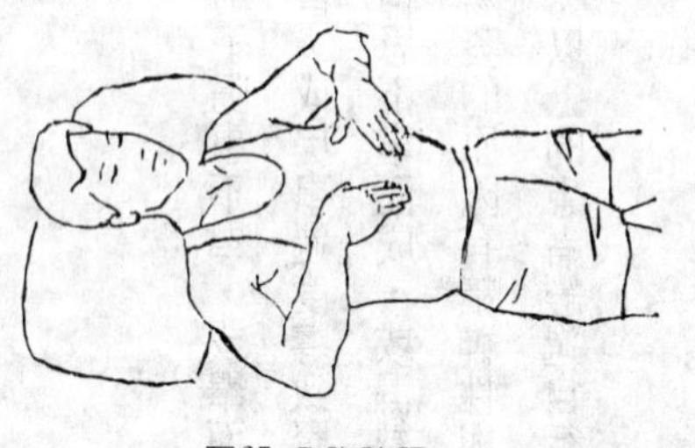
圖65 分腹陰陽

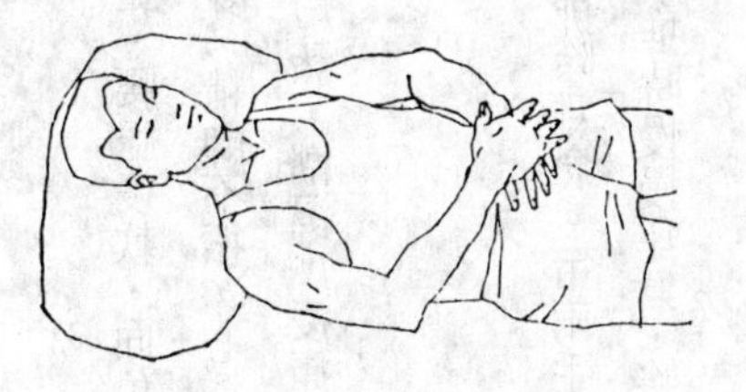
圖66 按揉肚臍

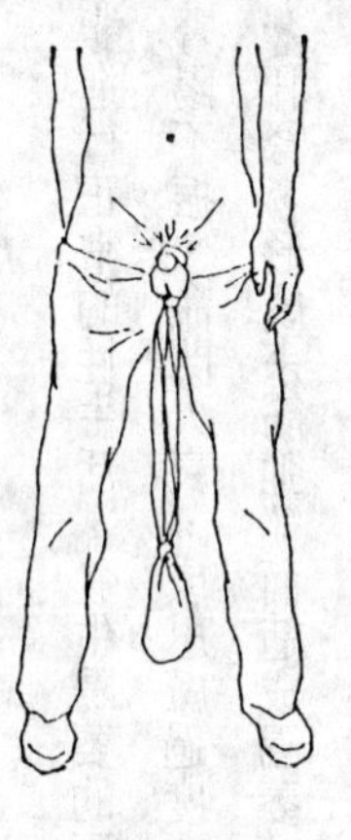
圖67 掛襠

推動，注意體會手下感應。

②分腹陰陽：仰臥，以兩手掌自劍突下向腹兩側分推三十六次（圖65）。向下分推時慢慢呼氣，注意體會掌下的感覺。

③按揉肚臍：仰臥，兩手相疊（左手在下），在臍部左右旋揉各三十六次（圖66）。自然呼吸，注意掌下感應。

④捻精索：坐位，以兩手食、中指與拇指對稱在陰莖根部的兩側捏起精索，左右捻動各五十次。全身放鬆，自然呼吸，注意兩手捻動精索的感應，以微痠脹，舒適不痛爲準。

⑤揉睪丸：坐位，以右手將陰囊、陰莖一同抓起，虎口朝前，陰莖與睪丸露在虎口外，將其根部握緊，先以左手掌心按在左側睪丸上揉五十次，然後換手以同樣的方法揉右側睪丸五十次。自然呼吸，將意念集中在揉睪丸那隻手的手心裏。

⑥搓睪丸：坐位，以兩手食、中指面托住同側睪丸的下面，再以拇指按壓其上面，左右搓捻五十次。

⑦頂睪丸：坐位，以兩手食、中指面托住同側睪丸，再以拇指端將睪丸向腹股溝方向頂上去，然後放下來，共三次。向上頂時慢慢吸氣，放下時慢慢呼氣，兩腹股溝處有輕微的撐脹感即可，壓力不可太大。

⑧掛襠：站位，兩脚與肩同寬，將備好的沙袋和紗布帶放在床上或凳子上，並將紗布帶結一個活扣備用。然後用一手將陰莖和陰囊一同抓起，再將紗布帶的活扣套在陰囊及陰莖的根部紮住，鬆緊合適，陰毛留在外面。並使紮扣下面的兩條紗布帶等長，最後把沙袋慢慢放下（圖67），前後擺動五十次，自然呼吸（不可用腹式呼吸）。以陰莖與睪丸充血、微痠脹、兩側腹股溝有輕微牽引感而不痛爲準。

⑨捶睪丸：站位，兩脚與肩同寬，兩手握空拳，交替捶打同側睪丸各五十次。用力要柔和，不可用蠻力捶擊，以痠脹不痛爲準。

⑩捶腎：站位，兩脚與肩同寬，以拳背交替捶擊腰背部同側腎區各五十次（圖68），動作要柔和深透，呼吸要自然。

⑪通背：站位，兩脚與肩同寬，兩手握空拳，肩、肘、腕關節放鬆，以腰部的力量帶動兩臂，一手以拳心捶擊胸部，一手以拳背同時捶擊背部肩胛骨下方，左右各五十次（圖69）。

⑫扭膝：兩脚併立，以手掌按在膝上，向左旋扭五十次（圖70），再向右旋扭五十次。

⑬滾棍：坐位，兩足穿平底鞋，踏在圓木棍上前後滾動五十次（圖71）。

⑭收功：兩手自然放在大腿上面，靜坐片刻，搓搓臉和手，站起自由活動一下，即可收功。

圖69 通背

圖68 捶臀

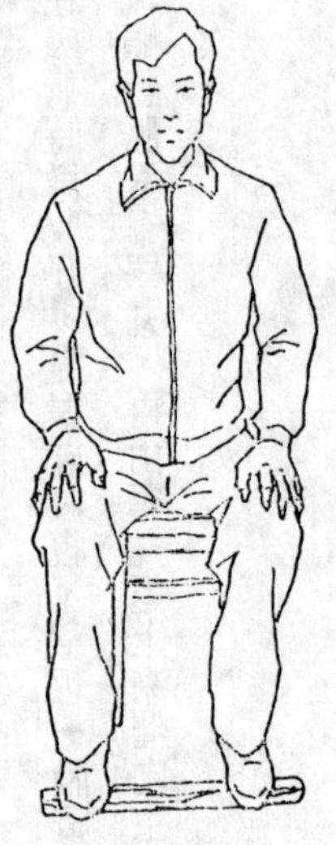
圖71 滾棍

圖70 扭膝

(二)輔助功法：

①命門火衰者，加練壯火升陽功。

功法：預備，坐式，臥式或站式均可。全身放鬆，調勻呼吸，排除雜念，意守命門、氣海穴之間三～五分鐘。然後用逆腹式呼吸法，在吸氣時微收肛，提睪丸收腹，意想一股暖流存命門，呼氣時，意想聚集於命門處的這股暖流順督脈送下睪丸，再由睪丸返上來催向生殖器直達龜頭，同時鬆腹，鬆肛，反覆進行八十一次。

②驚恐傷腎者，宜加練養丹益神功。

功法：跏趺坐或平坐，全身放鬆，自然呼吸，舌抵上腭，排除雜念，用順腹式呼吸法，當呼氣時將腹內收，提肛，由丹田輕輕向內吸，意想丹田與腰背相貼；吸氣時，鬆腹，氣向丹田聚集，如此做三十六次。然後改自然呼吸，意守丹田。

③濕熱下注者，加練摩腹吹氣功。

功法：站位或坐位，全身放鬆，排除雜念。兩手平放於小腹部，慢慢吸氣，呼氣時，口念「吹」字訣，兩手同時輕摩小腹部。做十息或二十息。

④經練功一百天後，陰莖能勃起，但軟而不堅者，加練強陽握固功。

功法：在練鐵襠功掛襠後，或興陽時，一手握陰莖，陰莖頭露在外面，再努力用力，使氣血上達龜頭，握拳用力，阻滯血液回流，使龜頭有撐脹感，反覆數次，握力逐漸增加，不可上下滑動。

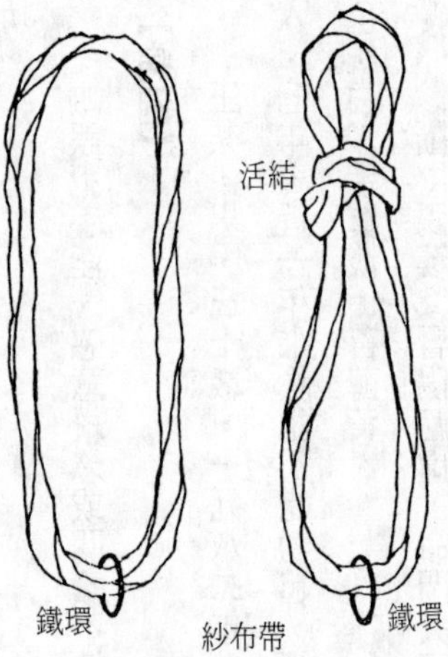

【注意事項】

㈠每天練功一、二次，先練一百天，在練功中，禁止性生活。以後每日或隔日練功一次。

㈡練功前排除大小便。練鐵襠功前要準備好沙袋、紗布帶及圓木棍等用具。沙袋：長二十公分，寬十七公分，裝入沙子一點五公斤，將袋口紮緊備用。圓木棍：長五十五公分，直徑三～五公分(圖72)。紗布帶：長九十～一百公分，寬四十～五十公分，將兩端縫在一起，使成環形，套一鐵環，打上活結備用（圖73)。

㈢若有陰部手術疤痕、輸精管結紮，陰部嚴重靜脈曲張及急性睪丸炎、附睪炎等不宜練鐵襠

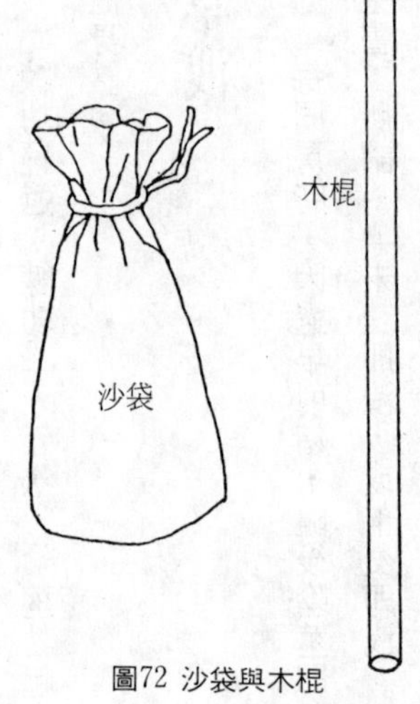

圖72 沙袋與木棍

圖73 紗布帶與活結

功。

㈣誤犯手淫、恣意縱慾或閱讀不健康圖書所致者，須戒除惡習，收心養性。

【病例】

王某，男，三十歲，一九八二年七月二十日初診。主訴：陽萎一年。有手淫史，患早洩六、七年，近一年來陰莖不能勃起，經治無效。伴有乏力，腰痠背痛，多夢，精神萎靡，面色晄白，舌質淡，苔薄黃。

診斷：陽萎（腎陽虧虛，命門火衰）。

功法：囑練鐵襠功。

練功經過：練功二十五次，陰莖勃起，性生活正常，諸症也隨之消失。囑繼練本功，保健身體。

早洩

每同房時，因過早射精，隨後陰莖即萎軟，不能正常進行性交，稱爲早洩。即《沈氏尊生書》所謂：「未交即洩，或乍交即洩。」發生本病的原因多由於少年頻犯手淫惡習或房室不節，色慾過度所傷腎氣，腎氣虧損；或肝經濕熱下流陰器，疏洩失常，封藏不固；或勞倦傷神，思慮過度，心脾氣血不足等均可導致早洩。

【辨證】

㈠腎氣虛損：早洩，腰膝痠軟，腰部隱隱作痛，脫髮，牙齒鬆動。若兼腎陽虛則畏寒肢冷，短氣，面色㿠白，小便清長，便溏，脈沈細，若兼腎陰不足則五心煩熱，盜汗，口乾，頭暈，耳鳴，大便乾，舌紅少苔，脈細數無力。

㈡肝經濕熱：早洩，煩悶，口苦，小便黃赤，淋濁，尿痛，陰腫，陰癢，舌苔黃，脈弦有力。

㈢心脾虧損：早洩，形體消瘦，面色無華，氣虛體倦，四肢困怠，納呆，便溏，心悸，短氣，自汗，多夢，健忘，舌淡，脈細。

【功法】

㈠基本功法：

①鐵襠功（見本章「陽萎」）。

②強陽固精功：

⑴捶擊腰骶：坐式或站位，以兩手握空拳捶擊腰部兩側及骶部。

⑵搓陰莖與睾丸：以兩手合掌，置睾丸於掌中，搓揉睾丸三十六次，再以同法搓揉陰莖

三十六次，若有欲射精者，則行捶擊腰骶法。

(3)甩擊陰莖：仰臥位，以左手食、中指夾持陰莖根部使陰莖向大腿內側甩擊三十六次；然後換右手以同法向右大腿根部甩擊三十六次；最後以兩手拇指與食、中指夾持陰莖根部向小腹部甩擊三十六次。

(4)捏擠：用一手食、中指放在陰莖包皮繫帶處，拇指放在龜頭之冠狀緣，對稱從前向後捏擠；另一手握住陰囊和睾丸向下拉，兩手同時用力，動作協調，持續三～四息的時間，突然放開，反覆數次。

(5)按揉睾丸：仰臥位，以左手掌按睾丸之陰囊上，掌根壓在陰莖根部，旋轉揉動八十一次，再用右手以同法旋揉八十一次。

(二)輔助功法：

①腎氣虛損者，加練養腎益水功。

功法：坐位，以兩手掌搓熱，微微呼氣，搓腰部兩側，以熱爲度；然後以右手掌小魚際處搓左脚心八十一次；再以左手掌搓右脚心八十一次。

②肝經濕熱者，宜加練摩腹吹氣功（見本章「陽萎」）。

③心脾虧損者，宜加練服黃氣功（見本章「胃痛」）或加練服赤氣功（見本章「心悸」）。

【注意事項】

㈠先選基本功法中之一種鍛練，每天練一～二次。

㈡在練功百日內禁房事，百日後節制房事。

㈢解除心理顧慮，行房時可以將意念集中於體外某一點以分散注意力。動作宜緩慢，不可急躁。

㈣時刻注意心理修養，排除邪念。

遺精

遺精是指不性交而精自遺洩，遺洩頻繁並出現全身症狀。遺精有夢遺與滑精之分，有夢而遺精者，名爲「夢遺」；睡中無夢而遺精，甚至清醒時精液自出者，名爲「滑精」。

發生本病的原因多由勞神過度，心陰暗耗，心陽獨亢，陰虛火旺，擾動精室；或青少年時期犯手淫惡習；或早婚，恣意縱慾，腎不藏精，或醇酒厚味，損傷脾胃，釀成濕熱，流注於下，擾動精室等均可導致遺精。

【辨證】

㈠陰虛火旺：夢中遺精，夜寐不安，頭目昏暈，心悸，精神不振，體倦乏力，或兼小便

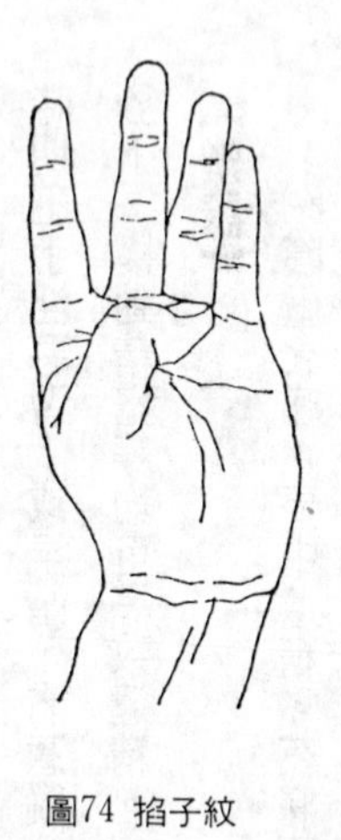
圖74 掐子紋

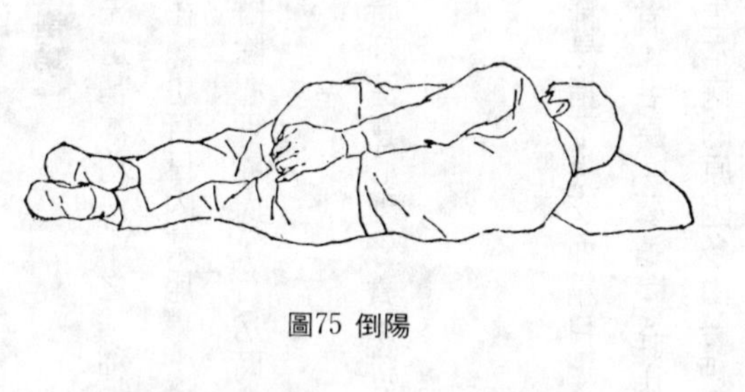
圖75 倒陽

短黃而有熱感，舌質紅，脈細數。

㈡腎虛不藏：遺精頻作，甚至滑精，頭昏目眩，耳鳴腰痠，面白少華，畏寒肢冷，舌質淡，脈沈細或舌質紅，脈細數。

㈢濕熱內蘊：遺精頻作，或尿時有精液外流，心煩少寐，口苦或渴，小便熱赤，舌苔黃膩，脈濡數。

【功法】

㈠基本功法：

①倒陽功：

⑴夜間陽正興時，右側臥位，屈髖、屈膝，向腹部緊收；兩拇指掐子紋（圖74），餘四指緊握拇指，曲肘放於胸前。閉目垂帘，舌抵上腭，排除雜念，自然呼吸，意守丹田，靜養片刻。

⑵將腰微微向後收，用左手中指頂住尾閭穴；右手拇指仍掐子紋握拳。吸氣時，提肛，按尾閭、屈脚趾、

右手握拳、舌抵上腭，以意引氣從龜頭沿督脈上至百會；呼氣時，全身放鬆，手、趾、肛、舌同時放鬆，以意引氣脈下降至丹田。如此導氣機六～十八息（圖75）。

⑶仰臥位，兩上肢自然放於體側，掐子紋握拳；兩腿伸直，吸氣時，兩脚趾用力蜷屈、提肛、收腹、舌抵上腭、握拳，以意引氣，用力從龜頭向督脈至腦後，上貫頂門；呼氣時，腰腿手脚從容放鬆，鬆肛，以意引氣沿任脈下歸元海，反覆導氣，至陽衰爲止，全身放鬆，意守丹田，收功。

②回精還液功：遺精，小便帶有精液者，當行此功。功法見本章「尿濁」。

③鐵襠功（見本章「陽萎」）。

㈡輔助功法：

①陰虛火旺者，宜加練養陰清熱功。

功法：坐位，以兩手搓熱，並吸一口氣，呼氣時，兩手掌放於兩腎兪穴從上向下擦，然後再吸氣搓手，呼氣再擦腎兪，做八息或十六息；然後用手掌小魚際處搓擦兩足心湧泉穴，左右各八十一次。

②腎虛不藏者，宜加練還陽功。

功法：側身屈臥，戌亥之時，一手兜陰囊一手按臍下，同時用力向下搓兜八十一次；然

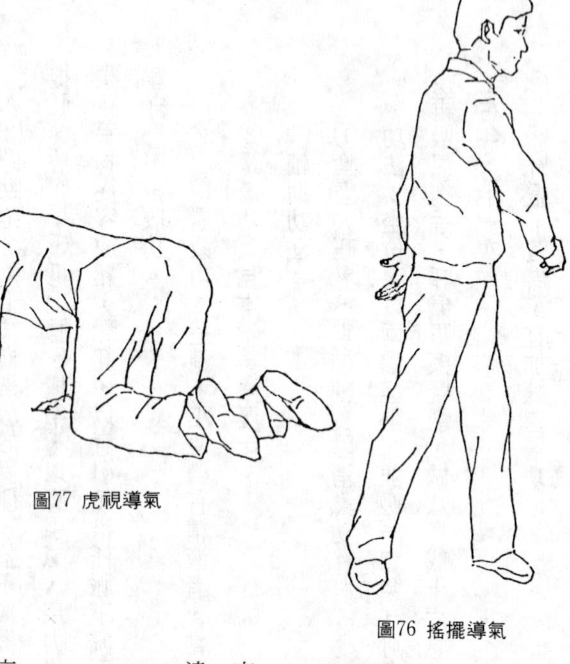

圖76 搖擺導氣

圖77 虎視導氣

後換手再搓兜八十一次，日行二次。

③濕熱內蘊者，宜加練疏導脾胃功。

功法：

⑴搖擺導氣：站位，全身自然放鬆，呼吸自然，以腰爲軸，帶動兩臂左右搖擺（圖76）。

⑵虎視導氣：跪坐於床，兩手掌平按於床上，入靜片刻，向左回頭作虎視狀，目視遠方（圖77）。再向右回頭虎視，左右各五次。

【注意事項】

㈠每日練功二～三次。

㈡練功時要排除雜念。杜絕手淫的毛病。

㈢青年人每月有二～三次遺精，若無其他不適，是精滿自溢現象，練功後會自然減少，不必介意。

㈣注意衛生。經常清洗陰部，不可穿過於緊小的內褲。生活要有規律，節制房事。

眩暈

眩指眼花，暈指頭暈，兩者常同時並見，故統稱眩暈。輕者閉目即止；重者如坐車船，旋轉不定，不能站立，或伴有噁心、嘔吐、汗出，甚則昏倒等症狀。

眩暈之病因，以虛者居多，如陰虛則肝風內動，血少則腦失濡養，精虧則腦海不足，均易導致眩暈的發生。此外，亦有由於痰濁壅遏，或化火上蒙清竅所致。

西醫學中的腦動脈硬化、內耳性眩暈、高血壓、貧血、神經衰弱以及某些腦部疾患等，若以眩暈爲主症時，可按本篇進行辨證施功。

【辨證】

㈠肝陽上亢：眩暈耳鳴，頭痛且脹，每因煩勞或惱怒而頭暈、頭痛增劇，面時潮紅，急躁易怒，少寐多夢，口苦，舌質紅，苔黃，脈眩。

㈡氣血虧虛：眩暈動則加劇，勞累即發，面色蒼白，唇甲不華，心悸失眠，神疲懶言，飲食減少，舌質淡，脈細弱。

㈢腎精不足：眩暈神疲健忘，腰膝痠軟，遺精耳鳴。偏於陰虛者，五心煩熱，舌質紅，脈弦細。偏於陽虛者，四肢不溫，舌質淡，脈沈細。

㈣痰濁中阻：眩暈而見頭重如蒙，胸悶噁心，少食多寐，舌苔白膩，脈象濡滑。

圖78 頭眩候導引功

【功法】

㈠基本功法：

①頭眩候導引功：

(1)坐位或仰臥位，兩目微閉，舌抵上腭，上下齒輕合，神意內斂，全身放鬆，自然呼吸。

(2)兩手十指交叉抱右膝靠近胸部（圖78），吸氣時用力抱，呼氣時放鬆，做三息。然後以同法抱左膝。

(3)使頸項縮於兩肩之中，仰面抬肩，頭向左右轉動，先慢後快，左右各二十一次。

(4)吸氣時，用意念將吸入之氣緩緩送入丹田，再由丹田循股內側足三陰經至足底，意守足底湧泉穴；呼氣時，任其自然，待下息吸氣，意念同上，共八十一息。

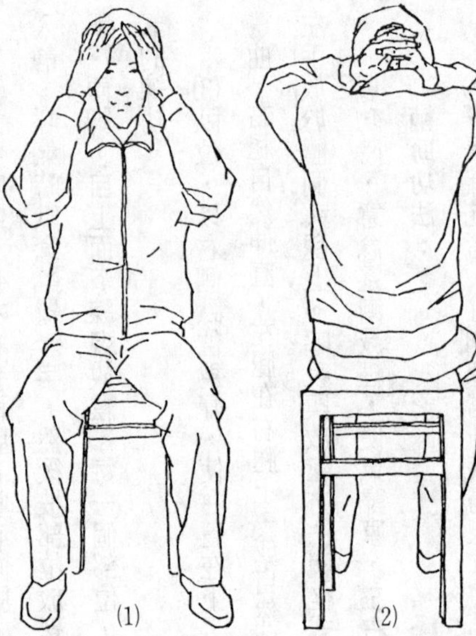

②醒腦按摩功：

(1)坐位，頭正直，自然呼吸，排除雜念，全身放鬆，舌抵上腭。

(2)以兩手掌從承槳、人中、口角、迎香、鼻、兩顴、兩目、眉、額、髮際推抹至頭後，如浴面、洗頭之狀（圖79(1)）。至髮際後，兩無名指指腹在督脈線上，兩中指指腹分別在兩側足太陽經線上，兩食指、拇指指腹分別在足少陽經線上，邊推抹邊屈曲各指間關節，輕輕點按督脈、足陽明、少陽經頭部諸穴。往返操作三十～一百次。

(1)

(2)

圖79 醒腦按摩功

(3)以食、中、無名指三指併攏，分抹前額、眉弓、兩目、眶下、鼻旁、人中、承槳各五～十次，上下往返三～五次。

(4)雙手五指交叉放於頸後，以兩掌根擦按兩風池穴，自外上向內下二十～三十次（圖79(2)）。

③部位放鬆功：

(1)預備。宜採取坐位或臥位練功。坐位爲：坐於板凳上，兩脚左右開立同肩寬，兩手放於大腿部。

要求含胸拔背，頭頂項豎，鬆肩垂肘，塌腕舒指，口唇輕閉，舌抵上腭，目似垂帘，自然呼吸，意守丹田，並稍息片刻。

(2)調整呼吸，將左右手相疊，掌心向腹，拇指交叉或相抵，按在丹田，吸氣時意想自身入靜，呼氣時默念「鬆」字，然後按部位放鬆，自頭部、頸部、兩上肢、胸腹、腰背、兩大腿、兩脚，自上而下練習放鬆，每一個部位，練二、三次，至全身放鬆後，方能轉入以意導氣的練功。

(3)臥位，以右側臥位爲好，使右肩在下，枕高以平時習慣而定，以舒適爲度，身體自然彎曲，右腿自然伸直，左腿在右腿上，成自然蜷屈，右手在面前放於枕上，距頭五～十公分，左手放於體側大腿上。呼吸與放鬆方法與坐式相同。

收功時，意念逐漸減輕，使氣歸原，左右各揉腹十次。

㈡輔助功法：

①肝陽上亢者，宜加練瀉肝潛陽止眩功。

功法：坐位，兩目微閉，全身放鬆，精神內守。兩手輕放於兩側小腹，平靜呼吸十八息。然後兩手緩緩提起至肩上。五指屈曲略分開，拇、食、中指與小指端分別按於曲鬢、率谷、天沖、浮白穴上，然後輕輕自前向後掃散一百～二百次。雙手緩緩經缺盆、兩脇放下，放至兩側小腹，再平靜呼吸，呼氣時口念「噓」字，共做十八息。

②氣血虧虛者，宜加練健脾益氣功。

功法：坐位或仰臥位，左手輕輕放於中脘穴上，右手輕疊壓於左手背上，閉目叩齒，舌抵上腭，待津液滿口，以舌上下攪動，然後緩緩吞下，送於手下。呼氣時雙手自左側上摩半圈，吸氣時自右側下摩半圈，以中脘穴爲中心，共做四十九息，改爲右手在下，左手掌心輕按於右手背上，呼氣時雙手自右側下摩半圈，吸氣時自左側上摩半圈，共做四十九息。

③腎精不足偏陰虛者，宜加練滋陰補腎功，偏陽虛者，宜加練壯陽健腎功。

功法：

(1)滋陰補腎功：坐位或仰臥位，平靜呼吸，全身放鬆，閉目叩齒，舌抵上腭。左手掌心輕按於關元穴上，右手掌心輕放於左手背上。待津液滿口，以舌尖上下攪動，分三次嚥下，並用意念緩緩送至手下關元穴處。呼氣時，左手從左側向上摩半圈，吸氣時從右側下摩半圈，練至手下熱感明顯後，可用意念引氣運行。呼氣時自左足湧泉穴循下肢內側上引至丹田，吸氣時再從丹田循下肢內側引至右足湧泉穴。做四十九息，換爲右手在下，左手按於右手背上，按上法做四十九息。

(2)壯陽健腎功：坐位或站位，兩手掌分別輕放於兩側腎俞穴上，意念集中於兩掌心，自覺兩掌心微微發熱後，做上下摩擦八十一次。

④痰濁中阻者，宜加練和胃健脾功。

功法：仰臥，全身放鬆，兩手分放於胸部兩側，兩中指抵於膻中穴。吸氣，兩手自膻中穴向下至劍突沿肋弓向兩側分推至髂嵴；呼氣，兩手緩緩上提放回原處，意念集中於兩掌心，如此做八十一息。

【注意事項】

㈠每天練功二～三次。

㈡練功時注意力應集中，做到手到意到，並注意手法與呼吸密切配合。

㈢經練功，眩暈消失者，可繼續練醒腦按摩功或部位放鬆功，每日二～三次。

㈣內耳性眩暈發作期間，應少飲水、吃清淡食物，如屬眩暈綜合徵應首先治療原發病。

【病例】

何某，女，五十歲，一九八六年十二月三日初診。

主訴：眩暈半年，伴有神疲健忘、畏寒喜暖、精神不振、四肢不溫、腰膝痠軟無力。

體檢：面色晄白，舌質淡，苔薄白，脈沈細無力。血壓：十八點七／十二千帕（一百四十／九十毫米汞柱）。

診斷：眩暈（腎陽虛）。

功法：囑練醒腦按摩功，壯陽健腎功。早晚各一次。

練功經過：練功十日後，自覺頭暈、目眩明顯減輕，頭腦較前清醒，四肢漸溫，飲食增多，練功一個月後，眩暈消失，身體有力，精神振作，記憶力加強，甚感高興。囑繼續堅持練醒腦按摩功每天早晨一次，半年後追蹤，未再發作。

偏癱

偏癱是指一側肢體偏廢不用，爲中風後遺症。其病因多爲肝腎虧虛、氣血衰少，或經絡空虛，風邪乘虛而入。氣虛不能運血，氣不能行，血不能榮，氣血瘀滯，血脈痺阻而致肢體偏枯不用。

【辨證】

一側肢體偏枯不用，肢軟無力，面色萎黃，或見肢體痲木，舌淡紫或有瘀斑，苔白，脈細澀或虛弱。或兼語言不利，口眼喎斜，或兼大便秘結或小便失禁。

【功法】

㈠基本功法：

①導氣復元功：

⑴仰臥位，四肢盡量伸直，平靜呼吸，意守丹田。

⑵吸氣時，意念將吸入之氣納入丹田；呼氣時，以意引氣從丹田上胸，循患腋至患臂，入掌貫指。再吸氣、呼氣，方法同上，每次二十分鐘。

⑶吸氣時，意念將吸入之氣送入丹田，使之沈留；呼氣時，以意導氣從丹田至患側腹股溝部，再循患肢大腿內側至小腿、下踝，入足底，貫足趾。然後再吸氣，呼氣，重複以上導氣方法，每次二十分鐘。

②活血壯筋功：

⑴仰臥位，吸氣時用力屈曲各掌指、指間關節使之握拳，同時足踝蹠屈、足趾蹠屈；呼氣時使手足盡量放鬆，口念「噓」字，重複八十一息。

⑵吸氣時屈肘、屈膝、屈髖，呼氣時肘、膝盡量伸直放鬆，口念「噓」字，重複八十一息。

③偏癱自我按摩功：

⑴站立或坐位，以健側手拇指及其他四指成鉗形提拿患側上臂前內側，自上而下，再自下而上，往返二～三分鐘。

⑵以健側拇指及中指、無名指按揉患側曲池、小海穴。然後以拇指點按揉手三里、內關、外關穴，以痠麻脹感為宜。

⑶以健側食中指屈曲成鉗狀，分別理患側五指。

⑷平臥位，患側下肢伸直，以健側足跟點擊患側足三里、解溪穴。

⑸站立或坐位，以健手拉住患手腕部，使患臂分別作內收、外展、前屈、後伸、屈肘、伸肘、屈腕、伸腕、腕內收外展各三十二次，然後以健側手掌擦摩患側肩及上臂、前臂，以熱感為度。

㈡輔助功法：

①兼口眼喎斜者，宜加練導氣牽正功。

功法：坐位或仰臥位，意念內收，全身放鬆。若口角歪向右，吸氣時以手四指掌面自左嘴角向耳前推抹，並用意念使左側面肌用力左拉；呼氣時以同法自右耳前輕輕向右嘴角推抹，並用意念使右側面肌盡量放鬆。共做八十一息。

②兼大便秘結者，宜加練調氣自轉功或通便按摩功（見本章「便秘」）。

③兼小便失禁者，宜加練溫腎縮尿功。

功法：仰臥位，全身盡量放鬆，採用逆腹式呼吸，吸氣時腹部向內收，呼氣時腹部放鬆。然後意守命門穴。練十～十五分鐘。

【注意事項】

㈠每日練功三～六次。

㈡平時宜保持心情舒暢，盡量使患肢活動。

㈢臥床不起者宜勤翻身，經常以溫水擦洗身體，保持皮膚清潔，防止褥瘡的發生。

【病例】

姜某，女，六十歲。一九八八年三月十三日初診。

主訴：右側半身不遂二年。二年前患腦血栓病，經西醫治療，神智漸復，語言漸通，唯感右半身肢體活動不靈，行走艱難，生活不能自理。大便乾，二～三日一次。

體檢：舌暗紅，舌下有瘀斑，苔薄白，脈細弱。

診斷：右半身不遂（氣虛血滯、脈絡不通）。

功法：教練導氣復元功、活血壯筋功及按摩通便功。

練功經過：練功十日，自感右下肢活動較前有力，大便一～二日一次，且較前易解，練功三個月後，行走較前平穩，右下肢活動明顯有力，能自行上下樓梯，大便一日一行，乾濕適中。囑繼續練導氣復元功與活血壯筋功。現患者生活可自理。

高血壓

高血壓可以是高血壓病即「原發性高血壓病」的一種主要臨床表現，也可以是某種疾病的一種症狀，如泌尿系統疾病、心血管疾病、內分泌疾病、顱內疾病等，常常伴有血壓增高，因上述疾病發生的高血壓稱爲「症狀性高血壓」或「繼發性高血壓」。

一般認爲，在安靜休息時如血壓經常超過十八點七／十二千帕（一百四十／九十毫米汞柱），就是高血壓。判定高血壓以舒張壓升高爲主要依據。

本病的病因至今尚未十分清楚，中醫學認爲本病多由精神因素、飲食失節、內傷勞損等所致。長期精神緊張，或惱怒憂思，可使肝氣內鬱，鬱久化火，耗損肝陰，陰不斂陽，肝陽上亢而致血壓升高；過食甘肥或飲酒過度，以致濕濁內生，久而化熱，灼津成痰，痰濁阻塞脈絡，上擾清竅，也能發爲本病；勞傷過度或年老腎虧，則腎陰不足，肝失所養，肝陽偏亢，則內風易動。

氣功治療高血壓病的文獻，從五〇年代起就屢見報導，近期療效可達到90%左右。據岳保祥報導氣功治療五十四例高血壓患者，總有效率為90.7%；另據王崇行報導氣功健身操治療高血壓病，長期療效總有效率為86.8%。

【辨證】

㈠早期：舒張壓先上升，繼而收縮壓也上升。此期血壓升高不穩定，時高時低，波動很大。精神緊張，情緒激動，過度勞累後血壓升高，休息後可以降至正常範圍或伴有頭痛、頭暈、失眠、記憶力減退、心悸、耳鳴等症狀，但可自行消失。此期多無血管和心、腦、腎等器官的器質性改變。

㈡中期：本期為器官功能代償期。患者血壓持續升高，小動脈已有硬化病變。同時心、腦、腎等主要臟器因缺血而有損害，出現心悸。檢查可見左心室肥大，心電圖可見左室肥大與勞損。臨床可見頭痛、頭暈、眼花，甚者出現一時性失語、偏癱、多尿，尿中出現紅細胞、管型等表現。

㈢後期：此期器官功能已失去代償能力，除血壓持續較高外，表現有心、腦、腎功能不全症狀及體徵。

另有一種為急進性高血壓。主要表現為病情進展迅速，舒張壓常持續在十七點三千帕斯卡（130mmHg）以上，並有眼底出血、滲出和視神經乳頭水腫等體徵。

【功法】

㈠基本功法：

①降壓放鬆功：

⑴站位，兩脚緩緩分開與肩同寬，兩手自然下垂於體兩側，兩目微閉，舌抵上腭，神意內斂，全身放鬆，自然呼吸，意守足底湧泉穴，每次呼氣，口中輕念「鬆」字，並用意念使全身從上至下逐個部位放鬆，導氣血下行於兩足；或設想自己在浴室中，進行溫度適宜的淋浴，水不斷從頭頂緩緩流到足底，然後用意念靜聽衝到脚底下的水流聲，潺潺流入地下，由上而下，不斷流淌。初練每次可站十分鐘左右，練久可增至三十分鐘。

⑵坐位或盤坐位，兩手輕放於大腿上，兩目微閉，舌抵上腭，意守小腹丹田部位，用意念導氣血下行，自然呼吸，默念「鬆」字，反覆注意全身肌肉放鬆。或按部位練習放鬆功（見本章「眩暈」）。初練每次五～十分鐘，可漸加至三十分鐘。

②鬆靜功（見本章「心悸」）。

㈡輔助功法：

①兼有頭痛、眩暈者，宜加練醒腦按摩功（見本章「眩暈」）。

②兼有便秘者，宜加練通便按摩功（見本章「便秘」）。

【注意事項】

㈠每日練功三～五次。

㈡練功時呼吸不強調深長，而要自然吐納，如有閉氣，或意守不能集中而有煩躁者，當暫時停練，否則會使血壓升高，待能靜下來後，再繼續練功。

㈢練本功的要領在於意守氣血下行，使全身肌肉放鬆。

㈣生活要有規律，不能過度疲勞，避免精神刺激。

【病例】

王某，男，五十九歲，一九八六年十一月四日初診。

主訴：時有頭痛頭暈三年，平時收縮壓在二十二點七～二十千帕（一百七十～一百五十毫米汞柱），舒張壓在十三點三～十二點七千帕（一百～九十五毫米汞柱）。夜間睡眠欠佳，飲食可，二便調。

體檢：身體較肥胖，舌暗紅，苔白，脈弦，血壓二十一點三～十三點三千帕（一百六十～一百毫米汞柱），心肺無明顯異常，腹軟，肝脾未及。

診斷：高血壓病。

功法：教練降壓放鬆功及醒腦按摩功。

練功經過：練功一個月後，自覺頭腦較前清醒，頭痛減輕，睡眠好轉，血壓二十～十二點七千帕（一百五十～九十五毫米汞柱），繼續練功四個月，頭痛、頭暈消失，睡眠香甜，血壓穩定在二十～十八點七／十二點七～十二千帕（一百五十～一百四十／九十五～九十毫米汞柱）之間，囑繼續練功，以鞏固療效。

痺症

痺症是指氣血爲病邪阻閉而引起的疾病。凡人體肌肉經絡遭受風寒濕邪侵襲後，使氣血運行不暢引起筋骨、肌肉、關節等處的疼痛、痠楚、重著、麻木和關節腫大屈伸不利等症，統稱爲痺症。

痺症的發病機制爲素體虛弱，衛陽不固，感受風寒濕邪，流注經絡關節，氣血運行不暢而爲痺症。或寒暖不調，過度勞役，冒雨浸水，邪從外入；或素體陽盛復感外邪，邪從熱化而爲熱痺。機體感受外邪的程度各有不同，其風邪重的，疼痛游走不定，因風邪善行數變；其寒邪重的，疼痛劇烈，甚則痛如錐刺，是寒邪凝而不散之故；其濕氣重的，四肢麻木不仁，重著不移，是濕邪粘滯不去，流注肌肉、關節；其熱邪重的，則發熱不退，關節疼痛、紅腫，不可屈伸。

氣功治療風濕性關節炎效果較好，無不良反應。曾有報導，對二百零八例關節肌肉疼痛患者練氣功治療，總有效率達91.2％。

【辨證】

㈠行痺：肢體關節疼痛，游走不定，關節屈伸不便，或見惡風發熱等表症，苔薄白或膩，脈多浮。

㈡痛痺：肢體關節疼痛較劇，痛有定處，遇寒痛增，不可屈伸，痛處皮色不紅，觸之不熱，苔薄白，脈弦緊。

㈢著痺：肢體關節疼痛重著，或腫脹，痛有定處，手足沈重，活動不便，肌膚麻木不仁，舌苔白膩，脈濡緩。

㈣熱痺：關節疼痛，局部灼熱紅腫，得冷則舒，痛不可觸，關節游走疼痛，不能屈伸，可涉及一個或多個關節，多兼有發熱、汗出惡風、口渴煩悶不安等全身症狀，舌苔黃燥，脈滑數。

【功法】

㈠基本功法：

①通絡行痺功：

⑴站立，兩足分開與肩同寬，雙手自然下垂放於小腹兩側或體側，兩目微閉，舌抵上腭，鬆頸、鬆肩、鬆肘、鬆髖、鬆膝至全身放鬆，用意念使全身經絡、肌肉放鬆。吸氣自覺吸入之氣隨同自身氣血循胸至兩腋，循臂內側，入肘上腕，入掌貫指；循腹至兩髖，循股內側至膝下踝入足心，意到氣到，以意領氣；呼氣，氣血從足趾上足背過踝，循小腿後側足太陽經至大腿後側，經臀上循背脊，從手指上手背，循腕背，上兩臂外側至肩，每到關節處默念「鬆」字，每次二十～三十分鐘。如此自覺氣血周流全身，無一痺阻，全身輕鬆。

⑵收功。用意念將全身之氣匯聚臍下丹田部位。然後，自身體上部至下部抖動，先肩、肘、腕抖動，帶動胸、腰、髖，向下抖到膝，邊抖邊放鬆全身二～三分鐘。

②導引按摩功：

⑴站位或坐位，全身放鬆，雙手掌分別放於兩缺盆部，呼氣時雙手掌緩緩下行，推摩胸腹並沿下肢外側至足背，吸氣時兩手自足背轉摩至足心沿小腿內側上腹內側至丹田，做八十一息，意念隨手運行，注意掌下感覺，隨著雙手的循行摩擦，氣血亦隨之運行無阻。身體的各部位關節隨手的運行相應的屈伸活動。

⑵根據風寒濕痺阻的部位不同，以雙手揉摩疼痛關節部位自然呼吸，意念集中於揉摩之

手下的感應。

③自發動功（見本章「積聚」）。

㈡輔助功法：

①行痺，宜加練祛風功。

功法：仰臥位，四肢伸直，兩掌伸開，全身放鬆，兩唇微闔，舌尖向前伸，而兩邊向中間微捲。深吸一口氣，然後緩緩呼氣，呼氣時用意念導引風寒之邪氣自患處循經，從手足排出，然後再吸入新鮮之氣與體內眞氣相合，眞氣運行於全身，體會有眞氣運行營養全身之溫熱感，連續做二十四次。

②痛痺、著痺，宜加練溫經功。

功法：仰臥位，四肢伸直，兩手輕輕握空拳，全身放鬆，排除雜念，鼻吸口呼。用意念將吸入之氣送入丹田，意想丹田如陽光之溫熱，呼氣時以意引氣運行於痺痛之部位，自覺患部微微發熱，氣血暢流，寒濕之氣被溫煦之氣祛趕從手足心散至體外，連續做二十四次。

③熱痺，加練清熱功。

功法：仰臥位，下肢伸直，兩手放於腹部丹田部位，自然呼吸，吸氣時用意念將吸入之氣緩緩送入患病部位，呼氣時，用意念將患部之邪氣自毛孔向外透發，排出體外。做二十四息。

④肢體自我按摩活動功。

⑴肩部：以拇指按揉肩前，以食、中指按揉肩外、肩後部，邊按揉邊活動肩部，三～五分鐘。然後，以手掌擦之，至肩部發熱。

肩部活動練功：前屈後伸，外展、上舉，前後環繞各十六次，幅度由小到大，盡量活動至最大限度。

⑵肘部：以拇指及中指分別按揉曲池、小海、手三里等穴，用力以痠脹爲度，按揉二～三分鐘。然後一手握住上臂下部，做肘關節屈伸，環轉活動二～三分鐘。

⑶腕部：以拇指及食、中指按揉內關、外關、大陵、太淵、神門、陽池等穴，邊按揉，邊做腕關節的屈、伸，尺、橈側屈及環轉活動三～五分鐘。

⑷膝部：以拇指及食、中、無名指按揉膝眼、梁丘、血海、曲泉、陰陵泉、陽陵泉、膝關、足三里等穴，用力以痠脹爲度，時間約十～十五分鐘。然後以兩手掌擦膝部兩側及前面，以溫熱感爲度。

膝部可做屈、伸及半蹲位膝內外環轉活動，各十六次。

⑸踝部：以拇指分別按揉三陰交、絕骨、太溪、昆侖、解溪等穴，用力以痠脹爲宜，邊

按揉邊做踝關節的屈伸、內翻、外翻及環轉活動，五～十分鐘。

【注意事項】

㈠每日練功二～四次。

㈡熱痺除練功外尚須配合中西藥物治療。

㈢痺症急性期應注意適當休息，勿過於勞累。

【病例】

潘某，女，四十五歲，一九八四年八月七日初診。

主訴：兩膝部疼痛二年，喜暖怕冷，遇寒加重，雙膝屈伸欠利。

體檢：雙膝觸之發涼，皮膚無紅腫，兩膝眼壓痛明顯，舌質淡，苔薄白，脈弦緊。

診斷：痛痺。

功法：教練通絡行痺功，溫經功。

練功經過：練功一個月自覺兩膝疼痛減輕，並漸感溫暖，行走亦較前靈活，囑繼續練功，半年後膝部疼痛消失，屈伸自如，病獲痊癒。

痿症

痿症是指肢體筋脈弛緩，軟弱無力，日久因不能隨意運動而致肌肉萎縮的一種病症。臨床上以下肢痿弱較爲多見，故有「痿躄」之稱。「痿」是指肢體痿弱不用，「躄」是指下肢軟弱無力，不能步履之意。

本病的病因外以溫邪、濕熱爲主，而致津液耗傷，內因以正虛或久病致虛，或勞傷過度，氣血陰精虧損，以致肢體筋脈肌肉失去濡養，萎疲不用而發爲本病。

西醫學中多發性神經炎、急性脊髓炎、進行性肌萎縮、重症肌無力、週期性麻痺、肌營養不良症、癔病性癱瘓和表現爲軟癱的中樞神經系統感染後遺症等，可按痿症進行辨證施功。

【辨證】

㈠脾胃虛寒：肢體痿軟無力，逐漸加重，食少，便溏，面浮腫而色不華，神疲乏力，舌苔薄白，脈細。

㈡肝腎虧虛：病起較緩，下肢痿軟無力，腰脊痠軟，並有眩暈、耳鳴、遺精或遺尿、或月經不調等症，舌紅少苔，脈細數。

【功法】

㈠基本功法：

①益氣內養功：

(1)仰臥位，周身要自然放鬆，姿勢調整後即練調息，用順腹式呼吸，吸氣時腹部自然隆起，呼氣時凹下。呼氣之末停頓片刻，再做下一次的吸氣。在這個停頓期間，做抬舌、默念、落舌三個過程。抬舌即將舌尖緊抵上顎；默念用誘導「入靜養氣」之詞；落舌即將舌尖輕輕放下。呼吸停頓必須自然，不可施勁憋氣。初練者的呼吸停頓間隙二、三秒鐘即可，此時默念「氣壯」或「內氣壯」等詞，以約每秒鐘一個字的慢速默念。練一段時間後，停頓間隙可逐漸延長至五～七秒鐘。默念詞也可隨之改爲五～七個字，如「入靜內氣壯」、「入靜丹田內氣壯」等。「入靜氣壯」練成，丹田氣壯，自覺周身氣機強，四肢力增。每次練三十分鐘左右。

(2)待「入靜氣壯」練成後，呼氣時以意導氣從丹田部向萎軟的下肢，並體會氣在肢體內流動的感覺；練至呼氣時自覺萎軟的肢體內氣血流動明顯，肢體發脹感時，應注意每次呼氣時用力鬆動肢體。每次練三十分鐘左右。

②萎症導引功：

(1)端正地靠牆站立，放鬆。閉氣不息，靜心存想，用意念把內氣從頭引導到脚。

(2)站定，兩足趾上仰，呼吸五次。

(3)背靠牆，端正站立，舒展兩脚和足趾，入靜，以意引導氣從頭下達兩足趾及脚心，做二十一次，候足心有氣感為止。

(4)背靠牆站立，閉氣不息，至極限時慢慢吐出，以意引氣從口至頭，做三息。

(5)站立，一足踏地不動，另一足向外側轉九十度如丁字樣，轉身或斜勢，兩手相合盡量跟著轉動（圖80），左右交替，各十四次。

圖80 萎症導引功

(二)輔助功法：

①脾胃虛寒者，宜加練服黃氣功（見本章「胃痛」）。

②肝腎虧虛者，宜加練服黑氣功（見本章「水腫」）。

③待肢體能活動時，宜加練導引按摩調氣功（見第八章「氣功偏差」）。

【注意事項】

(一)每日練功二～三次。

(二)本症療程較長，練功需有耐心，應持之以恒，療效方佳。不能急於求成，產生煩躁情緒影響療效。

㈢肢體能活動時，應加強肢體活動的鍛練。

㈣練功期間，可配合中藥、針灸、推拿等治療，以促進早日康復。

【病例】

劉某，男，二十八歲，一九八三年九月二十三日初診。

主訴：雙下肢癱瘓，伴有大小便失禁月餘。

患者一個月前因高溫工作，腰部受電扇涼風吹後，即感腰部不適，繼而出現雙下肢不能活動，大小便失禁，飲食可。腰部拍片未見骨質異常改變。

體檢：雙下肢不能活動，肌力零級，肌張力差，腱反射消失，舌暗紅，少苔，脈沈細。

診斷：痿症。

功法：教練益氣內養功。

練功經過：練功十天後，自覺每當意念到腰髖處時，有針刺感，囑繼續以意導氣於雙下肢，十天後自述，意念經膝上部時有蟻行感，繼續練功十天，蟻行感至踝部，練功二個月（同時配合中藥內服），足趾能輕微活動。三個月後，能屈膝、屈髖，但感覺腰痠，膝軟無力，大小便時能知但不能控制。囑加練服黑氣功，以益腎氣。半年後，大小便自解如常，能扶牆行走。囑繼續練功，以強身體，一年後，能夠行走一百公尺左右，生活能自理，基本痊癒。

頭痛

頭痛是臨床上常見的自覺症狀，可以出現於多種急慢性疾病之中。本篇所討論的頭痛是以頭痛爲主要症狀者。

頭痛可見於現代醫學內、外、神經、精神、五官等各科疾病。

頭痛的病因有外感、內傷之分，凡六淫之邪外襲，上犯巓頂，邪氣稽留，阻抑淸陽；內傷頭痛其病因與肝、脾、腎三臟關係最爲密切。因於肝者，一因情志不和，肝失疏洩，鬱陽化火，上擾淸竅，而爲頭痛；一因火盛傷陰，肝失濡養，或腎水不足，水不涵木，導致肝腎陰虧，肝陽上亢，上擾淸陽而致頭痛。因於腎者，多由稟賦不足，腎精欠虧，腦髓空虛而致頭痛，亦可陰損及陽，腎陽衰微，淸陽不展，而爲頭痛。因於脾者，多係操勞過度，或病後產後體虛，脾胃虛弱，生化不足，或失血之後，營血虧虛，不能上榮於腦髓脈絡，而致頭痛。

【辨證】

㈠外感頭痛：頭痛時作，痛連項背，惡風，外感風熱者，兼有發熱，面紅目赤，口渴欲飲，便秘尿赤，舌質紅，苔白，脈浮數。外感風寒者，兼有畏寒喜暖，常喜裹頭，口不渴，苔薄白，脈浮緊。

㈡肝陽頭痛：頭痛而眩，心煩易怒，睡眠不安，面紅目赤，口苦舌紅，苔薄黃，脈弦有力。

㈢腎虛頭痛：頭痛且空，每兼眩暈，腰痛痠軟，神疲乏力，遺精帶下，耳鳴失眠，舌紅少苔，脈細無力。

㈣氣血虧虛：頭痛頭暈，遇勞則甚，神疲乏力，心悸怔忡，食慾不振，面色皖白，舌淡苔薄白，脈細弱無力。

【功法】

㈠基本功法：

①歸一清靜功：

⑴調整姿勢：鬆衣解帶，全身放鬆，採用盤腿坐式。

坐凳二尺見方，前低後高，呈緩徐的斜平面，前後相差三寸左右，凳面上鋪個薄棉墊子。也可在木板床上，但要求同上。

初練功的人不宜用「單盤」或「雙盤」，只宜用「散盤」。其做法是蜷盤右腿，將右足踵輕抵在「會陰穴」上，然後將左腿蜷盤，把左足踵輕抵在右足的「趺陽穴」上。如此練得熟練後，腿不發麻了，再改爲「單盤」，進而過渡到「雙盤」。

如果在練功過程中出現腿麻，可以左右腿交換，但仍須輕抵會陰穴和趺陽穴。這種盤坐，腰腿會自然放鬆，臀部自然穩坐，不必有意把臀部向後突出。

盤坐之後，可將雙肩微上聳二、三分高，以便伸直脊柱。然後，進行握手和含胸。握手也稱之「結手印」，其方式很多。本功法要求兩掌心向下，兩虎口互相交叉，右手大拇指貼在左手掌無名指和小指歧縫中間、掌心橫紋之上，同時右手其餘四指自然輕輕併攏，貼在左手背上，小指在掌指關節旁，食指貼於手腕部。握手畢，放置在小腹之下或盤腿之上，要舒適自然。練功有了基礎之後，兩手會自然握緊，如有一種潛力吸著，再堅持下去，會自覺兩手空空，好似手不存在，這時勿要驚奇或睜眼查看，以分散念頭，影響入靜。握手時，兩肩微內收形成含胸。調胸後，可將舌抵上腭。舌要注意保持自然蹺著舌尖抵住上腭。然後可垂簾，即將眼皮微微合攏，只留一線微光。功夫練到「歸元」的境界時，眼會自然閉闔，會向內抽縮似地閉著。按上述調整之後，全身應自然放鬆端坐，並有輕鬆愉快之感。

(2)歸一清靜：長呼二～三口氣，只向外吐出不吸氣，使內裏的臟腑放鬆、胸膈舒暢。呼氣後，保持自然呼吸。然後自然地用意識透過眼簾，以四十五度角默視盤腿的兩膝之間，「觀」看那一團地方，即所謂「牛眠之地」。在觀「牛眠之地」當中，雖然那地方空無一物，但是在意識集中之下，它會自然地反應出臟腑氣脈的盛衰情況。具體講會出現青、黃、赤、白、黑五種顏色，這是臟腑氣脈反應的「幻景」。由於人的氣脈盛衰各異，所看到的顏色也有差別。一般的人，多數先看到「濛濛如霧」的白色，或者如天上星星閃動的白光，而又會時時變幻各種顏色。

觀看五色之中，以白色光為純正的顏色，堅持鍛練，各色盡退，只見白光。白色的程度由「濛濛如霧」逐漸變成「月光皎潔」，彷彿中秋時節的一輪明月，懸照在面前。把意識集中與這白光合而為一，則自覺如皓月當空，遍體清涼，煩躁去盡，這時便接近「清靜境界」了。

當觀看時五色漸漸退盡，只見一團白色光輝懸照當前，這表明已進入第二階段。此時如果觀見白光中有青、赤、黃、黑的顏色忽然出現，須用「吹」字訣，對準那些雜色，「撮口抵舌」向它一「吹」，如像平日生活中吹「紙捻」似的。一吹之後，雜色化去，會仍然只存在白光。但不可多吹或任意亂吹。尤其要注意，如果只有一種紫色，顏色鮮明、嬌艷、柔和，不似光線強霸，千萬不可吹它，它一樣能使人入靜，得到極好的休息。

觀見白色光輝之後，將意念與白光合而為一，意想「光即是我，我即是光」，「光我如一」，逐漸白光會與自己的身軀合而為一。先是感到自身的兩手、兩腿不存在了，逐步遍及全身，自覺通體光明，空無一物，不知道自己的身軀存在何處，唯覺如像一輪明月，恬靜生輝，光艷明朗，紋風不動。所謂「恍恍惚惚、其中有物，杳杳冥冥、其中有精」，就是指此。

練到這般地步，即達到「坐忘」或「忘身」的火候，也就是眞正的「淸靜境界」。這時神經系統得到了極好的休息，氣、神很容易得到恢復。

(3)收功：收功時，只要把意念和光分開，不集中在光上，光色即會消逝，身軀也會顯現出來。然後，睜開眼睛，將眼珠子溜轉二～三圈，眼皮眨動幾下，全身放鬆，慢慢起坐，將口中的津液分成三～五次慢慢吞嚥，意念送至下丹田，再舒臂伸腿，用手掌沐面幾下，輕拍幾下腰腿，隨意走走。

初練者，時間不宜太長，可由二十～三十分鐘，過渡到三十～四十分鐘，再延長至四十～五十分鐘，甚至還可以長些。應依自己的練功程度而定，不可硬性規定，以練功後自己感到舒適爲度。

本功法僅適用於內傷頭痛。

②頭面放鬆功：坐位，全身放鬆，兩目微閉，內視湧泉。隨意呼吸二十四息。然後以兩手浴頭面一百次，繼以兩手五指併攏，輕輕掃散兩側顳部五十次。再以左或右手掌輕輕拍擊百會穴。然後練部位放鬆功（見「眩暈」）三～七遍，再重點放鬆頭面部的前面、側面及後面，使其整個頭部放鬆。

③頭痛自我按摩功：

(1)巓頂部位疼痛者，以拇指或中指指腹按揉百會、四神聰、通天、阿是穴，每穴按揉一～二分鐘；然後以拇、食指指腹捏拿行間穴一～二分鐘，疼痛甚者，可以拇指甲掐揉湧泉穴。

(2)前頭部疼痛者，以拇指或中指指腹按揉上星、神庭、頭維、阿是穴，每穴按揉一～二分鐘，然後以拇食指指腹捏拿合谷穴，以明顯痠脹為度，疼痛甚者可以拇指甲掐揉解溪穴。

(3)後頭部疼痛者，以拇指或中指指腹按揉後頂、天柱、阿是穴各穴二～三分鐘，然後以拇食指捏昆侖穴一～二分鐘，疼痛甚者，以拇指甲掐拿至陰穴一分鐘。

(4)頭兩側疼痛者，以兩拇指或中指按揉兩太陽穴三～五分鐘，然後以兩手五指併攏輕輕自前向後掃散兩側顳部三十～五十次，最後以拇食指捏拿太沖穴一～二分鐘。

頭面放鬆功、頭痛自我按摩功兩功法適用於外感頭痛。

㈡**輔助功法**：

①外感頭痛，宜加練祛風止痛功。

功法：坐位，巓頂部痛者，以拇食指捏拿行間穴，意念從百會循督脈下行至骶部，向下至腹內循足厥陰肝經下行至行間穴，意念將風邪導出；前頭部痛者，以拇食指掐拿合谷穴，意念從上星穴周圍，經面部至頸部，循手陽明大腸經線向下行至合谷穴，用意念將風邪導出；後頭部痛者，以拇指掐住至陰穴，意念從後頂穴周圍向下循脊背大腿小腿後側至足太陽膀胱經的至陰穴，用意念將風邪導出。每次呼氣時口念「出」字，呼吸二十四息。

②肝陽頭痛，宜加練動功六字訣之「噓」字功（見本章「臌脹」）。

③腎虛頭痛者，宜加練滋腎益髓功。

功法：坐位或仰臥，雙手重疊，放於臍下丹田部位，雙目微閉，內視內腎（兩腎俞穴深處）意念從兩腎，循脊內上行至百會，意想頭腦充實感。平靜呼吸，每次三十分鐘左右。

④氣血虧虛者，宜加練補益氣血功。

功法：坐位或仰臥，雙手重疊，放於中脘穴處，雙目微閉，內視中脘深處，自覺手下微熱感後，意念從中脘，上循任脈交督脈至百會，意想氣血內滋髓腦。每次五～二十分鐘。

【注意事項】

㈠每日練功二～三次。

㈡練歸一清靜功難入靜時，可用調伏雜念的方法來排除雜念，使之專心觀「牛眠之地」或者觀面前已發現的光色。這樣才能逐步地練到與光合一的火候。

當雜念紛紛攀緣的時候，可輕輕張口，念一聲「呸」字音，雜念即可消散。「呸」字音要念「唇舌音」，而且要念得輕，以自己的耳朵能微微聽見為準，並且還要念得急，要像機車「煞車」一樣。經此法，雜念即可停止。但不可隨時亂念，一定要在雜念紛紛湧來時機，才可以使用。

㈢外感頭痛癒後可繼續練頭面放鬆功。

㈣反覆練功無效或頭痛漸加重者，應考慮有無顱腦病變，須查明原因，及時治療原發病。

【病例】

鍾某，女，三十二歲，一九八五年三月四日初診。

主訴：頭痛十餘日，以腦後部爲重，伴有項背不適，微惡風寒，頭部喜暖，遇寒頭痛加重，口不渴，食慾好，二便調，舌淡紅，苔薄白，脈浮。

診斷：風寒頭痛。

功法：教練頭面放鬆功及祛風止痛功。

練功經過：練功一次後頭痛明顯減輕，自覺頭部輕鬆。繼續練功三日，每日二次，頭痛消失獲癒。自覺練功收良效，故堅持練功至今，頭痛未曾發作。

胸痛

胸痛即胸部疼痛，屬病人的一種自覺症狀。所謂胸部，包括上焦心肺兩臟所居的整個部位而言。胸痛一症，多與心肺有關。

心肺兩臟，居於上焦胸部。心主血，是血液運行之主導；肺主氣，是一身氣化之總司。因此，情志所傷，氣機鬱結，氣滯日久，血行不暢，則經絡瘀滯；或久病入絡，氣滯血瘀，心脈瘀阻，均可發爲胸痛。如《素問・脈要精微論》指出：「夫脈者，血之府也……細則氣少，澀則心痛。」素體陽氣不足，心肺氣虛，或終日伏案少動，胸陽不展，氣血運行不暢，外寒乘虛侵襲，以致陰寒凝滯，痺阻脈絡，而成胸痺。如《醫門法律・中寒門》所說：「胸痺心痛，然總因陽虛，故陰得乘之。」《類證治裁・胸痺》也說：「胸痺胸中陽微不運，久則陰乘陽位而爲痺也。」

胸痛可見於西醫學中的冠心病、心絞痛、心肌梗塞、肋間神經痛等病。

【辨證】

㈠心血瘀阻：胸部刺痛，固定不移，入夜尤重，時或心悸不寧，舌質紫暗，脈沈澀。

㈡胸陽痺阻：胸痛徹背，感寒痛甚，胸悶氣短，心悸，重則喘息不能臥，面色蒼白，自汗，四肢厥冷，舌苔白，脈沈細。

【功法】

㈠基本功法：

①眞氣運行五步功（見本章「水腫」）。

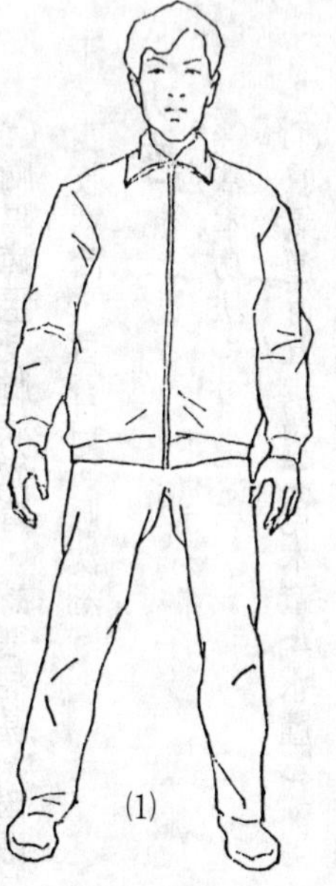

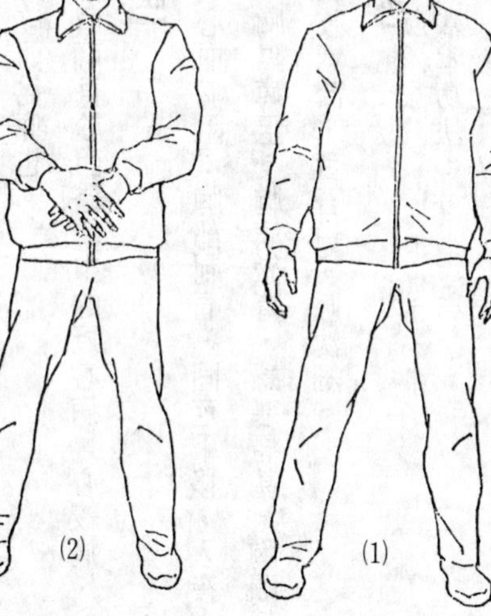

圖81 叩齒吞津功

②叩齒吞津功：

(1)預備。兩脚平行分開站立，與肩同寬，膝微屈，含胸拔背，沈肩垂肘，虛腋鬆腕，虛靈頂勁，兩目平視，隨即輕閉，口齒微合，舌抵上腭，兩手成蓮花掌（十指張開，微屈，手心放鬆，形如蓮花），掌心向內，垂於體側（圖81(1)）。

(2)接上式，雙手向兩側分開，臂與體約成二十度，兩臂向前繞胯合攏，兩手十字交叉，左手在內（女性右手在內），勞宮相疊，臂與體仍約二十度，手心對著小腹（圖81(2)）。片刻後，兩手轉掌仍成十字交叉緩緩上舉，勞宮重疊，直對天門，再將兩手緩緩貼於天門穴（圖81(3)），兩手慢慢分開，由臉部抹向耳旁，轉腕，以掌緊捂

兩耳，叩齒二十四下，隨即頻頻鼓動兩腮漱津，待有津液後，兩手由耳經胸前沿任脈向下導引，同時呑津，使津液隨意念外導內引至小腹內，再轉腕翻掌，以內勞宮輕貼小腹，再分開兩手至胯側，還原成預備式，反覆三～五次。

③胸痛坐式導引功：面向南方自然盤坐（或端坐凳上）。虛靈頂勁，下頜微收，含胸拔背，兩臂抬起，

圖82 胸痛坐式導引功

環抱於胸前，兩手呈蓮花掌，掌心指尖相對與膻中穴同高（圖82）。兩目平視，凝神片刻後再緩緩閉目，齒閉唇合，舌抵上腭，自然呼吸，意想兩手指尖、掌心。待手上有麻、脹、熱等氣感後，便意守膻中，膻中氣動後，意隨氣行歸入丹田溫養。每次練功十五～三十分鐘。

④胸痛臥式導引功：仰臥位，平躺於床上，兩腿平伸，自然分開，兩手成蓮花掌置於兩耳側枕上，手心向上，兩臂自然彎曲，肘部分置於肋側床上，全身放鬆，清心閉目，齒合唇閉，舌抵上腭，自然呼吸，意想手心向外放氣，腳心向內收氣，（不要想體內運行線路）如有睡意便隨意入睡，不必收功。

⑤疏胸自我按摩功：

(1)坐位或仰臥位。虛心斂神，微閉雙目，雙唇輕閉，舌抵上腭，全身放鬆，自然呼吸。雙手重疊，左手在下，右手在上，放於心前區，隨呼吸輕輕摩揉心前區，每息一周，向順時針方向摩揉八十一次。

(2)一手拇指點璇璣穴，食指點華蓋穴，中指點紫宮穴，無名指點玉堂穴，小指點膻中穴；另一手食指點中庭穴，中指點鳩尾穴，無名指點巨闕穴，小指點上脘穴(圖83)，時間三～五分鐘。

圖83 疏胸自我按摩功

(3)一手食指點俞府穴，中指點彧中穴，無名指點神藏穴，小指點靈墟穴；另一手食指點神封穴，中指點步廊穴，時間三～五分鐘。

(4)一手食指點氣戶穴，中指點庫房穴，無名指點屋翳穴，小指點膺窗穴；另一手食指點乳中穴，中指點乳旁穴，時間三～五分鐘。

(5)一手食指點大包穴；另一手中指點淵液穴，或兩手在胸前交叉，互點對側穴位。

(6)拇、食指端分別點按於內關、外關穴上，使之微有痠脹感，並意想指下溫熱，吸氣以意領氣沿手臂內側心包經入胸腔，兩目內視心臟，意想導入之氣溫煦心臟，呼氣將胸中濁氣呼出體外。共做八十一息。

㈡輔助功法：

①心血瘀阻者，宜加練摩胸呵氣功，或理心導氣功（見本章「心悸」）。

②胸陽痺阻者，宜加練摩胸呬氣功（見本章「咳嗽」）。

【注意事項】

㈠每日練功二～三次，室外練功時應盡量選擇有樹有水、空氣新鮮的地方。

㈡飲食要有節制，防止體重過重，肥胖者應適當減輕體重，原則上盡可能少食動物脂肪和高膽固醇類食物。

㈢血脂較高的患者，應適當服用降血脂藥。

㈣忌煙及濃茶，不宜多飲酒。

㈤保持心情舒暢，遇事不要過於興奮。

【病例】

趙某，女，五十四歲，一九八八年三月一日初診。

主訴：胸痛伴心慌、胸悶五年多，發作時痛有定處，不行走，勞累後加劇，休息後減輕，中午症劇，心電圖提示爲慢性冠狀動脈供血不足。

診斷：胸痛。

功法：教練疏胸按摩功與摩胸「呵」字功。

練功經過：自述練功十日後，自覺心前區溫熱輕鬆，胸痛發作間隔延長，程度減輕，繼續練上述功法，每日四次，二個月後，胸痛明顯減輕，胸悶基本消失，食慾增加，面色較前紅潤，囑繼續練功以鞏固療效。練功半年，復查心電圖，ST段明顯上移，屬大致正常心電圖範圍，胸痛未再發作，仍堅持練功。

腰痛

腰痛是指以腰部疼痛為主要症狀的一種病症，可表現在腰部的一側或兩側。因腰為腎之府，故腰痛與腎的關係最為密切。

本病的病因多為寒濕與腎虛。風寒水濕之邪容於經絡、經絡之氣阻滯，腰為腎之府，腎虛腰失所養故發腰痛。

【辨證】

㈠寒濕腰痛：腰部冷痛重著，轉側不利，漸漸加重，雖靜臥亦不稍減或反加重，遇陰雨天疼痛加劇，舌苔白膩，脈沈而遲緩。

㈡腎虛腰痛：腰痛以痠軟爲主，喜按喜揉，腿膝無力，遇勞更甚，臥則減輕，常反覆發作。偏陽虛者，則少腹拘急，面色㿠白，手足不溫，舌淡，脈沈細。偏陰虛者，則心煩失眠，口燥咽乾，面色潮紅，手足心熱，舌紅，脈弦細數。

【功法】

㈠基本功法：強腰健腎功。

①推摩腎兪。站立，兩手掌輕放於兩腎兪穴上，作上下摩動一百次，意念集中於兩掌下，自然呼吸。

②兩手拇指指腹頂於腰部痛點，先輕輕點按一～二分鐘，然後小幅度活動腰部二～三分鐘。再緩緩向前、後、左、右屈曲至最大限度各二十～三十次。

③兩手拇指指腹放於兩側腰眼處，吸氣，腰部向左右轉動半圈，呼氣向右前轉半周，轉四十九周，然後再向相反方向轉動四十九周。意念集中於兩拇指下腰眼處。

㈡輔助功法：

①寒濕腰痛。宜加練散寒利濕功。

功法：坐或臥位，兩手放於臍下丹田部位，排除雜念，平靜呼吸，鼻吸口呼，吸氣後，用意將吸入之氣送入丹田，在丹田得以溫熱。兩目微閉，內視腰陽關。意想有溫熱之光團，閃閃發光。呼氣，用意將寒濕之氣從膀胱俞排出體外，內視風府穴。每次三十分鐘左右。

②腎虛腰痛者，宜加練服黑氣功（見本章「水腫」）或加練益腎壯腰功。

功法：坐位或平臥位，兩手放於臍下丹田部位，排除雜念，鼻吸口呼。兩目微閉，內視腎俞。吸氣，用意將吸入之氣導入丹田。呼氣，意念從足底湧泉沿腿後側膀胱經上至腎俞。每次三十分鐘左右。

【注意事項】

㈠每日練功二～三次。練強腰健腎功時活動幅度應由小到大，逐日增加。

㈡睡板床，適當進行腰部功能活動，若須彎腰搬物，應先作腰部活動。

㈢練功期間盡量減少房事。

【病例】

魏某，男，二十八歲，一九八四年七月十六日初診。

主訴：腰部隱隱作痛三年，每因勞累發作或加重，休息後減輕，伴有兩膝痠軟無力。

體檢：腰部廣泛壓痛，按揉、叩擊後反應舒適，X光腰椎片未見腰椎骨質及間隙異常，舌淡，苔薄白，脈沈細。

診斷：腎虛腰痛。

功法：強腰健腎功。

練功經過：練功後，初感腰部痠痛加重，一週後，感覺腰腿有力，痠痛減輕，練功三個月，腰痛消失。爲鞏固療效，仍繼續練功。

低熱

指體溫略高於正常，或僅自覺發熱或五心煩熱，而體溫並不升高者。本篇所論述的是內科雜病中因內傷引起的，以低熱爲主症的疾患，至於外感發熱不在此列。

本病的病因多爲陰虧，或氣血虧虛，陰液虧損，不能制火，陽氣相對偏盛，從而引起發熱，脾虛氣陷，中焦虛寒，虛陽外越而致發熱。

【辨證】

㈠陰虛內熱：午後或夜間發熱，或手足心發熱，或骨蒸顴紅，心煩盜汗，失眠多夢，口乾咽燥，大便乾結，尿少色黃，舌質紅而乾，或有裂紋，無苔或少苔，脈細數。

㈡氣血虧虛：發熱常在勞累後發作或加重，熱勢或高或低，頭暈乏力，自汗，易於感冒，氣短懶言，食少便溏，舌質淡，苔薄白，脈細弱。偏於血虛者，則面白無華，心悸不寧，唇甲色淡等症較明顯。

【功法】

㈠基本功法：

①歸一清靜功（見本章「頭痛」）。

②益陰清熱功：

⑴坐位或仰臥位，兩目微閉，內視兩腎，兩手輕放於兩側少腹，全身放鬆。意守臍下丹田，腹式呼吸。舌抵上腭，輕輕叩齒三十六次，然後以舌尖上下左右攪動，待津液滿口，緩緩下嚥至丹田。

⑵吸氣，意想清涼之氣入體內，呼氣，意想體內陽熱之氣從手足心排出體外。並體會全身輕鬆舒適感。每次二十分鐘左右。

㈡輔助功法：

①陰虛發熱者，加擦湧泉穴。以小魚際從湧泉穴向足趾方向擦摩一百次。

②氣虛發熱者，加按揉足三里穴。以拇指或中指按揉足三里穴十～十五分鐘。

【注意事項】

㈠每日練功二～三次。

㈡長期低熱不退者，應查明病因，對症治療。

消渴

消渴是指多飲、多食、多尿、身體消瘦或尿中有甜味爲特徵的病症。消渴之名，首見於《內經》。《靈樞・五變》說：「五臟皆柔弱者，善病消癉。」強調指出了五臟虛弱在消渴一症中的意義。後世醫家在臨床實踐的基礎上，根據本症「三多」症狀的主次，分爲上消、中消、下消三類，如《醫學心悟・三消》說：「渴而多飲爲上消，消谷善飢爲中消，口渴、小水如膏者爲下消。」

本病的病因，主要由於素體陰虛，復因飲食不節，情志失調，勞欲過度等導致燥熱偏盛，陰津愈虧。病變的臟腑主要在於肺、胃、腎。肺主治節爲水上之源，肺受燥熱所傷，治節失職，水液直趨下行，故小便瀕數，肺不布津，故口渴喜飲。胃爲水谷之海，胃爲燥熱所傷，胃火熾盛，故消穀善飢，大便乾結。腎主水，又主藏精，燥熱傷腎，氣化失常，不能主水，故小便量多，腎失固攝，精微下注，故小便混濁而味甜。病變著重在肺、胃、腎三臟，雖可有所側重，但往往又互相影響。如肺燥陰虛，津液失於散布，則胃失濡潤，腎失滋源；胃熱偏盛，則可灼傷肺津，耗損腎陰，而腎陰不足，陰虛火旺，亦可上炎肺胃。終致肺燥、胃熱、腎虛，常可同時存在，多飲、多食、多尿常可相互並見。故《臨證指南醫案・三消》指出：

「三消一證，雖有上、中、下之分，其實不越陰虧陽亢，津涸熱淫而已。」

【辨證】

㈠上消：肺熱津傷，煩渴多飲，口乾舌燥，尿頻量多，舌邊尖紅，苔薄黃，脈洪數。

㈡中消：胃熱熾盛，多食易飢，形體消瘦，大便乾結，舌苔黃燥，脈滑實有力。

㈢下消：

①腎陰虧虛：尿瀕量多，混濁如脂膏，或尿甜，口舌乾燥，舌紅，脈沈細數。

②陰陽兩虛：小便瀕數，混濁如膏，甚則飲一溲一，面色黧黑，耳輪焦乾，腰膝痠軟，甚則陽萎，舌淡苔白，脈沈細無力。

【功法】

㈠基本功法：

①消渴內養功：

⑴側臥式：取側臥位(左右側皆可)：頭略向胸收，平穩枕於枕上；兩眼半閉半開，微露一線之光，目觀鼻準(但不要吃力)；耳如不聞；口自然閉合，用鼻呼吸；上面的手自然伸出；掌心向下，放於髖關節部；面前的手放於枕上，掌面向上，自然伸開，距頭約有二、三寸；腰部略向前曲；上面的腿彎曲成一百二十度角，放在下面的腿上；下面的腿自然伸出，微呈

彎曲。姿勢擺好後即可開始意守丹田，進行呼吸法。

⑵仰臥式：取仰臥位躺於床上，頭部放端正，位置較身體略高，枕頭的高低以各人的習慣而定，但主要使頭部舒適；全身肌肉不緊張，保持呼吸通暢爲原則；兩腿自然平伸，脚尖向上，兩手自然放於身體的兩側，眼、耳、口、鼻的動作與側臥式相同；然後開始意守丹田和呼吸法。

⑶坐式：身體端正穩坐於凳上，姿勢固定後不要擺動；頭略向前低；軀幹與兩大腿呈九十度角；兩脚自然左右分開，其寬度與兩肩的寬度相等，並各自彎曲成九十度角；兩足平放於地上，不要蹬空；兩手掌向下，自然放於膝蓋上方的大腿上；肘關節自然彎曲，以舒適爲宜；上身不要向後仰，不要聳肩挺胸，要垂肩含胸；眼、耳、口、鼻的動作與側臥式相同；然後即開始意守丹田，施行呼吸法。

⑷呼吸法：口唇自然閉合，以鼻呼吸，在開始時，先自然呼吸一～二分鐘，然後再進行如下呼吸法。呼氣時，舌頭抬起頂上腭，將氣吸入丹田後要停閉一會（停閉時間的長短以各人的肺活量而定），這時舌頭頂上腭不動，呼氣時，舌頭同時放下。這樣周而復始地進行呼吸，一邊默念字句。默念字句，最初一般是三字一句，如「津滿口」。當默念第一個字「津」的時候吸氣，同時舌抵上腭，默念第二個字「滿」的時候，呈停閉氣狀態（即不吸不呼）舌抵上

腭不動，默念最後一個字的時候，舌放下將氣呼出。隨著功夫的加深、肺活量的加大，可漸默念四個字或五個字，但一般不要超過七個字。如「津液滿口」、「津液滿口潤」、「津液滿口潤肺」等。待津液滿口時，以舌攪口，將津液分三次緩緩下嚥至丹田。

②眞氣運行五步功（見本章「水腫」）。

㈡輔助功法：

①上消：宜加練潤肺生津功。

功法：站立，兩脚分開與肩同寬，脚尖微內收，微屈膝髖，全身放鬆，舌抵上腭，精神內守，兩手緩緩從體兩側抬起，至肩、肘、腕相平時，再緩緩屈肘向胸前回收，至距胸前兩拳左右兩手呈抱球狀，兩少商穴微微相觸，先平靜呼吸，待安靜後，再改爲鼻吸口呼，開始吸一呼一，逐漸吸二呼一，練至一定程度後，可以吸三呼一。吸氣時從指尖導氣入鼻，意念將吸入之氣下沈肺底，使兩肺盡量充盈，呼氣時意念循胸至腋，下循上肢前臂前內側，入腕、貫掌、出拇指、食指端。如此反覆循行。練功時，若口中津液滿口，便用意念下嚥，意想津液灌蓋兩肺。

收功時，意念收回丹田，兩手緩緩下降至小腹前丹田部位，然後平擦胸前、兩脇，放鬆四肢，結束練功。

②中消：宜加練清胃潤腸功。

功法：站立，兩脚平行分開，略寬於肩，兩上肢自然下垂，微屈膝髖，自然呼吸，意守中脘。安靜後，前後抖動膝髖，漸漸向上抖至胃腸，自覺胃腸在腹內輕輕抖動，抖動三～五分鐘。然後將兩手緩緩放於肚臍部，兩手重疊，左手在下，右手在上，腹式呼吸，吸氣時兩手向左下方摩半圈，呼氣兩手向右下方摩半圈。如此順時針摩動九十九圈。最後以兩掌擦腰部脾兪、胃兪，上下擦動以熱深透爲度。再抖動四肢結束練功。

③下消：宜加練養腎止消功。

功法：站立，兩脚分開與肩同寬，兩脚平行，足趾扒地，微屈膝髖。兩目半闔半開，舌抵上腭。兩手從體側緩緩放於臍下丹田部位，兩手重疊，左手在上，右手在下。開始時自然呼吸，神意內斂，自覺手下微熱時，改爲腹式呼吸，吸氣時小腹外凸，呼氣時收腹提肛。意守掌下。如此十五～二十分鐘。

收功，兩目緩緩睜開，兩手緩緩從丹田部位放於體側，抖動四肢，放鬆全身關節。

【注意事項】

㈠每日練功一～二次。

㈡飲食上應根據每天所需的碳水化合物、蛋白、脂肪的數量，熱量可按三餐五分之一、五分之二、五分之三分配，再根據生活習慣、生活條件等制訂出切實可行的食譜（主食按病前每日平均量減少15％）。堅持按食譜進餐，只能按食物互換要求（熱量及營養成分相近）進行調劑。食譜量不足，飢餓感明顯時，可加「煮三次菜」，調味後食用或做成「小豆腐」食用。開始時每週根據尿糖、血糖調整食譜一次，每次增減主食二十五～五十克，達到尿糖陰性，血糖正常或基本正常爲止，然後長期食用。

㈢經練功配合飲食治療一～二個月無效或效果不明顯者，酌情加用口服降糖藥或胰島素。

㈣練功至一定程度，可逐漸減少口服降糖藥及胰島素，直至停藥。

【病例】

張某，女，五十六歲，一九八八年三月八日初診。

主訴：口渴、多飲、多尿二年，伴有全身乏力，每服用中藥後症狀稍緩。

體檢：一般情況可，舌紅，苔薄，脈沈細數。化驗檢查：血糖10.08～8.96mmol／L（180～160mg／dl）（空腹），尿糖＋＋～＋＋＋。

診斷：消渴（糖尿病）。

練功經過：教練消渴內養功及養腎止消功，每日早晚各一次，每次半小時。練功十日，自覺全身較前有力，口渴減輕，飲水減少，小便次數較前減少。繼續練功二個月，尿糖降為0～+，血糖7.28～7.84mmol／L（130～140mg／dl），半年後，症狀消失，血糖為6.72mmol／L（120mg／dl），囑繼續練功，以鞏固療效。

面癱

面癱，又稱面神經麻痺症。可發生於任何年齡，臨床以二十～四十歲為多見。男性多於女性。

【辨證】

起病突然，每在睡眠醒來時，發現一側面部板滯、麻木、癱瘓，不能作蹙額、皺眉、露齒、鼓頰等動作，口角向健側歪斜，露睛流淚，額紋消失，患側鼻唇溝變淺或消失。少數病人初起時有耳後、耳下及面部疼痛。嚴重時還可出現患側舌前三分之二味覺減退或消失、聽覺過敏等症。

【功法】

㈠基本功法：

①導氣牽正功（見本章「偏癱」）。

②面部搓摩導引功：坐位，全身放鬆，微閉雙目，舌抵上腭，全身放鬆，以雙手掌搓摩頭面部，自面至前髮際、頭頂到後髮際、項部。反覆搓摩一百次，自然呼吸，意念集中於兩掌。然後以手指點揉承槳、牽正、地倉、人中、迎香、四白、睛明、頰車、下關、太陽、陽白、風池、翳風等穴，以痠脹感爲宜。

坐位或平臥，四肢伸平，全身放鬆，意念集中於癱瘓面部一側。採用吸二呼一方法，吸氣時用意使口角向癱瘓側拉，閉目，皺眉，蹙額，呼氣時放鬆，反覆進行約十五～二十分鐘。

㈡輔助功法：

①面癱病程日久者，應重點在牽正、地倉等穴按揉。

②眼不能閉合者，宜多揉陽白、四白、睛明、絲竹空等穴。

【注意事項】

㈠每日練功二～三次。面癱初起者，推摩的手法宜輕，病久者手法宜重。

㈡出門戴口罩，可用熱毛巾經常熱敷癱側面部。

㈢眼不能閉闔或閉闔不全者，應防止眼部感染，可用眼罩和眼藥水點眼，每日二～三次。

㈣保持心情舒暢，勿大笑。

【病例】

唐某，女，五十二歲，一九八七年九月三日初診。

主訴：自述患口眼喎斜半年，吃飯漏飯，飲水漏水，睡眠眼不能閉闔，口角流涎，經針灸、內服中藥治療，症狀減而未癒。

體檢：口角右歪，左側額紋消失，左眼閉闔不全，鼓腮漏氣。

診斷：面癱。

練功經過：教練上述功法，練功半月後自覺眼前有光團出現，口角右歪明顯減輕，流涎減少，左眼流淚減輕，繼續練功二個月，症狀消失，鼓腮不漏氣，口角兩側對稱，額紋恢復。

第三章 外科病症防治

乳癰

乳癰，又叫奶癰。正常情況下，婦女產後即有乳汁分泌，十二小時以後即可哺乳，母乳是嬰兒最理想的食物。若因乳汁淤積，乳絡不通，導致局部氣血瘀滯，引起一側或兩側乳房排乳不暢，局部紅腫熱痛，並可觸及結節狀硬塊，甚則化膿潰破，一般可視爲乳癰。

乳癰多見於哺乳期婦女，其中尤以初產婦爲多，好發於產後三～四週。其發病原因多由於乳頭破損、內陷、哺乳時劇痛，影響充分吸吮；或乳汁較多未完全吸空；或風邪客熱從乳頭入侵，蘊積肝胃之絡；或情志不暢，肝氣不舒；或產後飲食不節，胃中積熱；或由於斷乳不當等導致乳汁瘀滯，乳絡不暢，積乳化熱蘊膿而成乳癰。

西醫學稱本病爲急性乳腺炎。多屬於金黃色葡萄球菌沿淋巴管入侵乳房的脂肪和纖維組織，或直接侵入乳管，在淤積的乳汁中繁殖，從而引起乳房的急性化膿性感染。

【辨證】

㈠乳汁淤滯型：乳房腫脹疼痛，皮膚微紅或皮色不變，乳汁分泌不暢，伴有惡寒發熱，頭痛，骨節痠楚、胸悶不舒，納呆，舌苔薄白或薄黃，脈浮數或弦數。

㈡瘀熱釀膿型：腫塊逐漸增大，皮色焮紅，疼痛逐漸加重，發熱持續不退，繼之腫塊中央漸軟，按之有波動感，伴口渴喜飲，舌苔黃，脈弦數。

㈢氣血雙虧型：破潰出膿後，一般熱退，腫消痛減，逐漸癒合。或膿汁清稀，排出不暢，難以收口，伴面色少華，納差，舌淡，脈細無力。

【功法】

㈠基本功法：

①溶乳放鬆功：

⑴站位或坐位。全身鬆靜自然，呼吸勻調，口眼微閉，舌抵上腭。

⑵接上式，吸氣時意守頭頂部，呼氣時用意念將全身從頭到足籠統地似流水般地向下放鬆。如此反覆放鬆五～七遍。

⑶接上式，自然呼吸，意守乳房部腫塊片刻，想像著腫塊逐漸熔化成液汁，調勻呼吸，吸氣時意守軟化的腫塊，呼氣時用意將熔化的液汁從乳頭排出，共十～二十息。

(4)再行全身從頭至足放鬆三～五遍。最後意守湧泉穴五～十分鐘。

②通乳按摩功：

(1)平坐或靠坐式。胸部內含，全身放鬆，氣沈丹田。然後引氣經會陰、尾閭沿督脈經上升至大椎穴，分別循肩臂貫入兩手掌心勞宮穴，意守片刻。

(2)以一手掌心輕輕揉摩患乳周圍天溪，食竇、屋翳、膺窗、乳根等穴三～五分鐘。再以拇、食指捏住患側乳頭，餘三指托住乳房下部，輕輕揉捻三～五分鐘；然後輕揪乳頭十～十五次。

(3)接上式。先以一手勞宮穴置於腫塊處，另一手置於腫塊對側，兩手作對稱性的捧揉擠按乳房三～五分鐘。調整呼吸，吸氣時兩手對稱性的揉摩患乳三～五次，同時意想腫塊被揉散；呼氣時兩手同時向乳頭方向擠推，並意想淤積的乳汁自乳頭向外溢。如此反覆，共二十四息。

(4)接上式。兩手掌心向內置於兩側乳房上部，向下抹至丹田部。兩手疊掌按順、逆時針方向摩腹各三十六圈。

(二)輔助功法：

①乳汁淤滯型：若用通乳按摩功治療後，病灶處更加脹痛者，宜選用逆經按摩法。

功法：基本式及要領同通乳按摩功「⑴、⑵」。然後仍以一手拇、食指輕揪乳頭，另一手掌心或四指按於腫塊處，作向心方向輕輕推揉（忌急速用力），待腫塊鬆軟後，再從乳房根部向乳頭方向輕輕平推三十～五十次。收功方法同通乳按摩功「⑷」。

②瘀熱釀膿型：若腫塊仍較硬者，參照上述方法治療；若腫塊已變軟，應以手術切開排膿爲治。

③氣血雙虧型：在接受治療的同時，宜加練養氣功。

功法：平坐或仰臥式，意守丹田，用「吸——停——呼」呼吸方法進行。每次二十～三十分鐘。

【注意事項】

㈠每天練功二～三次。練功時意念、呼吸要調勻，手法宜輕柔和緩。

㈡哺乳期間，宜進食營養成分高、易消化的食物。

㈢養成定時哺乳習慣，避免當風露胸餵乳，並應盡量吸完乳汁，保持乳腺通暢。

㈣練通乳按摩功前，可先以毛巾濕熱敷乳房部三～五分鐘；按摩時，以消毒紗布覆蓋乳房部操作爲宜。

㈤痊癒後，仍應堅持練內養功和通乳按摩功，以增強體質，促進乳房部氣血運行，防止復發。

疝氣

疝氣，又叫小腸氣、盤腸氣等。係指腹腔內容物向外突出，且多伴有氣痛症狀而言。正常情況下，當腹內壓增高時，腹壁肌肉收縮以維持腹腔內臟器官的解剖位置。若胯腹部有半圓形的腫塊墜脹疼痛，站立或行走時加重，平臥休息時減輕或消失，咳嗽時，手按腫塊可有膨脹性衝擊感，一般可視爲疝氣。

中醫認爲，足厥陰肝經之經脈循陰器而抵小腹，故情志鬱結，或憤怒等致肝失條達，氣機不暢，筋脈不利爲本病的主要病因病機。另外，久居寒濕之地，或寒冬涉水致寒濕凝滯，氣因寒聚；或婦女生育過多，或年老體弱，或勞累過度，或先天不足等導致筋脈弛緩，氣虛下陷，腹腔內容物向外突出而成疝氣。

西醫學稱本病爲腹外疝。認爲係腹壁抵抗力不足，在腹內壓增高的情況下，腹腔臟器（主要爲小腸、大網膜等）經腹壁薄弱、缺損處向體表突出而形成。但慢性咳嗽、便秘、排尿困難、舉重等，亦爲增加腹內壓，誘發本病的常見因素。

【辨證】

㈠氣滯型：少腹或陰囊腫脹偏痛，結滯不舒，緩急無時，可因憤怒、號哭、過度疲勞而發作，舌淡苔薄，脈弦。

㈡寒濕型：胯腹部腫塊硬且冷，牽引睪丸疼痛，喜暖畏寒，舌淡苔白，脈弦緊。

㈢氣虛下陷型：腫塊時大時小，勞累時加重，面色晄白，動則氣喘，頭昏，神疲乏力，舌質淡，脈細弱。

【功法】

㈠基本功法：

①閉氣吐納功：

⑴坐位或仰臥位。全身放鬆，兩目微閉，舌抵上腭，排除雜念。用深呼吸，吸氣時將外界清氣大量吸入，如嚥硬物，將氣送入下丹田；呼氣時前後陰微斂，同時用意將胸腔之氣分成兩部分，病氣部分由鼻腔徐徐排出，清氣部分注入下丹田。再吸氣時前後陰放鬆，餘皆同上，反覆練七～九息。靜守丹田片刻。

⑵接上式。吸氣時意引疝環外容物吸入丹田，然後閉氣不息五～九次；呼氣時前後陰微斂，意守丹田氣感。共做四十九息。

⑶調勻呼吸，意守丹田十～十五分鐘。

②調氣按摩功：

⑴端坐於床上，兩下肢伸直，全身放鬆，兩手相疊置於下丹田處，意注掌心，按逆時針方向，外導內揉摩小腹三十六圈。

⑵意注兩手中指端，分別點按小腹兩側水道、歸來、氣沖穴，吸氣時下按，呼氣時放鬆，各點十二次；意注兩掌小魚際，分別擦上述穴位，來回爲一次，下擦時較輕，向上回擦時較重，共三十六次。

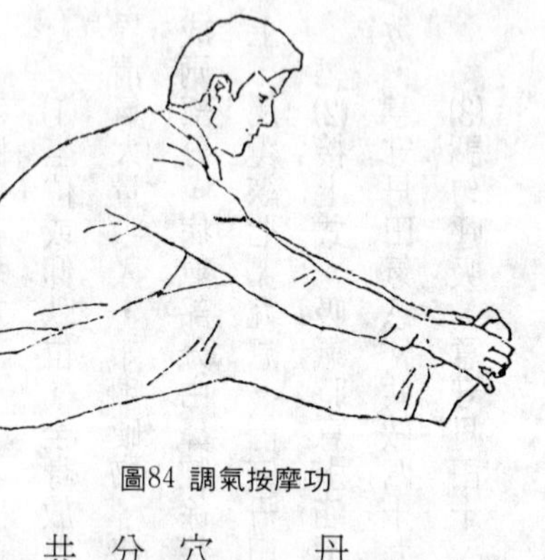

圖84 調氣按摩功

⑶意注兩手拇指甲端，俯身下式，分別掐揉大敦、太沖穴各一～三分鐘，以微有痠脹痛爲度（圖84）。

⑷意注兩掌心，兩手沿下肢內側上抹至腹股溝處；分開兩腿，男子用食、中、無名三指托睪丸向上頂入疝環內，女子用三指按住疝環處，輕輕揉摩三～五分鐘，注意體會手下的感應。

⑸接上式。兩手相疊置於丹田處，先按逆時針方向揉摩三十六圈，再按順時針方向揉摩三十六圈。意守丹田片刻。收功。

㈡輔助功法：

①氣滯型：宜加練噓字功。

功法：仰臥位，兩下肢屈曲，全身放鬆。調勻呼吸，兩手重疊置於小腹，掌心對準下丹田，呼氣時，口吐「噓」字，直至呼盡，接著吸氣，如此周而復始，共做二十四息。

②寒濕型：宜加練踞坐提趾功。

功法：兩脚平行分開，與肩等寬，屈膝下蹲，上身稍前俯。兩手拇、食指分別捏住兩足拇趾，拇指按於大敦穴上，餘三指托住餘下四趾，入靜。吸氣時，兩手提起脚趾（以拇趾爲主）並向兩側橫拉（圖85），以下肢內側微有痠脹爲好；呼氣時放鬆還原。再吸氣時提起脚趾，呼氣還原，如此反覆，共二十四息。

圖85 踞坐提趾功

③氣虛下陷型：宜加練任督導氣功。

功法：平坐式。全身鬆靜，口眼微閉，舌抵上腭，氣沈丹田，意守至有溫熱感。然後吸氣時引丹田氣降入海底（會陰），過尾閭，循督脈經上升至百會，到印堂；呼氣時引氣降入下丹田。如此三遍後，氣注丹田。再吸氣時意守丹田，小腹充實；呼氣時微提前後二陰，腹部凹陷向腰脊柱靠攏。反覆練二十四息。

【注意事項】

㈠每天練功二～六次。

㈡注意腹部保暖，不宜過勞，忌食生冷瓜果，戒怒，並積極治療咳嗽、便秘等誘發疾病。

㈢若突出物不易還納，練功時可用手托住，並禁止練習踞坐提趾功。若突出物不能還納，腫脹疼痛甚者，應考慮手術治療。

㈣經治療，臨床體徵消失後，仍應堅持練閉氣吐納功與調氣按摩功，以防復發。

風疹塊

風疹塊，又叫癮疹。多表現爲發病突然，消退迅速，遇風易發，時隱時現。開始皮膚瘙癢，旋即速起鮮紅色或黃白色的局限性風團，小如芝麻粒，大如豆瓣，形態多樣，奇癢難忍，搔抓後風團變大或融合成大片隆起，自覺如蟲爬、蟻行於皮內。數小時後，風團可自行消退，不留痕跡，一般一～二週停止發作。少數病例可呈慢性反覆發作，纏綿數月或數年而難癒。

本病發生的原因多由於肌膚有濕，復感風熱或風寒之邪，致使營衛不和；或腸胃濕熱，復感風邪，鬱於皮毛腠理之間；或沖任不調，氣血虧虛，生風化燥，阻於皮膚；或因稟賦不耐，服食魚蝦葷腥，致濕熱內生、稽留肌膚等，均可導致肌膚失於濡潤而致癮疹。

西醫學稱本病爲蕁痲疹。認爲是一種皮膚血管神經和內臟器官功能障礙性疾病。其病因可能與胃腸道功能障礙，腸道寄生蟲（蛔蟲、鈎蟲、薑片蟲等），慢性感染病灶，內分泌失調，精神緊張，進食某種蛋白類食物（如魚、蝦、蟹等）和某種藥物，以及外界寒冷刺激等有關。

【辨證】

㈠風寒型：皮疹色白，遇風寒加劇，得熱減輕，好發於冬季，舌苔薄白或薄白而膩，脈濡緩或遲。

㈡風熱型：皮疹色赤，遇熱加劇，得冷減輕，好發於夏季，苔薄黃，脈浮數。

㈢胃腸濕熱型：發疹時伴有脘腹疼痛，神疲納呆，大便秘結或泄瀉，舌苔白膩，脈滑數或濡數。

㈣氣血兩虛型：風團反覆發作，延續數月或數年，勞累後發作加劇，神疲乏力，舌淡苔薄，脈濡細。

㈤冲任不調型：常在月經前二～三天開始出現風團，往往隨著月經乾淨而消失，周而復始，常伴有痛經和月經不調。

【功法】

㈠基本功法：

①部位放鬆功（見第二章「眩暈」）。

②丹田住氣功：

⑴坐位或站位。全身放鬆，口眼微閉，舌抵上腭，呼吸自然。入靜後，意想頭頂上五寸處有一月亮，似乎具有光明、圓滿、潔淨、清涼四特徵，想著想著化爲五色光彩和甘露灌入頂門中脈，一直降到海底（會陰部）後分向兩腿至足心止，同時存想甘露所到之處，蘊鬱在肌膚腠理之間的病邪之氣都從毛孔排除乾淨，身心感覺非常愉悅舒暢。

⑵復想甘露從足心上升至丹田停住，這時頭頂上的甘露也同時下降到丹田，上下兩股氣在丹田會合後，如上下兩個瓶口將上下氣入瓶後，封閉上下兩口，使氣不外洩。這時閉口不出氣，愈久愈好，至忍不住時，只徐徐從鼻孔出，不要出淨，稍留餘氣在丹田。

⑶調勻呼吸，意守丹田十～二十分鐘。

㈡輔助功法：

①風寒型：宜加練三吸三呼運氣功。

功法：平坐式，兩手自然放在大腿上，口眼微閉，舌抵上腭。先作三～五次深呼吸，然後鬆靜片刻。用胸式呼吸法，先連續三次吸氣，然後連續三次呼氣，呼、吸均應有聲，間隔均勻，三吸三呼之間不可憋氣。練十五～三十分鐘爲宜。最後全身放鬆，呼吸自然，靜默三

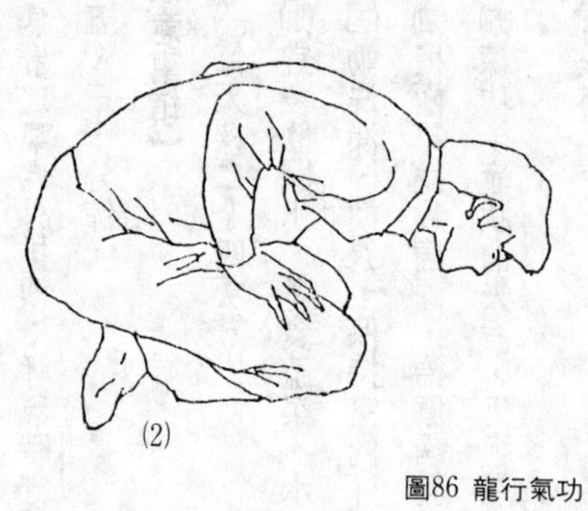

圖86　龍行氣功

～五分鐘後收功。

②風熱型：宜加練龍行氣功。

功法：取互跪勢。兩膝分開，與肩同寬，兩腿在體後於踝關節處交叉，兩手自然放在大腿上，上身正直，略向前俯，兩目平視，舌抵上腭，排除雜念，凝神入靜(圖86⑴)。自然呼吸十五息後，頭向下叩，至離床席或地面兩拳左右，兩腿俯視，閉氣不息十二次(圖86⑵)；然後恢復互跪勢。如此下叩八～十次。最後靜息片刻，收功。

③胃腸濕熱型：宜加練摩脘呼氣功(見第二章「呃逆」)。

④氣血兩虛型：宜加練養氣功(見本章「乳癰」)。

⑤沖任不調型：宜加練養丹祛邪功。

功法：平坐式。全身放鬆，口眼微閉，舌抵上腭。意守丹田致溫熱，調勻呼吸，吸氣時意守全身毛孔微開，病邪之氣向外排洩，呼氣時守毛孔閉住，全身之氣注入丹田。如此八～十息後，意守丹田十五～三十分鐘。

【注意事項】

㈠每天練二～四次。
㈡宜多飲開水，多食蔬菜、水果等清淡飲食；戒酒，忌食辛辣燥膩等助風助火之物。
㈢勤洗澡，換衣，保持室內外環境衛生。
㈣積極尋找致病源，治療誘發疾病。
㈤練功後症狀消失者，仍應堅持練丹田住氣功，以增強體質，提高機體免疫力。

脈管炎

脈管炎，即血栓閉塞性脈管炎。多見於男性青壯年，好發於四肢末端，以下肢爲多見。初起趾（指）間怕冷、蒼白、麻木、步履不便，繼而疼痛劇烈，日久患趾（指）壞死變黑，甚至趾（指）節脫落。屬於中醫「脫疽」範疇。

脈管炎發生的原因，可由於脾腎陽氣不足，四肢失溫，復感寒濕之邪，致氣血凝滯，經脈閉阻；或肝腎不足，或寒邪鬱久化熱蘊毒，濕熱浸淫，脈絡閉塞；或病久耗傷氣血等導致肢末因失氣血濡養而焦黑壞死，甚則脫落。

西醫學認爲本病是一種中、小動脈和靜脈的慢性、閉塞性疾病。長期大量吸煙及寒冷、潮濕、外傷等均爲引起本病的常見因素。

【辨證】

㈠陽虛寒凝型：畏寒乏力，患肢冰冷、沈重、痠痛、痲木，時有抽搐，常伴有間歇性跛行，局部皮膚蒼白或潮紅，舌質淡，苔薄白，脈沈細而遲。

㈡氣滯血瘀型：患肢黯紅或紫赤，下垂時更甚，患肢抬高則見蒼白，疼痛爲持續性，夜間尤甚，間歇性跛行加劇，有明顯的絡脈瘀滯現象，舌質紫暗，或有瘀斑，苔薄白，脈沈弦。

㈢熱毒壅盛型：患肢皮膚暗紅而腫，甚則壞死焦黑或潰爛，膿液多惡臭，久則趾（指）節脫落，患肢劇痛，如湯潑火灼，晝輕夜重，不能安眠，伴有發熱體倦，心煩口渴，大便秘結，小便短赤，舌質紅絳，苔黃燥，脈洪滑數。

㈣氣血虧虛型：面容憔悴，倦怠乏力，患肢皮膚乾燥脫屑，趾甲增厚，創面經久難癒，肉芽淡紅，膿液清稀，舌質淡，苔薄白，脈沈細而弱。

【功法】

㈠基本功法：

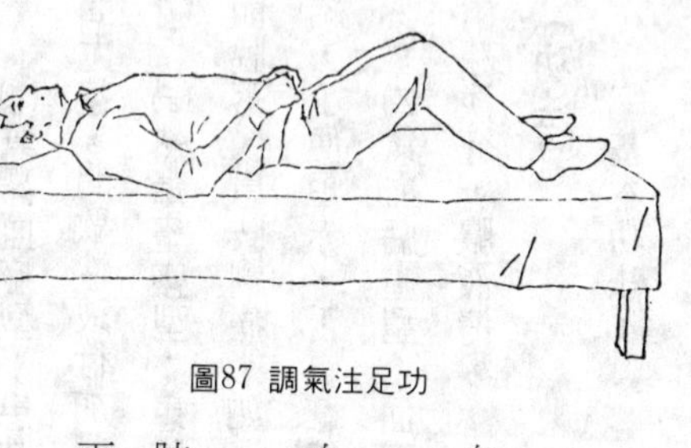

圖87 調氣注足功

①調氣注足功：

(1)仰臥位。口眼微閉，舌抵上腭，兩手重疊置於下丹田部。用全身放鬆法從頭至足進行放鬆，如此三遍後，意守脚趾片刻。

(2)吸氣時，導氣血從脚趾循下肢內側注入下丹田內，呼氣時導氣血從丹田沿兩下肢外側直達趾端，如此反覆練習三十六息。

(3)接上式。兩手握拳置於腹部兩側。吸氣時意守丹田，同時兩下肢緩慢屈曲，兩手握固（圖87）；呼氣時意守湧泉穴，同時兩下肢伸直，兩手自然放鬆。共十二息。

(4)意念收回下丹田，意守片刻收功。

②導氣按摩功：

(1)平坐式，或坐於床上，兩下肢伸直，全身鬆靜，呼吸自然，意注兩掌。按順逆時針方向各摩腹三十六圈，接著擦腰骶部，以透熱爲度。

(2)調勻呼吸，中指點按氣沖穴，吸氣時下按，呼氣時鬆開。共八～十息。然後分別按揉髀關、伏兎、箕門、豐隆、解溪、沖陽、太沖、行間等穴，拿血海、梁丘、陰陵泉、陽陵泉等穴。從上向下操作三～五遍。

(3)兩手置於兩下肢內側踝上，吸氣時兩掌導氣血沿下肢內側抹至大腿根部；呼氣時兩掌導氣血沿大腿外側推至足背部。共八～十息。

(4)最後，兩手輕輕拍打兩下肢內外側。

(二)輔助功法：

①陽虛寒凝型：宜加練溫陽祛寒功。

功法：坐位或仰臥位。入靜後，意想身處空曠、溫暖、無風的海灘上，全身骨節肌肉均完全鬆開；再意想早上七、八點鐘的太陽溫煦全身，漸漸向身體各部滲透至全身上下溫暖舒鬆；再將全身之陽氣收聚下丹田處，使丹田氣體溫暖充足，意守片刻。調勻呼吸，呼氣時意守一股暖流從丹田貫入下肢直達趾端；吸氣時順原路引回丹田處。共二十四息。最後意守丹田片刻後收功。

②氣滯血瘀型：宜加練行氣舒足功。

功法：仰臥位，全身放鬆。調勻呼吸，吸氣時兩足盡量背伸，脚趾併攏，意注趾端；呼氣時，慢慢蹠屈，脚趾微微分開放鬆，意守氣血從趾端向全脚及踝部放散。共十～二十息。只練患肢或兩下肢同練。

③熱毒壅滯型：宜加練運氣祛毒功。

功法：坐位或仰臥位，意守丹田。調勻呼吸，呼氣時，意守從丹田引氣向患肢貫入至趾端時驅趕病毒之氣從患趾排出；吸氣時，意守氣從湧泉吸入丹田。共八～十息。每天一次，待長出新鮮肉芽時停練。

④氣血虧虛型：宜加練養氣功（見本章「乳癰」）。

【注意事項】

㈠每天練功二～四次。堅持不懈，方可見效。
㈡宜適當補充富含維生素的蔬菜、水果等；忌吸煙及生冷、辛辣等刺激性食物。
㈢保持心情舒暢，避免憂思惱怒；練功治療期間嚴禁房事。
㈣患肢注意保暖，保持清潔，避免外傷及寒冷等刺激；可配合散步、打太極拳、做體操等活動。
㈤本節功法主要針對下肢部，若病變在上肢部，只需對動作、意念作相應的調整即可。

痔瘡

痔瘡，是一種常見病、多發病，不論男女老幼皆可發生。當出現肛門腫痛，便血，甚至有塊狀物突出等，一般可視爲痔瘡。根據塊狀物發生的部位，可分爲內痔、外痔及內外痔。

痔瘡發生的原因，多由於平素過食辛辣燥熱食物，濕熱內積；或久坐、久立、負重遠行等致血脈不利；或長期便秘，或妊娠生產用力過度，或久痢等使肛門周圍氣血不調，濕熱內生，局部經脈阻滯，導致濁氣瘀血滲漏腸間，沖發下部而發生痔瘡。

西醫學認爲本病是由於習慣性便秘、妊娠、排尿不暢等造成腹內壓增高；或由於先天性或全身營養不良等造成靜脈壁薄弱，對壓力的抵抗力減弱等導致肛柱內粘膜下的痔靜脈叢，或肛門緣周圍皮下的外痔靜脈叢擴張、迂曲和充血而形成靜脈團，發生痔瘡。

【辨證】

㈠內痔：生於肛門齒線以上，主要症狀爲便血，較大的內痔常伴有脫垂。根據其發病過程，可分爲三期。

①初期：痔核較小，質地柔軟，便後出血，呈點滴狀或噴射狀，血色鮮紅，便時無疼痛，痔核偶爾脫出於肛外。

②中期：痔核較大，質地較柔軟，便時痔核脫出於肛外，便畢可自行還納，一般出血較少。

③後期：痔核更大，質地較硬，大便後痔核脫出肛外，甚則咳嗽、行走、久立時也會脫出，不能自行還納，須用手推回或平臥、熱敷後才能回納，便血不多或不出血。

㈡外痔：生於肛門齒線以下，如皮瓣狀，其形狀大小不規則，主要症狀爲肛門有異物感、墜脹、疼痛等。

㈢內外痔：又稱混合痔。是兼有內痔和外痔兩種症狀，而且往往內痔生長部位和外痔相連。

【功法】

㈠基本功法：

①柱足提肛功：

⑴兩脚分開，與肩同寬，脚尖微內扣，兩膝微屈，並稍內扣，使襠圓，兩手自然下垂，身體中正，全身放鬆。調勻呼吸，舌尖抵上腭，目光由遠及近，輕輕閉上，意注丹田。

⑵接上式。吸氣時兩膝慢慢伸直，兩脚柱地，兩手用力握拳，兩肩順勢上聳，牙關緊閉，同時腹部內收，肛門內縮上提，如強忍大便狀，稍停，呼氣時兩膝屈曲，下腹部充氣，兩手放鬆還原。如此反覆練三十六息。

②下行吐納功：

⑴仰臥位，頭墊低枕，兩下肢伸直，兩手置於身體兩側。口眼微閉，思想集中，大腦入靜，調勻呼吸。

(2)用鼻吸鼻呼法。先吸一口氣，然後呼氣（吐）時，左下肢先屈曲足稍抬高（圖88），再吸氣（納），左下肢伸直還原；再換右下肢照上式做完爲一次。以每分鐘五～八次爲好，練五～七分鐘，再靜息三十～五十秒，收功。

㈡輔助功法：按摩坐浴功。

①摩腹：仰臥位或站位。全身鬆靜自然，一手在下（男左女右），另一手相覆，意注掌下，呼吸自然。先按順時針方向摩腹三十六圈；再按逆時方向摩腹三十六圈。

②摩腰骶：站位或坐位，全身放鬆，意注兩掌。先以左手向後摩腰骶五十次，再換右手摩腰骶五十次。如此爲一遍，共做五遍。或以腰骶部溫熱爲度。

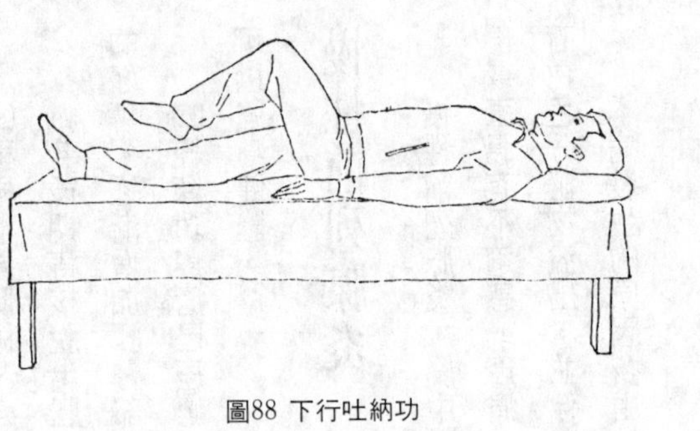
圖88 下行吐納功

③下肢拍打法：站位或坐位。意注兩掌，彎腰，兩手從外踝處沿下肢後外側，依次輕輕拍打至臀部。反覆操作二十～三十次。隨著病情的好轉，可以逐漸增加拍打的分量。

④坐浴斂肛法：每晚臨睡前，打一盆熱水，取蹲式以熱氣薰肛門處，待水溫熱後坐於水中浸泡。在薰蒸、浸泡過程中，均吸氣時斂肛，呼氣時放鬆還原。如此反覆練習，待水涼爲

止，不拘次數。

【注意事項】

㈠每天練功二～六次。

㈡多食蔬菜、水果，少吃辛辣厚味刺激性食物。

㈢積極治療便秘、痢疾等原發病灶，堅持便後清洗肛門。

㈣若後期痔核脫出肛外不易回納時，可用手托住進行提肛練習，用力宜輕，並隨著病情的好轉，逐漸增加肛臀部的收縮力量。

㈤經練功痔瘡已痊癒，仍應堅持練習柱足提肛功。這樣，不僅可防止本病的復發，而且可以強身健體。

慢性前列腺炎

慢性前列腺炎，屬中醫「勞淋」、「精濁」範疇，多發生於男性青壯年。主要表現爲會陰部或直腸有不適感或疼痛，可放射到腰骶部、恥骨上、睪丸或腹股溝處，排尿不適，尿中常有白色分泌物溢出。並伴有遺精、早洩、陽萎等性機能減退症狀。

本病發生的原因多由於房勞過度，或慾念不遂，有手淫惡習，致勞傷精氣，精失封藏；

或腎氣虛弱，濕熱之邪外侵；或平素飲酒過度，致脾胃運化失常，濕熱內生等導致經絡阻隔，精道氣血瘀滯，從而形成「勞淋」、「精濁」。

西醫學認爲本病是由於葡萄球菌、鏈球菌和大腸桿菌等經血行或直接侵入前列腺所致的繼發性感染。

【辨證】

㈠濕熱鬱阻型：尿頻、尿急、莖中有灼熱感，尿色黃濁，尿末或大便時有白濁滴出，舌苔厚膩，脈濡數。

㈡腎氣虧損型：頭暈眼花，神疲乏力，腰膝痠軟。若爲陰虛火動，多兼有虛煩不寐，夢遺，不僅尿末、大便時有白濁滴出，慾念萌動時亦常常自行溢出，舌紅少苔，脈細數；若爲腎陽虛衰，多兼有形寒、陽萎、早洩，甚則稍勞後即有白濁溢出，舌淡苔白，脈沈弱。

㈢氣滯血瘀型：小腹、會陰、睾丸墜脹隱痛不適，或有血尿、血精，舌質紫暗或有瘀斑，脈沈澀。

【功法】

㈠基本功法：

①提氣返觀功：

(1)坐位或站位。全身放鬆，排除雜念，呼吸自然，兩手掌相疊置於下丹田處，兩耳不聞外聲，兩目由遠及近，輕輕閉闔，意注丹田。

(2)意守丹田內有一溫熱的氣團，順逆時針方向各轉二十四圈，速度緩慢而均勻；然後將氣引入會陰部，使其溫熱，並有微微跳動感；隨後調勻呼吸，吸氣時意守熱氣團由會陰部上升至丹田內，並微用意提斂肛門（不可用力），同時意想睪丸隨著熱氣團的吸引而進入腹腔；呼氣時，熱氣團則慢慢降入會陰部，同時前後陰放鬆還原，如此一吸一呼上下往返，共七十二息。

(3)意念收回丹田，順逆時針方向各轉二十四圈，速度稍快，其圈由大漸小。

②搓捋健腎功：

(1)仰臥位，下肢屈曲，兩手相疊置於下丹田處，意注掌下，並細心體會掌下的感應。

(2)按順逆時針方向揉摩腹部各三十六圈，力量由輕漸重；然後自劍突部位向恥骨聯合推摩三十六次，兩手下推時呼氣，將眞氣送入丹田。

(3)兩手分別托住兩側睪丸，輕輕搓揉五十～一百次，並體會勞宮穴及睪丸的感應。

(4)接上式。起身坐起，兩下肢伸直。調勻呼吸，呼氣時兩手分別從大腿的根部沿大腿內側向下推至血海穴；吸氣時由原路線向上捋至大腿根部時，將睪丸托住向腹股溝方向頂送，閉息稍停，以睪丸微有痠脹爲好。如此往返爲一息，共做二十四息。

(5)接上式。意注兩手中指端，以兩手中指點按命門穴。吸氣時放鬆，默念「壯腰」二字；呼氣時下按，默念「健腎」二字，並用意向命門穴滲透。共做十～二十息。最後意守丹田，靜默片刻收功。

(二)輔助功法：

①濕熱鬱阻型：宜加練呼字功。

功法：站位或坐位，全身放鬆。入靜後，用鼻吸口呼法，吸氣時閉口，舌抵上腭，腹部隆起，同時雙手由腹前捧氣至前額翻掌，掌心向外；接著兩上肢向身側劃弧，兩手還原至小腹前，同時呼氣發「呼」字音，將氣緩緩吐出，同時提斂前後二陰，小腹回縮。如此反覆做二十四息。

②腎氣虧損型：宜加練吐納固精功。

功法：坐位或站位。全身放鬆入靜，舌抵上腭，兩眼微閉。調勻呼吸，吸氣時以意引氣吞之，如嚥甚硬物，送入下丹田至腹部有飽滿感，然後綿綿呼出；如此三息後，意守丹田片刻。再吸氣時，引丹田之氣至會陰、尾閭，循督脈上升至巔頂百會穴，同時會陰部有凹進的感覺；呼氣時，用意將氣降至會陰部，使會陰部有鼓凸的感覺。練六息後，將氣注入丹田，意守五～十分鐘收功。體會氣升降時，應意守有一股溫熱氣流上下升降。

③氣滯血瘀型：宜加練閉息吐納功。

功法：兩脚平行站立，與肩同寬，兩膝微屈，全身鬆靜自然，口眼微閉，舌抵上腭。入靜後，意注丹田。吸氣時緩慢柔和，同時腹部收縮凹陷，然後閉氣不息七次；呼氣時快速而有出氣聲，同時腹部隆起。如此做二十四息。最後意守丹田五～十分鐘。

【注意事項】

㈠每天練功二～六次。

㈡溫水坐浴，每日二次，每次二十分鐘。

㈢保持精神樂觀，消除思想顧慮，積極參加各種娛樂活動。

㈣嚴禁煙、酒及刺激性食物；戒除手淫等誘發因素，注意會陰部清潔和保暖；治療期間嚴禁房事。

㈤本病練功治療時間較長，應堅持不懈，方能見效。可配合練形意三體式樁功、太極拳、跑步等進一步強身健體功法。

手術後腸粘連

手術後腸粘連，是腹部手術後常見的繼發症之一。其症可發生在手術後的任何時期，但大多數患者是在手術後兩年內出現症狀，亦有在手術近期（術後七～十天）內發生。臨床主要表現爲患者自覺腹部陣痛或持續性隱痛、腹部脹滿、伴噁心欲吐、納食減少、大便秘結等。嚴重者可發生劇烈腹痛和頻繁嘔吐、腹脹更甚、無便意等腸道阻塞症狀。

中醫學中無此症記載，可散見於「腹痛」、「積聚」、「腸結」等病症中。其發生的原因多由於腸腑受創後，因年老體弱，腸腑功能減弱；或病體未癒，過度勞累；或感受外界寒濕之邪等導致腸腑通降功能失常，六腑失和，經脈壅塞，氣滯血瘀結於腹中所致。

西醫學認爲多由於腹腔手術中止血不善；腹膜面缺損過多；腸漿膜暴露過久，或操作不愼而被損傷；以及異物內留，炎症感染，或反覆手術等引起。

【辨證】

㈠瘀熱壅盛型：腹部脹痛陣陣，疼痛較劇，部位固定，進食或活動後痛增，舌質黯紅或有瘀斑，苔黃，脈多弦數。

㈡氣滯血瘀型：腹痛時作時止，每於疲勞、飲食不節，或較劇烈的活動後發作，納食不香，大便秘結或溏滯不爽，舌質黯淡或有瘀斑，苔黃或白，脈弦或澀。

㈢血瘀挾虛型：腹痛較輕，時作時止，食慾不振，或兼見形體消瘦，腰膝痠軟，四肢倦怠，舌質黯淡或有瘀斑，苔白潤，脈多細澀無力。

㈣瘀滯阻塞型：陣發性腹痛，並反覆嘔吐（吐出物爲黃綠色液體甚至糞汁），腹脹，無排氣，無便意，時有緩解，呈慢性反覆發作。

【功法】

㈠基本功法：

①握腕後拓鼓腹功：

⑴正坐於床上，頭身正直，兩脚平行，與肩同寬，兩手握固，輕置於兩大腿中部。全身放鬆，排除雜念，舌抵上腭，目光由遠及近，眼簾慢慢下垂，目視鼻準，氣沈丹田（圖89⑴），意守五～十分鐘。

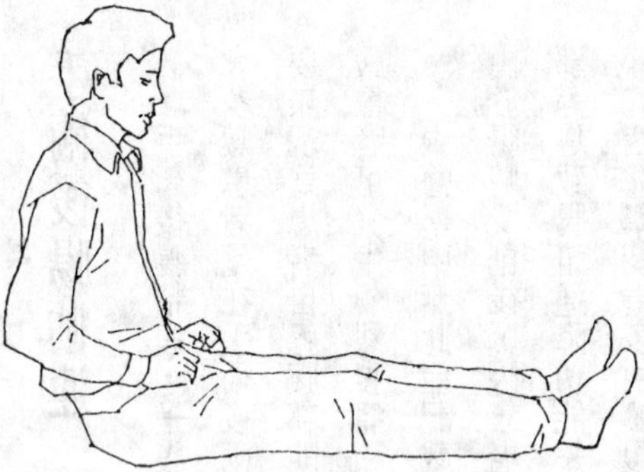

(1)

圖89 握腕後拓鼓腹功

⑵接上式。兩手伸向體後，以一手抓住另一手腕部（左右先後不拘），另一手掌心按於床席之上，上身稍後仰。以鼻吸氣，以意引氣達於丹田，同時腹部鼓起，吸滿後屏氣十～

十五秒鐘（圖89⑵），然後徐徐用鼻呼氣，並意想腹中病氣皆隨呼氣而出。如此二十四息後，兩手交換位置，如上做二十四息。還原正坐位，意守丹田片刻，收功。

②摩腹通滯功：

⑴取臥式。仰臥床上，用高枕墊在肩部，兩下肢伸直，安神凝氣，排除雜念，四肢鬆弛，先做逆腹式深呼吸二十次。意注兩掌，雙手掌按住腹上部巨闕、幽門二穴，順逆時針方向各按揉三十次。左手按於腿根部不動，右手按在上脘、中脘、下脘三穴上，按順逆時針方向圍繞中脘穴上輕力揉摩各三十次。隨做深呼吸二十次。

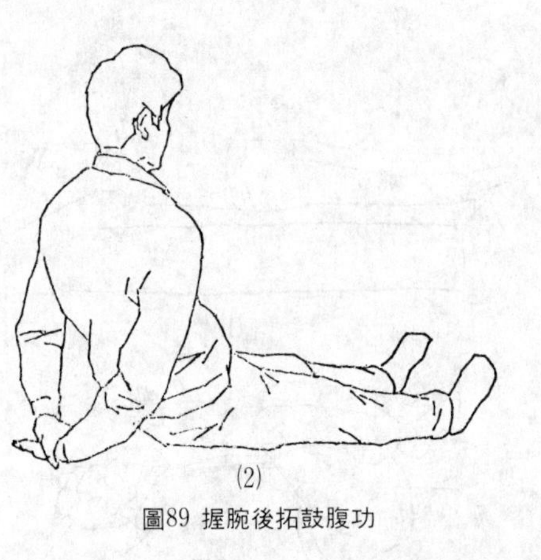
⑵
圖89 握腕後拓鼓腹功

⑵兩手拇指點住巨闕穴，食、中、環三指分別用力點住上脘、中脘、下脘三穴，點住不動做深呼吸二十次。驟然放鬆，隨後兩掌由巨闕穴起向下直推至神闕穴止。共三十次。

⑶兩拇指點住神闕穴，中指點住關元穴，做深呼吸二十次。然後徐徐鬆開，兩手掌重疊按於神闕穴，順逆時針方向各旋揉二十次。

⑷兩掌分別按於兩側沖門穴，吸氣時提托推擠至丹田部（關元穴），呼氣時下推還原。反

覆提托推擠三十次，最後兩掌分別按於小腹兩旁，呼氣時稍用力斜推至腹下曲骨穴，吸氣時向上分抹還原。反覆推抹三十次。

㈡輔助功法：

①瘀熱壅盛型：宜加練養氣功（見本章「乳癰」）。

②氣滯血瘀型：宜加練運腹蕩滌臟腑功。

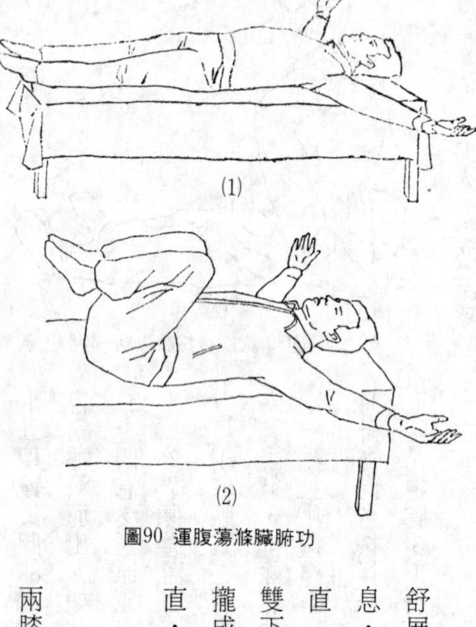

圖90 運腹蕩滌臟腑功

功法：凌晨，去掉枕頭，正身仰臥位。舒展四肢，微閉雙目。深吸氣後，閉口不息，並盡量鼓起腹部，兩足掌用力向前繃直（圖90⑴）；再緩緩呼氣，呼氣時腹部和雙下肢內收，膝關節微屈，盡量向腹前靠攏成踡屈狀（圖90⑵）。再吸氣時雙下肢伸直，如上反覆做二十四息。

③血瘀挾虛型：宜加練晃海功。

功法：平坐或盤坐均可。兩手輕放在兩膝蓋上，周身放鬆（圖91⑴）。以腰爲軸，吸氣時，先從右側向下俯身，轉向左側（圖91⑵）；呼氣時舒身上起，歸於原式。如此一吸一呼轉一圈，共轉二十四圈。歸於原式後，再吸氣，同時從左側向下俯身，向右旋轉；呼氣時舒身上起。共旋轉二十四圈。恢復原式後，靜坐片刻收功。

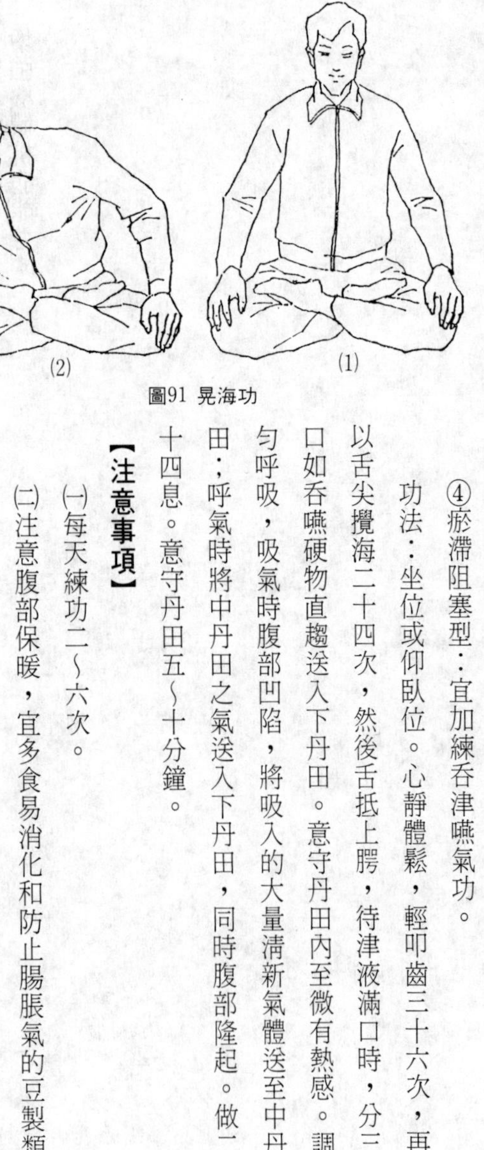

圖91 晃海功

④瘀滯阻塞型：宜加練吞津嚥氣功。

功法：坐位或仰臥位。心靜體鬆，輕叩齒三十六次，再以舌尖攪海二十四次，然後舌抵上腭，待津液滿口時，分三口如吞嚥硬物直趨送入下丹田。意守丹田內至微有熱感。調勻呼吸，吸氣時腹部凹陷，將吸入的大量清新氣體送至中丹田；呼氣時將中丹田之氣送入下丹田，同時腹部隆起。做二十四息。意守丹田五～十分鐘。

【注意事項】

㈠每天練功二～六次。

㈡注意腹部保暖，宜多食易消化和防止腸脹氣的豆製類食品。

㈢本節所討論的瘀滯阻塞型為單純性、慢性腸梗阻；對絞窄性腸梗阻等不能及時緩解者，應及時予以手術治療。

㈣經練功症狀消失後，仍應堅持每日凌晨練習運腹蕩滌臟腑功，以蕩滌五臟，滋潤六腑，增強機體抗病能力。

第四章　婦科病症防治

月經不調

月經不調是指月經在期、量、色、質方面的改變，它包括月經先期、後期與先後不定期，以及月經過多或過少諸病症，屬於月經病範疇，乃婦科常見病症之一。

月經不調的病因病機主要是內傷七情和外感六淫，亦有因先天不足，或多產房勞、或勞傷過度等原因，以致引起沖任不調、臟腑失常，氣血不足而造成月經不調。臨床上，月經不調常表現爲：先期與過多同見，後期與過少並行，而對月經病的治療當以「調經」爲先，然調經之法，重在補腎扶脾與調理氣血，蓋補腎以塡補精血，扶脾以益血之源，誠如《景岳全書·婦人規》曰：「故調經之要，貴在補脾胃以資血之源，養腎氣以安血之室，知斯工者，則盡善矣。」

【辨證】

㈠月經先期：月經先期量多或量少，色淡質稀，神疲肢倦，小腹空墜，納少便溏，舌淡苔薄，脈細弱。

㈡月經後期：月經後期量少，色黯有血塊，小腹冷痛，喜溫，畏寒肢冷，苔白，脈沈緊。

㈢月經先後不定期：月經先後無定期，量多，或少，色紫紅，或黯淡，或有血塊，經行不暢，或有胸脇、少腹脹痛，脘悶不舒，或腰膝痠軟，苔薄，脈弦或弦細。

【功法】

㈠基本功法：

①小周天功：

⑴坐式，全身放鬆，調勻呼吸，排除雜念，以自然呼吸法或逆腹式呼吸法，意守下丹田部（即臍下關元穴）。

⑵當下丹田部有溫熱感的氣流在運行時，意想此氣流，但不可用意念引導該氣流運行，而是任其自然，日久，便會感到氣流越聚越充盈，漸漸循督脈通三關（即過會陰、經閭尾、通命門、上玉枕）達百會，由鵲橋下行任脈，歸入下丹田，此時，意念應隨氣流的運行而行，如此循環一遍爲一周，即所謂小周天已通。每次練三十分鐘左右或更長。

②摩腹壯丹功：

(1)坐式或站式，兩手重疊，左手在裏，兩手內、外勞宮穴相對，以左手內勞宮穴對準中脘穴，置於上腹部，自然呼吸，意守中脘穴，先按揉中脘穴，順、逆時針方向各八十一次；然後，向順時針方向摩腹

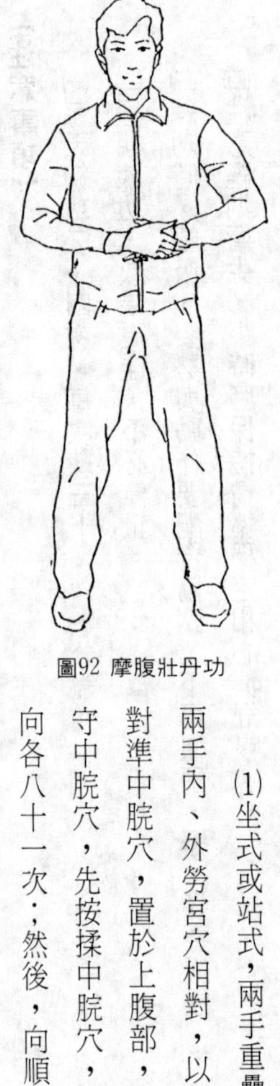
圖92 摩腹壯丹功

三十六次，再向逆時針方向摩腹三十六次，摩腹時，意守腹部（圖92）。

(2)接上勢，左手內勞宮穴對準關元穴，置於小腹部，意守下丹田，先向順時針方向按揉八十一次，再向逆時針方向按揉八十一次；最後以五指捏攏輕輕扣擊關元穴十八息（用逆腹式呼吸，亦可用自然呼吸）。

㈡輔助功法：

①月經先期者，宜加練周天調氣功。

功法：坐式或臥式，全身放鬆、調勻呼吸，入靜後，意想以臍爲中心，吸氣時，提肛，意想氣按順時針方向，由左下轉到右上，呼氣時，鬆肛，氣繼右上轉回左下，如此爲一圈，共做三十六圈，並意想每轉一圈要比前一圈大，即由小漸大，最後達全腹；然後，再按逆時針方向，吸氣時提肛，意想氣從右下轉到左上，呼氣時鬆肛，意想氣繼從左上轉到右下，爲

一圈，由大漸小，做三十六圈，最後回到臍中。

②月經後期者，宜加練溫丹功（見第二章「便秘」）。

③月經先後不定期者，宜加練導氣吹字功。

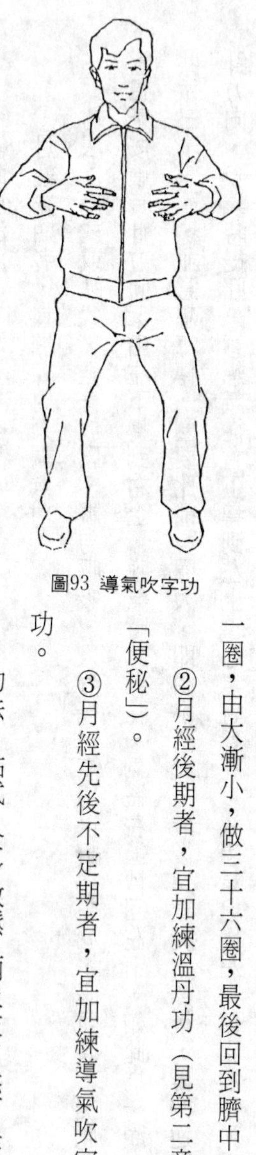
圖93 導氣吹字功

功法：站式，全身放鬆，兩上肢自然下垂，置於身體兩側，吸氣時兩上臂抬起，手心向裏，指尖朝下，兩手由腎俞穴提至胸前，指尖相對，成抱球狀，呼氣時，隨呼氣漸漸屈膝下蹲，並同時發「吹」字音，如抱球下蹲，呼氣盡；吸氣時，隨吸氣之勢漸起，兩上肢自然下垂置於身體兩側，身體直立，吸氣盡，兩上臂抬起，兩手由腎俞穴提起至胸前，成抱球狀。稍停，再做第二次呼吸，共做二十四息（圖93）。

【注意事項】

㈠每天練功二～四次，每次練三十～六十分鐘。

㈡經期練功，效果更佳，不必停止。

㈢練功時，呼吸、姿勢與動作要配合協調，不可僵硬，摩、揉要緩慢、柔和。

㈣注意經期衛生，平時應保持情緒穩定和心情舒暢。

㈤當月經正常後，仍應堅持練功，以增強體質，預防疾病。

【病例】

李某，女，三十五歲，職員，一九八七年九月二十一日初診。月經失調二年餘，經來或先或後，以後期爲多，量少而色淡黯，間有小塊，每次月經來潮時胸悶不舒，脇與小腹脹痛，腰膝痠軟、乏力，喜溫怕冷，面色少華，時兼頭昏，肢楚，納少，婦科檢查亦無異常，多次投藥，獲效不顯，舌淡苔薄白，脈弦細，或弦緊。

診斷：月經不調。

功法：囑練周天功與摩腹壯丹功。每天二次，在經來前、後和經期加練溫丹功一次。

練功經過：經練功二月後，諸症明顯改善，經來較按時，量增多。繼續練三個月，諸症消失，較練功前精力充沛，食慾大增，一切正常，囑其繼練周天功。經追蹤，未見復發。

痛經

女性在行經期或行經前後，出現小腹疼痛，或連及腰骶，甚則劇痛難忍，且隨月經週期反覆發作者，稱爲「痛經」、或「經行腹痛」。本病爲婦科常見病，尤以青年婦女爲多見。

痛經發病病因有：七情所傷、起居不愼或六淫爲害等不同原因，並與素體及經期、經期前後特殊的生理環境有關。其發病機理主要爲經期受上述病因的影響，導致沖任瘀阻，或寒凝經脈，使氣血運行不暢，胞宮經血流通受阻，不通則痛；或沖任、胞宮失養，不榮而痛。臨床上常見的痛經有：氣滯血瘀、寒凝胞中與氣血不足、肝腎虧損等幾種，也有因子宮發育不良，或子宮畸形，或子宮位置過度不正等而發生痛經者。本節主要討論因氣滯血瘀、寒凝胞中、氣血不足等所引起的痛經。

【辨證】

㈠氣滯血瘀：經前或經期小腹脹痛，經行量少，血色紫暗伴有瘀塊，塊下則痛減，常伴有兩乳房及兩脇脹痛、不舒，舌暗邊紅，脈弦。

㈡寒凝胞中：經前或經期小腹冷痛，常引及腰脊痠痛，畏寒惡風，四肢欠溫，經行量少，伴有血塊，得熱則舒，苔白膩，脈沈緊。

㈢氣血不足：經期或經後腹痛隱隱，經行量少，色淡質稀，面色少華，神疲乏力，舌淡體胖，苔白薄，脈細弱。

【功法】

㈠基本功法：

①調理沖任功：

⑴坐式（坐於凳上前三分之一處），全身放鬆，調勻呼吸，排除雜念，兩手重疊，右手在裏，右手外勞宮穴與左手內勞宮穴相對，以右手內勞宮對準臍眼，輕放於臍上。

⑵用意念和呼吸導引內氣，吸氣時，收腹提肛，並帶動會陰緊縮上提，同時意念由會陰引氣達於下丹田，呼氣時肛門與小腹放鬆，如此一吸一呼，練三十分鐘。初練時用意念配合呼吸導引氣機，熟練後只用意念導引。

⑶收功時，導氣歸下丹田，稍停，兩目慢慢睜開，兩手搓熱，輕輕擦面如洗臉狀五～七次，再起身活動。

②揉腹壯丹功：

⑴坐式或站式，兩手重疊（右手在裏，左手在外，兩手內、外勞宮穴相對，右手內勞宮穴對準關元穴），輕按於小腹，全身放鬆，自然呼吸，意守下丹田部，兩手同時先向順時針方向按揉八十一次；然後再向逆時針方向按揉八十一次。

⑵接上勢，按振關元穴十八息或三十六息。意守下丹田。

㈡輔助功法：

①氣滯血瘀者，宜加練噓字功（見第三章「疝氣」）。

②寒凝胞宮者，宜加練溫丹功（見第二章「便秘」）。

③氣血不足者，宜加練周天調氣功（見本章「月經不調」）。

【注意事項】

㈠每天練功三～四次，每次練功三十～六十分鐘或更長。

㈡練功中，不可強用意念導氣運行，或強力呼吸，以防氣悶、頭脹等現象發生。

㈢平時練基本功法，經期與經期前後，加練輔助功法。

㈣注意經期衛生與保暖和適當休息，保持情緒穩定。

㈤當痛經治癒後，仍應堅持練功。

【病例】

張某，女，二十七歲，未婚，一九八七年四月十六日初診。

主訴：因踝部骨折來診，合併痛經，每次經水來潮之前，小腹脹痛難忍，量少有血塊，色紫，血塊下後則疼痛減輕，同時伴有乳房作脹，胸脇滿悶，心煩易怒。體檢：苔薄白，脈弦。經婦科檢查無異常。

診斷：氣滯血瘀型痛經。

功法：囑練調理沖任功與揉腹壯丹功，每天二次。並於月經來潮前以及經期加練溫丹功一次。

練功經過：經練功二個月後，經來前疼痛減輕，血塊減少，色紅，其他症狀均有改善。繼續練功二個月後，症狀基本消失，自覺身體較練功前好，如以前稍受涼即感冒發熱、咳嗽等，近來二次被雨淋都未發生感冒。囑繼續調理沖任功與揉腹壯丹功。追蹤半年來未見復發，自己感到體力明顯增強。

閉經

閉經最早見於《內經》，稱之爲「女子不月」、「月事不來」。本症係指女子年逾十八週歲而月經尚未初潮，或女子在十四週歲左右月經已行，後又中斷達三個月以上者，方稱之爲「閉經」。但妊娠期、哺乳期的暫時性停經，或絕經期的絕經等均屬正常現象，不作閉經論。另外，對於居經、并月、避年、暗經等，或由於突然改變生活環境，而偶見一、二次經水不來潮者，均不作閉經論；因先天性生殖器官發育異常，或後天器質性損傷而無月經來潮者，在此不作論述。

閉經的病因病機較爲複雜，按「辨症求因」的原則，可分爲虛、實兩類，虛症多係肝腎不足，氣血虛弱，精血不足，血海空虛，無血可下而成；實症多因肝氣鬱結不達，氣滯血瘀，脈道不通，經血不得下行所致。

北戴河療養院與某廠協作，以氣功治療繼發性閉經三十例，全部有效，其中二十例治癒。氣功組與應用黃體酮組對照，氣功組治癒後無反覆，而用黃體酮者，停藥後第二個月多見反覆。

【辨證】

㈠虛症：年逾十八週歲而月經未潮，或月經已行，量少並逐漸後延，繼而停閉不行，頭昏耳鳴，神疲乏力，腰膝痠軟，納食不振，形體消瘦，舌淡苔薄，脈細弱或細緩。

㈡實症：月經數月不行，精神抑鬱，胸脇脹滿，或胸悶不舒，小腹脹痛、拒按，舌邊紫，或有瘀斑，脈沈弦或沈澀。

【功法】

㈠基本功法：

①強壯功：

⑴坐式或站式（坐式宜室內練，站式宜室外練爲好），全身放鬆，兩手微曲，置於小腹前，掌心相對，兩眼瞼自然下垂，似閉非閉，用逆腹式呼吸或自然呼吸，深呼氣三口，叩齒三十六下，攪津三嚥，送入丹田。

⑵接上勢，鼻吸鼻呼（要求呼吸要勻、細、深、長，由淺入深），吸氣時小腹往裏回縮，

微微提肛，呼氣時小腹往外突，緩緩鬆肛，意守下丹田，但要做到精神放鬆，似守非守。練三十分鐘左右。

②揉腹壯丹功（見本章「痛經」）。

㈡輔助功法：

①虛症者，宜加練周天調氣功（見本章「月經不調」）。

②實症者，宜加練疏肝利膽功（見第二章「脇痛」）。

【注意事項】

㈠每天練功二～四次，每次練功三十～六十分鐘或更長。

㈡練功時環境要清靜，空氣新鮮，無噪音爲佳。在練功過程中，意念不要過強，一定要做到似守非守。

㈢加強營養，鍛練身體，加強個性修養，保持情志舒暢。同時亦可選練「太極拳」，或「易筋經」、「五禽戲」等功法配合治療。

㈣練功前，應進行詳細、徹底的婦科檢查，以盡可能排除器質性病變，找出發病的眞正病因。

㈤當練功到一定時間，月經正常後，仍應堅持練功，以防止復發。

陰挺

婦女子宮下脫，甚則挺出陰戶之外，或陰道壁膨出，前者爲子宮脫垂，後者稱陰道壁膨出，統稱爲陰挺，又稱爲陰菌、陰脫、產腸不收等。患者自覺陰戶墜脹，或有塊物突出爲其主要症狀。

陰挺主要是由於難產、產程過長，或產時用力過度，或產後勞動過早，或長期咳嗽，或素體虛弱，房勞過度，多產等造成氣虛下陷，腎虛不固，胞絡損傷，不能提攝子宮而致陰挺下脫。

西醫學稱本症爲「子宮脫垂」，係指子宮從正常位置沿陰道下降到坐骨棘水平以下，甚至脫出陰道口者，並根據子宮下垂的程度而分爲三度：一度，子宮頸下垂不超過陰道口；二度，子宮頸及部分子宮體脫出於陰道口外；三度，子宮體整個脫出於陰道口外。

一九六〇年原上海市氣功療養院收治五例二度子宮脫垂患者，經過二十四～三十二天氣功鍛練，一例痊癒，二例基本痊癒，二例好轉。中國福利會國際和平婦嬰保健院以氣功、中藥等綜合治療子宮脫垂七十八例，有效率爲92％，痊癒率86.6％，達到較顯著的療效。

【辨證】

㈠氣虛：子宮下移或脫出於陰道口外，勞則加劇，小腹下墜，少氣懶言，面色少華，小便頻數，帶下量多，質稀色白，舌淡苔薄，脈虛細。

㈡腎虛：子宮下脫，腰痠腿軟，小腹下墜，小便頻數，夜間尤甚，頭暈耳鳴，舌淡紅苔薄白，脈沈弱。

【功法】

㈠基本功法：

①行步功：

⑴預備：站住，兩脚與肩同寬，身體直立，胸部微收，頭頸正直，尾閭中正。凝神靜息，雙目微閉，或微露一線之光，向前平視。雙手自然下垂，舌抵上腭。

⑵定步叩丹田：雙手輕握拳，左右甩手，左拳拳心向腹部輕叩丹田部位，右拳拳背向腰部輕叩命門穴部位，然後再換叩擊丹田與命門。隨左右手甩擺叩擊動作，腰也隨之左右轉動。配合呼吸，雙手甩擺叩擊頻率與呼吸頻率相一致。每次叩十二～三十六次。經過一段時間鍛練後，體質增強，則可加大腰部轉動的幅度，兩手甩擺的幅度也宜相應增大。熟練後可以緩步行走，一邊走，一邊甩擺叩擊。

②調理沖任功（見本章「痛經」）。但宜採取仰臥位，高尾式（骶部墊高十三點三公分），

或摩腹壯丹功（見本章「月經不調」）。

㈡輔助功法：

①氣虛者，宜加練意守丹田功。

功法：見第二章「便秘」，開始練功時意守下丹田，當熟練之後，即應改爲意守中丹田（膻中穴）。

②腎虛者，宜加練和帶固腎功。

功法：

⑴坐式（雙腿自然盤坐，最好是用右足跟輕輕抵於會陰穴部），全身放鬆，排除雜念，先練吸、提、抓、閉呼吸，十八息。

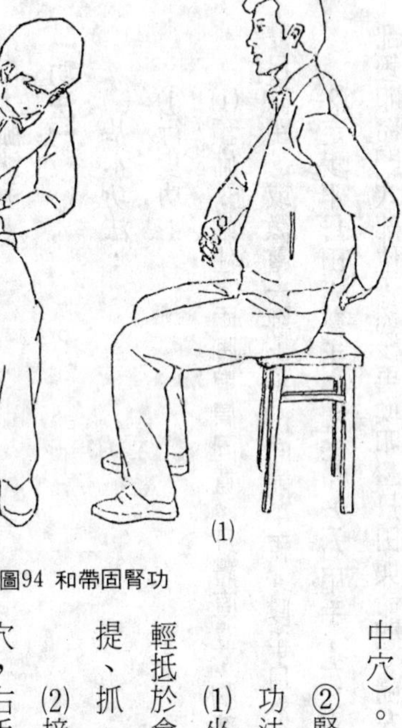

⑴ ⑵

圖94 和帶固腎功

⑵接上勢，左手在腰部後方，掌心對準命門穴，右手在小腹部前方，掌心對準關元穴，吸氣時，左手緩緩由後經左脇下移至小腹前方，同時右手由前緩慢地移至腰部後方，呼氣時，兩手還原，做十八息（圖94⑴）。意守帶脈隨之揉動。

(3)接上勢，兩手相握，左手拇指掐住右手子紋，右手拇、中兩指相捏，置於小腹部前下方，上體自左向右作順時針方向的轉動，上體前探時吸氣，後仰時呼氣，做十八息；然後，以右手拇指掐住左手子紋，左手拇、中兩指相捏，置於小腹部前下方，如上法上體自右向左作逆時針方向轉動，做十八息，意守帶脈隨之轉動（圖94(2)）。

(4)接上勢，兩手搓熱，擦兩腎兪穴，以得熱爲度，意守兩腎兪穴，自然呼吸。

(5)接上勢，以兩手小魚際擦八髎穴至尾閭，以得熱爲度，意守八髎穴，自然呼吸。

【注意事項】

(一)每天練功二～四次，每次三十～九十分鐘，在練功中，呼吸、姿勢、手法、意念要密切配合。

(二)增加營養，注意休息，不可過勞，禁止或節制房事。

(三)平時應保持外陰部清潔，對重度脫垂，因摩擦損傷，而致潰爛者，應及時予以處理和藥物治療。

(四)基本治癒後，仍應堅持練功，亦可選擇太極拳，或易筋經，或太極劍等配合鍛練，以增強體質，鞏固療效，預防疾病。

臟躁

婦人精神憂鬱、情志煩亂，哭笑無常，悲傷欲哭，呵欠頻作，稱之爲「臟躁」。本病主要是由於情志所傷，肝氣鬱結，陰血虧虛，臟陰不足，五臟失於濡養，五志之火內動，有乾燥躁動之象，上擾心神，而致臟躁。本症臨床以虛症爲多見，與西醫所說的「臆病」相似。

【辨證】 精神不振，或情志恍惚，情緒易於波動，心中煩亂，夜寐不安，發作時，呵欠頻作，哭笑無常，不能自持，口乾便結，舌紅苔少，脈細弱略數，或細弦。

【功法】

㈠基本功法：

①內養功（見第二章「胃痛」）。

②疏肝按摩功：

⑴坐式或臥式，全身放鬆，自然呼吸，兩手同時自上向下搓擦兩脇肋部（圖95⑴），意念在兩掌，九次。

⑵接上勢，兩手同時由上向下推抹兩脇肋部至腹部兩側（圖95⑵），九次，意念在兩脇肋

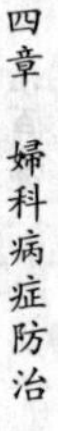

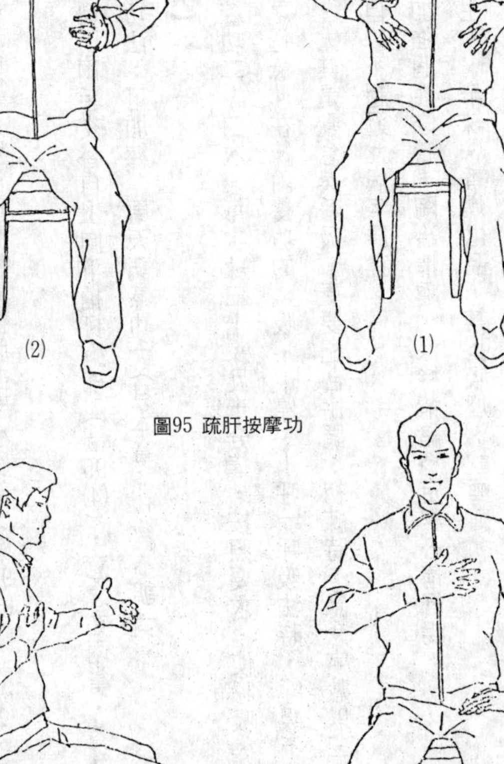

圖95 疏肝按摩功

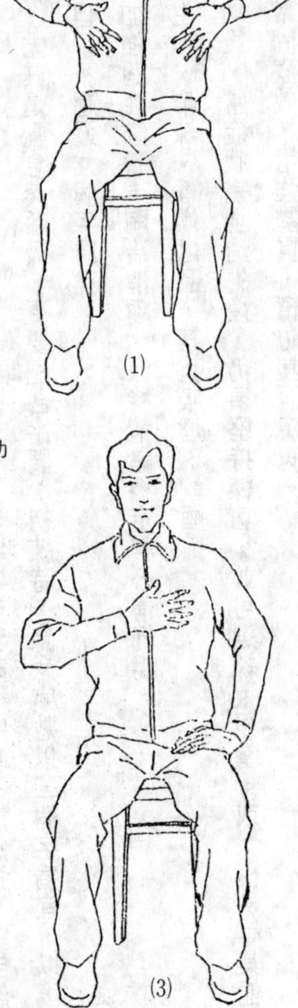

部。

⑶接上勢，兩手分別沿任脈經橫擦胸部至小腹部（圖95⑶），九次，意念隨兩掌沿任脈向下。

⑷接上勢，兩手交替自上向下拍打胸部（圖95⑷），意念在兩掌，各九次。

㈡輔助功法：可加練「周天調氣功」（見本章「月經不調」）。

【注意事項】

㈠每天練功二～四次，每次練三十～九十分鐘，按照要求，使呼吸、手法、意念配合協調，不可操之過急。在練內養功的「吸——停——呼」呼吸法時，呼吸不能勉強，要自然、勻細、深長，尤其是默念與呼吸，更要配合協調；初練時，默念字數以三個字爲宜，以後可逐漸增加，但以不超過九個字爲宜。

㈡注意加強個性修養，陶冶情趣，保持情緒穩定與心情舒暢。

㈢忌食生冷、辛辣、香燥之品，禁止吸煙、飲酒。

㈣經練功後，當症狀完全消失後，仍須堅持練功，並可選練太極拳，或太極劍等其他一些功法，以鞏固療效，增強體質，預防其他疾病。

不孕症

女子婚後，夫妻同居三年以上，配偶健康，未避孕而不懷孕者，或曾孕育，或因流產後三年以上不懷孕者，均稱爲不孕症。前者稱爲原發性不孕症，古稱「無子」、「全不產」。後者稱爲繼發性不孕症，古稱「斷緒」。

產生不孕症的原因很多，男女雙方都有關係，女子不孕的原因可爲先天性生理缺陷與後天的病理變化所造成。對先天性的生理缺陷，非本節探討之範疇；而對後天病理變化和功能性不孕症，則主要是由於腎氣不足，或沖任、氣血失調所致，故歷來有「求子之道，首先調經」之說。

【辨證】

㈠腎虛：婚久不孕，經行後期而量少，血色晦暗，腰腿痠軟，性慾淡漠，小便淸長，大便不實，舌淡苔薄白，脈沈細或沈遲。

㈡肝鬱：多年不孕，月經先後無定期，經行不暢，腹痛，量少，有小血塊，經前乳房脹痛，精神抑鬱，煩躁易怒，舌紅苔薄白，脈弦。

【功法】

㈠基本功法：

①調理沖任功（見本章「痛經」）。

②益腎回春功（見第二章「鬱症」）。

③溫丹功（見第二章「便秘」）。

㈡輔助功法：

①腎虛者，宜加練補腎按摩功。

功法：

⑴站式，全身放鬆，兩眼瞼自然下垂，似閉非閉，調勻呼吸，意守命門穴，十五分鐘或更長。

⑵接上勢，兩手空握拳，以兩手拇指指間關節突起部按揉兩腎兪穴，意念在腎兪穴，做三～五分鐘（圖96⑴）。

⑶接上勢，兩手搓熱後擦腰部兩側與八髎穴，意念在腰部與八髎穴，以被擦部位透熱爲度（圖96⑵）。

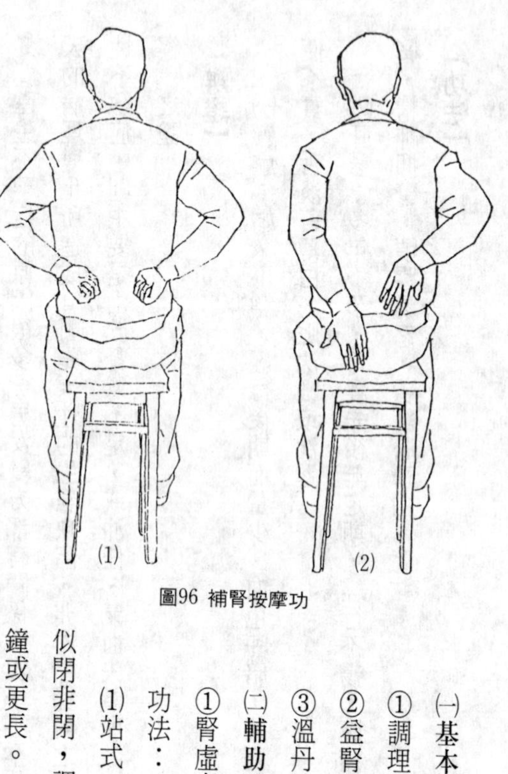

圖96 補腎按摩功

②肝鬱者，宜加練疏肝按摩功（見本章「臟躁」）。

【注意事項】

㈠每天練功二～四次，每次練功六十～一百二十分鐘。

㈡基本功法中益腎回春功與調理沖任功可選擇其中一種功法進行鍛練，亦可兩種功法交替進行鍛練。

㈢練功前要進行詳細的婦科檢查，同時也應對男方進行詳細的檢查，找出引起不孕的根本原因，如果屬於男方的原因而引起的不孕，應給予積極的治療，亦可選擇壯丹功、周天功、鐵襠功等功法，在醫生指導下進行鍛練。

㈣加強個性修養，保持情志舒暢，注意起居勞逸，節制房事。

㈤堅持天天練功，同時可適當選練一些動功以配合治療，增強療效，如太極拳、眞氣運行功、易筋經和少林內功等。

慢性盆腔炎

慢性盆腔炎多由急性盆腔炎未經徹底治療，遷延而成，也有一些患者起病緩慢，忽視治療而漸成慢性盆腔炎。慢性盆腔炎是由於細菌感染而引起盆腔內（包括輸卵管、卵巢、盆腔結締組織）發生炎症的一種疾病，常發於經期前後，出現小腹一側或兩側隱痛或脹痛、白帶多、腰骶痠痛等症狀。

中醫學中雖無此病名，但從臨床症狀來看，屬於「月經不調」、「帶下」，「癥瘕」等病症，其發病的病因病機爲濕熱內阻，或氣血凝滯胞脈，影響沖任而致。

氣功治療慢性盆腔炎有很好的治療效果，上海第二醫科大學以氣功爲主綜合治療一百二十二例，近期療效爲95.2％，遠期療效爲77.4％。上海醫科大學婦產科醫院以氣功爲主，綜合治療本病二百一十七例，痊癒三十三例，顯著好轉六十二例，好轉六十九例，無一例無效。

【辨證】

㈠濕熱內阻：低熱起伏，小腹隱痛或刺痛，拒按，帶多，苔黃，脈滑數。

㈡氣滯血瘀：月經失調，小腹刺痛或脹痛，拒按，往往痛引腰骶，帶多，舌質黯或有瘀點，苔薄膩，脈弦。

㈢肝腎不足：小腹綿綿作痛，日久不癒，帶多膝軟，腰骶痠痛，頭暈乏力，苔薄，脈細。

【功法】

㈠基本功法：

①內養功（見第二章「胃痛」）。

②活血止痛導引功：

(1)柔帶脈：自然盤坐，兩手自然叉腰，以腰為軸，上身左右旋轉，共三十六次。向前探胸時呼氣，向後仰擴胸時吸氣。

(2)摩揉小腹：兩手按在恥骨聯合上的小腹部，向兩側同時轉摩、按揉至腹股溝處；再自腹股溝處轉摩、按揉至小腹部十六～三十六次。

(3)揉丹田：以兩手相疊(右手在下)，掌心對準丹田向左右旋轉按揉各五十次。自然呼吸，意守丹田。

(4)搓腰骶：先將兩手互相搓熱，再以兩熱手掌搓腰骶部，以熱為度。

㈡輔助功法：

①濕熱內阻者，宜加練摩脘呼氣功(見第二章「呃逆」)。

②氣滯血瘀者，宜加練疏肝按摩功(見本章「臟躁」)。

③肝腎不足者，宜加練補腎按摩功(見本章「不孕症」)。

【注意事項】

㈠每天練功二～四次，每次練功三十～六十分鐘或更長。

㈡對急性盆腔炎患者，應及時、徹底地予以治療，以防轉成慢性盆腔炎。

㈢對結核性盆腔炎患者，在給予抗癆治療的同時，可根據病情，結合本節所述，選擇適當的功法進行鍛練，對提高療效有很大的幫助。

㈣注意經期衛生，經常清洗外陰，節制房事。

㈤病症治癒後，也應堅持天天練功，以提高自身的防病抗病能力。

更年期綜合徵

部分婦女在經水將絕未絕時，由於卵巢功能衰退，或兩側卵巢切除術後，而出現的一些與絕經期有關的症候群，這些症候輕重不一，參差出現，持續時間或長或短，嚴重者可影響生活與工作，稱之爲「更年期綜合徵」。

中國醫學稱爲「絕經前後諸症」或「斷經前後諸症」。並認爲本症的主要病因病機乃是腎氣漸衰，沖任虛損，臟腑、氣血失調，陰陽兩氣不平衡所致。

【辨證】

㈠腎陰虛：月經週期紊亂，量或多或少，色紅，頭暈目眩，耳鳴，頭面烘熱，汗出，五心煩熱，腰膝痠痛，溲黃，便乾，舌紅少苔，脈細數。

㈡腎陽虛：經來量多，色淡，或色黯有塊，帶多清稀，神疲乏力，形寒肢冷，腰膝痠痛，尿多便溏，舌淡苔薄，脈沈細無力。

【功法】

㈠基本功法：

①強壯功（見本章「閉經」）。

②回春功：

⑴預備：自然站立，兩脚與肩同寬，兩臂輕垂於體側，呼吸自然緩慢，全身放鬆，頭正頸直，目光內斂，神態安詳，意念自己風華正茂時的形象，面含微笑。

⑵服氣：意念入靜，然後開始深呼吸，鼻吸口呼。吸氣時提會陰、縮肛、縮腎、聳肩，徐徐舉踵，頭微抬，頸徐坤，胸部舒展，小腹自然鼓起，大量吸納新鮮空氣。當氣快吸足時，兩肩向後仰，加深吸氣。然後緩緩呼氣，同時脚跟徐徐下落並屈膝，身體漸漸前傾（約四十五度），小腹微收，兩手下垂於身前，使體內濁氣盡量吐出。以上爲一息，共做八息，然後恢復自然站立。

⑶虛靜：接上勢，以意念配合呼吸導引全身肢體、內臟放鬆入靜。即吸氣時默念「靜」，呼氣時默念「鬆」，意念從頭至脚，尤其是小腹部放鬆。如此導引八息，身心漸趨虛靜境界。

⑷抖動：接上勢，將膝微微下屈，腰部輕輕發力，意念由小腹開始顫動，帶動全身內臟和肌肉作有彈性而鬆柔地抖動，抖動頻率每分鐘不應少於一六四次。抖動要自然，自感越抖

越鬆，疾病全被一「抖」而光，渾身舒暢。如此抖一～三分鐘，然後漸漸停止，恢復直立姿勢。

(5)接上勢，做一次鬆靜呼吸，然後再曲雙膝，兩臂自然下垂，嘴微微張開，開始做左右轉肩。左肩向前下方，右肩向後上方，腰漸向右轉，使左肩轉向左前方約六十度；然後如上法左肩峰向前下劃半圓，右肩峰向後上劃半圓，至雙肩平時，再反方向轉肩，即右肩向前下方，左肩向上後方，腰漸向左轉，使右肩轉至右前方約六十度。以腰扭動帶動雙肩做各自反方向劃圓的轉肩動作。左右各轉八次。

(6)收功：接上勢，雙手合十舉過頭頂，舉踵吸氣，隨呼氣雙掌呈拜佛狀下落，至小腹前分開兩側而收勢，全功結束。全套功法八分鐘左右。

(二)輔助功法：

①腎陰虛者，宜加練養腎益水功（見第二章「早洩」）。

②腎陽虛者，宜加練溫丹功（見第二章「便秘」）。

【注意事項】

(一)每天練功二～四次，每次練功三十～六十分鐘。

(二)對兼有高血壓、心臟病、消化功能紊亂等病症患者，應參考相應病症治療的功法進行鍛練，或改變呼吸方法和意念活動，以增強治療效果，防止因練功不當而致他變。

㈢對症狀較為嚴重者，可適當配合藥物進行治療，以控制病情，待病情好轉後，可停藥，繼續練功。

㈣加強身心修養，陶冶情趣，保持心情舒暢；注意經期衛生，節制房事，忌食辛辣之品。

㈤治癒後，仍應堅持天天練功，以增強體質，預防疾病，延年益壽。

第五章　傷科病症防治

腦震傷後遺症

腦震傷屬於頭部內傷範疇，又稱「腦氣震動」、「腦海震動」，腦震傷後遺症是指腦震傷發生後，未能及時、徹底治療而遺留以眩暈、頭痛、失眠、記憶力減退等爲主要症狀的纏綿難治的後遺症。

頭爲諸陽之首，位居至高，內涵腦髓，以統全身，當受到外力打擊、衝撞以後，造成血脈損傷，瘀血內留，壓迫腦髓，日久終成腦震傷後遺症。

西醫稱本病爲「腦震盪」，係指頭部被暴力打擊以後，中樞神經系統遭受過猛的刺激，神經細胞受震盪而機能障礙，發生了超常抑制，但無明顯形態上的變化和器質性損害。

【辨證】

眩暈、頭痛，或頭痛、頭脹、頭暈，近事遺忘，失眠，耳鳴，多夢，納呆，記憶力明顯減退，性情改變亦較明顯，苔薄，脈弦。

【功法】

㈠基本功法：

①三線放鬆功：

坐式或臥式，作三線放鬆，即將身體分成兩側、前面和後面三條線，自上而下、逐次進行放鬆。

第一條線：頭部兩側——頸部兩側——兩肩部——兩上臂——兩肘關節——兩前臂——兩腕關節——兩手——十個手指——止於兩中指尖。

第二條線：面部——頸部——胸部——腹部——兩大腿前面——兩膝關節——兩小腿前面——兩脚——十個脚趾——止於大脚趾。

第三條線：後腦部——後頸——背部——腰部——兩大腿後面——兩膕窩部——兩小腿後面——兩脚——兩脚底——止於前脚心。

自然呼吸，意守先注意一個部位，然後默念「鬆」字，使該部位放鬆後，再注意下一個部位，再默念「鬆」字，如此按上述三條線的先後次序，循序而下，每條線放鬆完後，在其「止息點」輕輕意守一、二分鐘，待三條線放鬆完後，意守下丹田，三～五分鐘爲一個循環，一般作二、三個循環，然後收功。收功時應緩緩從容，慢慢睜開眼睛。

②醒腦按摩功：

(1)坐式，全身放鬆，自然呼吸，兩眼微閉，用右手（左手）拇、食、中、環四指指尖按揉四神聰穴，約一分鐘，再用中指按揉百會穴一分鐘，意念在所按穴位上。

(2)接上勢，兩手中指指腹交替推印堂穴（由眉心向前額上），然後由印堂沿任脈推至百會、經風府止於大椎，三次，所經之穴，均須按揉片刻，意念在手指。

(3)接上勢，兩手中指推抹眉弓及前額約一分鐘後，分別按揉兩太陽穴一分鐘，然後沿少陽膽經推至腦戶，按揉片刻後再推至肩井，三次，意念在手指。

(4)接上勢，用一手拇、中二指指峰點揉兩睛明穴一分鐘，然後，兩手五指自然屈曲，用指尖同時點擊頭頂部及兩側一分鐘，意念先在睛明穴，後轉移至頭部。

(5)接上勢，用兩手十指指尖背側梳理頭部兩側，重點在少陽經脈，七次，最後，用兩手十指指腹同時推抹頭部兩側七次，意念在頭部。

(二)輔助功法：

可選練強壯功（見第四章「閉經」）、內養功（見第二章「胃痛」）、補腎按摩功（見第四章「不孕症」）等。

【注意事項】

㈠每天練功二～四次，每次練功六十～一百二十分鐘。

㈡練放鬆功時，默念「鬆」字不出聲，其快慢輕重要適當，不可過快或過慢。一般是一呼一吸放鬆一個部位，即吸氣時注意部位，呼氣時默念「鬆」字。意守止息點以七息爲好，意守下丹田以二十一息爲佳。練熟後，呼吸可改用順腹式呼吸或逆腹式呼吸。

㈢保持情緒穩定與心情舒暢，防止各種因素的刺激而引起情緒的激動，避免精神緊張，樹立堅持練功、治癒疾病的堅強信念。

㈣忌食生冷、辛辣和香燥之品，禁煙、酒，少飲濃茶。

㈤病癒之後，仍應堅持天天練功，亦可配合選練太極拳等動功，以增強體質、預防疾病。

頸椎病

頸椎病亦稱之爲頸椎綜合徵或頸肩臂綜合徵。它是以頸椎間盤慢性退行性變爲主的病變，爲中、老年人的常見病與多發病之一，在中國醫學中，屬於痺症範疇，首見於《素問・痺論》。

頸椎病的病因病機主要是由於頸椎間盤退變、頸椎增生、頸椎周圍軟組織勞損、變性，以及由此而造成的神經根、椎動脈、脊髓、交感神經等受壓迫或刺激而引起的一系列臨床症狀，因此，頸椎病的臨床表現較爲複雜，其涉及的範圍亦較廣泛，一般以頸、肩、背痛、頸部活動受限爲其基本症狀。

氣功導引治療頸椎病，中醫古籍中早有記載，如《諸病源候論三十五・風冷候》說：「兩手拓向上，極勢，上下來去三七，手不動，時兩肘向上，極勢七……去頸骨冷氣風急。」近年來用氣功導引治療本病獲得了一些經驗，如李志如等用氣功治療一百三十五例，總有效率爲88.2%；上海中醫學院以祛病延年二十勢治療三十例，總有效率達93%。

【辨證】

(一)神經根型：頸、肩、背或頸、肩、臂疼痛，並向枕部與上肢放射。頸部活動受限，手指發麻，一般多在頸五、六或頸四、五或頸六、七椎旁有明顯壓痛點。壓頂試驗陽性，臂叢神經牽張試驗陽性。X光檢查可見頸椎生理曲度改變，椎間隙變窄，椎體增生，鈎椎關節增生等。

(二)脊髓型：早期一側或兩側上肢麻木，痠脹灼痛，發抖無力，下肢沈重、無力、發麻，步態不穩，伴有頭暈、頭痛，尿頻尿急，排尿不盡與排便無力；後期可出現四肢癱、三肢癱、單肢癱、交叉癱或偏癱。X光檢查，一般可見頸椎退變，椎體後緣增生，骨贅後蹺，脊髓造影有診斷、定位等臨床診斷意義。

㈢椎動脈型：頸枕痛或頸肩痛，頸部活動受限，發作性眩暈，頭昏頭痛，有時出現嘔吐、噁心、耳鳴耳聾，嚴重者可出現共濟失調、失眠、猝倒等症狀。X光檢查可見鈎椎關節增生、骨贅突起，椎間孔變小，椎動脈造影與腦血流圖檢查有診斷意義。

㈣交感神經型：偏頭痛或枕頸痛，頭昏頭沈，視物模糊，目乾澀，同時伴有心跳加快，心前區痛、肢體發涼，多汗或心動過緩、流淚、血壓偏低等症狀。X光檢查可見頸椎退變、增生等徵象。頸椎硬膜外封閉或星狀神經節封閉，有助於診斷。

【功法】

㈠基本功法：

①靈龜伏氣功：

⑴坐式，二脚分開，約一個半肩寬，脚尖向前，兩手自然置於兩膝上，或兩手虎口張開，拇指在外按於兩腹股溝部（圖97⑴），舌抵上腭，下頜內收，兩眼微閉，全身放鬆，鬆髖塌腰，自然呼吸，或逆腹式呼吸，意守

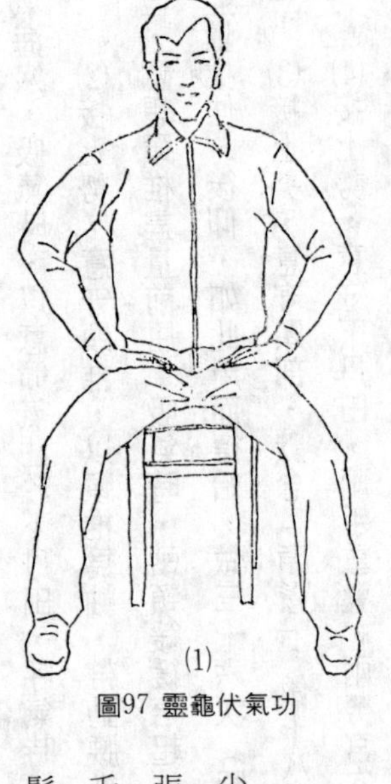

⑴
圖97　靈龜伏氣功

氣海穴，吸氣時，以意領氣注於下丹田，呼氣時，氣沈丹田，如此，八十一息。

(2)接上勢，意守頸椎，以頸椎爲軸，帶動腰椎，呼氣時，頸部連同腰部緩緩前屈，呼氣盡，意想頸椎盡量前屈；吸氣時，頭頸緩緩抬起，腰部亦隨之緩緩伸直，吸氣盡，意想頸椎盡量拔伸、後仰，如此周而復始，做三十六次（圖97(2)）。

(3)接上勢，意守頸部，默念「頸鬆」。做十八息。

(4)接上勢，意守下丹田，兩手重疊，兩勞宮穴相對，左手內勞宮對準關元穴（女性以右手勞宮穴對準關元穴），自然呼吸，先順時針方向按揉三十六次，再逆時針方向按揉三十六次

圖97 靈龜伏氣功

（圖97(3)。最後，兩手搓擦頭面部，兩眼慢慢睜開，收功。

②強頸按摩功：

(1)坐式，兩手中指同時按揉兩太陽穴，一分鐘，然後，沿足少陽經脈推至枕部兩風池穴，按揉風池及頸椎兩側大筋，止於肩井，做七次。意念在中指尖。

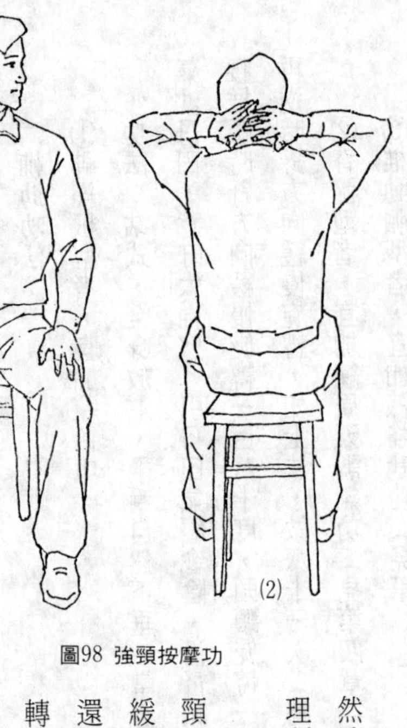

圖98 強頸按摩功

(2)接上勢，兩手食、中、無名、小指自然分開，屈曲，以指尖背側從前向後分別梳理頭部兩側，做二十一次。

(3)接上勢，兩手自然放於兩膝上，意想頸部盡力挺直，頸椎向上拔伸，吸氣時，先緩緩向左轉動，兩眼看左肩後方，呼氣時，還原（圖98(1)）；再吸氣時，頸部則緩緩向右轉動，兩眼看右肩後方，呼氣時還原，如此爲一次，做七次或十四次。

(4)接上勢，吸氣時，頸部緩緩前屈，以下頷抵於胸骨爲度，呼氣時，還原；再吸氣時，頸部盡量後仰，呼氣時，還原，如此爲一次，做七次或十四次。

(5)接上勢，兩手搓擦發熱後，以兩手小魚際自上而下推抹頸椎兩側二十一次，意念在頸椎兩側（圖98(2)）。

㈡輔助功法：

①神經根型者，宜加練頸功。

功法：站式，全身放鬆，兩手自然下垂，掌心向內，十指微曲，雙目微閉，排除雜念，氣沈丹田，意守大椎穴。引丹田氣經會陰，沿督脈至百會穴，用意領氣，以頸椎爲軸，帶動腰椎順時針方向緩慢旋轉一百八十度，頭頸旋轉一周爲一次，心中默數，做八十一次，然後再逆時針方向緩慢旋轉，如上法，做八十一次（圖99）。

②脊髓型者，宜加練周天調氣功（見第四章「月經不調」）。

③椎動脈型者，宜加練強壯功（見第四章「閉經」）。

④交感神經型者，宜加練內養功（見第二章「胃痛」）。

圖99 頸功

【注意事項】

㈠每天練功一～三次，每次練功三十～六十分鐘，或更長時間。

㈡在練功中，基本功法與輔助功法可交替練習，亦可單練一種功法，待練熟後再增練一種功法；當練基本功法中靈龜伏氣功時，練完後可接練強頸按摩功，不必分開練，這樣效果比分開練要好。

㈢脊髓型患者在練功時，開始宜採用臥式，待症狀明顯改善後，可改用坐式或站式，若病情嚴重者，應考慮手術治療；若臨床上出現兩型或兩型以上症狀者，即所謂混合型，可根據病情，參照上述四型來選擇功法進行鍛練；落枕患者，經常落枕者，可選練強頸按摩功或靈龜伏氣功。

㈣注意頸部保暖，睡覺時枕頭要適中，不可過高或過低，對長期從事低頭工作的人，一般每隔一小時，要活動頸部，或做一些簡單的頸部自我按摩，或做強頸按摩功。

㈤經過練功，症狀基本消失後，仍應堅持練功，亦可配合太極拳或練功十八法等動功的鍛練，以鞏固療效，防止復發，增強體質，預防疾病。

【病例】

童某，男，四十九歲，一九八六年十一月二十六日初診。

主訴：近一週突感頭暈目眩，噁心欲吐，羞光而不能睜眼，眩暈而不能站立，無外傷史

(曾有經常落枕病史)。兩天前經神經科、內科等門診檢查未發現異常,擬診爲「頸性眩暈」來診。

體檢:頸部被動屈伸活動尚可,但旋轉活動時,可使眩暈加重,頸椎五、六椎旁壓痛明顯,且連及頭枕部痛、兩手不發麻,壓頂試驗可使頭昏頭痛加重,臂叢神經牽張試驗陰性。X光檢查:頸椎生理曲度改變,椎體增生尤以四~六椎體前緣及後緣明顯,鈎椎增生,有「骨贅」形成。項韌帶有輕度鈣化。腦血流圖檢查:兩側血流不對稱(枕—乳導聯)。

診斷:椎動脈型頸椎病。

功法:囑其練靈龜伏氣功與強頸按摩功,並配合簡化四十八式太極拳鍛練(該患者十幾年堅持練太極拳),每日二次。

練功經過:第一次給予氣功推拿治療,並囑其練功,一週後,症狀明顯改善,已能步行上班;一月後,症狀基本消失,頸部活動如常,囑其堅持鍛練,一年來未復發。

頸肩背痛

頸肩背痛在臨床上較爲常見,多見於青壯年人,本病是以上背部疼痛爲主,連及頸、肩部疼痛的一種病症,西醫稱之爲肩背筋膜炎、頸肩筋膜炎、肩背部肌纖維織炎、風濕性纖維炎等，名稱不一。

中國醫學認爲本病屬於「痺證」中之「皮痺」、「筋痺」範疇，近來亦有人將本病列爲頸椎病頸型。

本病主要病因病機是風寒濕邪，侵於肌膚，客留經絡，寒凝氣滯，血脈不和而致。西醫認爲主要是頸肩背部的軟組織因急、慢性損傷而致的筋膜炎症反應，以致於筋膜粘連、變性等。

【辨證】

肩背部痠脹疼痛連及頸項與上臂，以致頸部與上臂活動受限，肩背部有沈重、麻木感，甚則疼痛明顯，尤以晚夜間爲甚，頸肩部活動可使疼痛加重，上背部與肩胛骨內緣、內上緣與岡下窩部有明顯的壓痛點，部分患者有疼痛向上臂後外側放散，大部分患者在壓痛點處可觸摸到筋的摩擦感。X光檢查頸椎無明顯的改變。

【功法】

㈠基本功法：

①舒筋導引功：

⑴站式，全身放鬆，排除雜念，氣沈丹田，自然呼吸或逆腹式呼吸，意守大椎穴，十五

分鐘。

(2)接上勢，兩手提起至腰部，兩手背外勞宮對準腎俞穴。呼氣時，頸部盡量前屈，兩肩同時盡量內扣，拔背，意想頸、背部最大限度地拉開（圖100(1)）；吸氣時，頭抬起，兩肩放鬆，意想頸肩背部完全放鬆，如此，做二十一息。

(3)接上勢，兩手提起至胸前虛握拳，屈肘，使肩、肘相平，呼氣時，兩肩內收，兩前臂在胸前交叉，意想上背部盡量拉緊（圖100(2)）；吸氣時，兩肩後伸，挺胸，兩肘平行向後伸展，意想兩肩胛骨盡量向內靠攏，如此做二十一息。

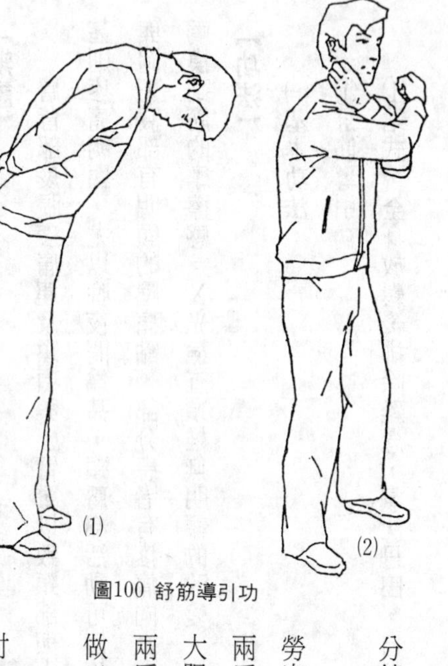

圖100 舒筋導引功

(4)接上勢，兩手由拳變掌交叉於胸前，掌心向內，兩肘下垂，呼氣時，兩掌向兩側緩緩推出，至肩、肘、腕平，立掌，意想病氣由背部從肩，沿上肢通過兩掌勞宮穴排出；吸氣時，兩掌緩緩收回至胸前交叉，意守肩背部。

㈡輔助功法：可加練頸功（見本章「頸椎病」）。

【注意事項】

㈠每天練功一～三次，每次練功三十～六十分鐘，練功時應以舒筋導引功爲主，其中第一勢練習的時間亦可增加至三十分鐘或更長。

㈡注意保暖，尤其是睡覺時，肩背不可裸露在外，以免受風寒之邪的侵襲而加重病情，影響練功效果。

㈢可配合練功十八法或太極拳的鍛練。

㈣忌食生冷及寒涼、辛辣之品。

漏肩風

漏肩風屬「痺症」範疇，最早見於《素問・痺論》，好發於五十歲以上的人，故又有五十肩之稱。它是以肩關節痠脹疼痛、活動障礙爲主要臨床表現的常見病。

本病的主要病因病機是年老體弱，氣血不足，筋脈失養，拘急不用；或露臥當風，或久居濕地，風寒濕邪，侵襲經脈，以致氣血凝滯，阻於經脈，淫於肌肉，脈絡不通，不通則痛，發而爲病。

西醫認為本病是因肩關節囊和關節周圍組織的一種退行性、炎症性病變，故稱之為肩關節周圍炎（肩周炎），日久可發展到病變組織產生粘連、關節功能障礙或近於喪失，終成凍結肩，或稱之為肩凝症。

本病一般在早期是以疼痛為主，而後期則是以功能障礙為主。

【辨證】

肩關節部痠楚疼痛，並向頸部與上肢放散，肩關節有涼感或僵硬感，夜間為重，活動肩關節可使疼痛加重，肩關節功能受限，在肩關節的前、外、後側均有較明顯的壓痛點，日久，肩關節在各個方向的被動活動功能均有不同程度的障礙，尤其是做梳頭動作與脫衣服動作最為明顯，可出現肩部肌肉萎縮。最後肩關節功能嚴重障礙或近於喪失，而成為「凍結肩」。

【功法】

㈠基本功法：

①三元導引功：

⑴站式，全身放鬆，兩上肢自然下垂於身體兩側，自然呼吸或逆腹式呼吸，兩手側平舉至肩平，掌心向下變為掌心向前，兩手同時向前（兩上肢伸直）合攏，兩拇指橈側先相觸，爾後餘四指指尖相觸，掌心空虛，再後屈肘收回至胸前，兩拇指尖對準天突穴，餘四指指尖

向上呈佛掌式，意守丹田，吸氣時，氣沈丹田，呼氣時，氣由丹田上行至肩沿兩上肢達掌心從指尖出。做八十一息（圖101⑴）。

⑵接上勢，呼氣時，兩掌分開，左手在上，從胸前向右前上方至左前上方劃弧後，向左前上方探出，同時，右手在下，從胸前向左前下方至右前下方劃弧後，向右髖旁側下按，意念在兩手勞宮穴，吸氣時，兩手同時由原路收回至胸前，右手在上，左手在下；呼氣時，再按上法同時作右前探和左下按，如此反覆，各探出九次，最後收回到胸前呈佛掌式（圖101⑵）。

⑶接上勢，呼氣，兩手掌心向下，自然緩緩下落至下丹田後向二側分開，翻掌，掌心向上，吸氣，兩手從身體兩側如捧氣狀至頭頂前方，掌心向下照於百會穴，呼氣，兩手緩緩下按，引氣歸下丹田，意守丹田，如

圖101 三元導引功

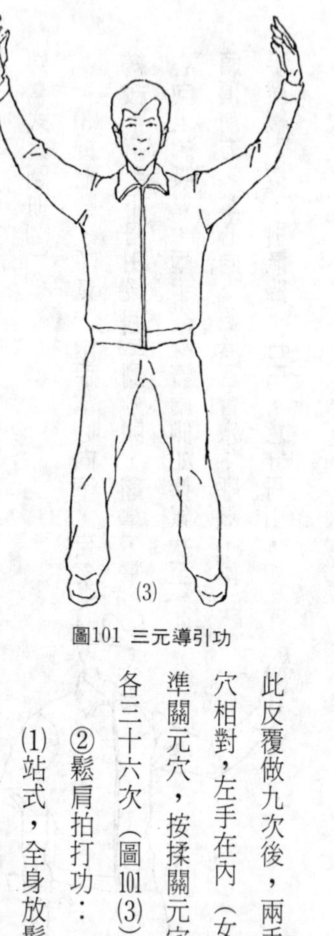
(3)
圖101 三元導引功

此反覆做九次後，兩手重疊且內、外勞宮穴相對，左手在內（女性反之），勞宮穴對準關元穴，按揉關元穴，順、逆時針方向各三十六次（圖101(3)）。

②鬆肩拍打功：

(1)站式，全身放鬆，沈肩垂肘，兩上臂抬起，以健側手托住患側前臂，兩肘關節半屈半伸位，同時緩緩在胸前劃圓，順、逆時針方向各三十六次，或先十八次，以後逐漸增至八十一次。自然呼吸，意想患肩盡量放鬆（圖102(1)）。

(2)接上勢，兩手自然下垂置於身體兩側，以肩關節爲主動，先作兩上肢前後擺動八十一次，然後做左右擺動八十一次。自然呼吸，意想肩關節盡量放鬆，上肢任其自然擺動。

(3)接上勢，左手自然地向前拋向右側肩部，並用手掌拍擊右肩，同時右手自然地向後拋向腰部，並用手背拍擊命門穴。反之，

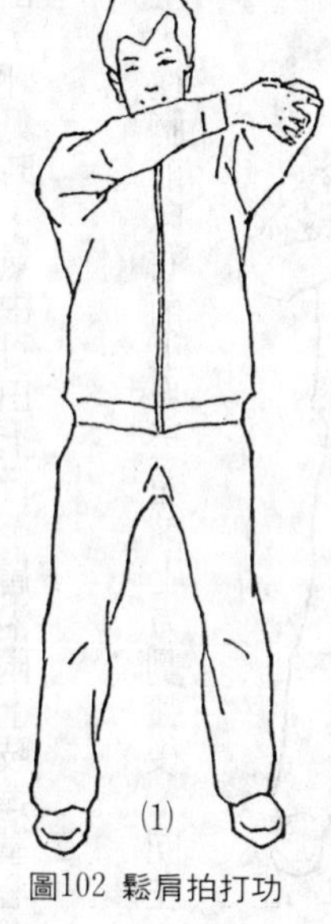
(1)
圖102 鬆肩拍打功

右手向前，左手向後，如上法。如此兩上肢隨腰部轉動，作自然地前後交替地擺動。自然呼吸，意想肩部完全放鬆，活動度逐漸增大。做三十六次或八十一次（圖102(2)）。

(2)

圖102 鬆肩拍打功

㈡輔助功法：可加練內養功（見第二章「胃痛」）。

【注意事項】

㈠每天練功二～四次，每次練功三十～九十分鐘；基本功法與輔助功法可分早晚交替進行鍛練，或只練基本功法。

㈡平時應加強肩關節內收、外展、前屈、後伸、高舉等各個方向活動的功能鍛練，但不宜早作肩關節的旋轉活動。

㈢急性發作期，疼痛嚴重患者，可適當配合鎮痛、消炎等藥物治療，或中藥的外敷、薰洗。

㈣注意保暖與休息，尤其是對患肩的保暖，切勿露臥當風，或天熱久吹電風扇，以防止復感風寒而使症狀加重。

岔氣

岔氣又稱「閃氣」、「胸脇迸傷」，俗稱「內傷」。它是由於外傷，如舉重、挑抬、搬重物時用力過猛，或被搗傷、扛傷等所造成的脇肋部經絡受損、氣血壅滯、不得消散而發生的，而以胸脇疼痛、脹滿、呼吸不暢等爲主症的一種臨床常見病。

西醫稱本病爲「胸壁挫傷」，係指胸部在受到外傷以後，無骨折及其他併發症如氣胸、血胸等，而只是單純軟組織損傷。

【辨證】

胸脇疼痛，胸悶不舒，咳嗽、呼吸或噴嚏時痛甚，並牽扯背部作痛，疼痛範圍較廣，而無定處，背部有壓痛點，少數在肋間隙有壓痛，胸廓擠壓試驗陰性。

【功法】

㈠基本功法：

①摩胸噓氣功（見第二章「咳嗽」）。

②舒筋導引功。功法見本章「頸肩背痛」。只是在練功過程中，將意念改爲：意想背部壓痛點，盡量地放鬆，或意想胸脇部完全舒展，氣機通暢。或意想病邪由胸部痛處沿兩上肢內

側達兩手掌，從勞宮穴排出。

(二)輔助功法：可加練「疏肝按摩功」（見第四章「臟躁」）。

【注意事項】

(一)每天練功一～三次，每次練功三十～六十分鐘。在練功過程中，呼吸、手法與意念活動要密切配合，協調一致，才可取得比較滿意的效果。

(二)基本功法與輔助功法可交替進行練習，亦可選擇基本功法中「舒筋導引功」重點進行鍛練。

(三)「肋間神經痛」、「肋軟骨炎」等症，亦可選用本症的功法進行鍛練。

(四)忌食辛辣、生冷之品，禁煙、酒等刺激性之物。

外傷腰痛

外傷腰痛係指腰部遭受外力的作用以後所造成的腰痛或腰腿痛、腰部功能障礙等一系列症狀的臨床常見病，其包括：腰椎骨折、脫位，腰部急性扭挫傷，腰椎間盤突出症，骶髂關節錯縫，腰部勞損等，本節主要論述的是因腰部勞損所引起的腰痛或腰腿痛。

腰部勞損在中醫學中分屬痺症、風濕腰痛與腎虛腰痛和損腰等病症，其主要的病因病機是：跌撲損傷、勞累過度，或風寒侵襲，客於經脈，或久居濕地，寒濕凝聚，以致肝腎虧損、氣血阻滯、經絡不通，發爲腰痛。

西醫認爲腰勞損是指腰部肌肉、筋膜、韌帶等軟組織的慢性損傷，表現爲脊柱一側或兩側的彌漫性疼痛，其發病的病因較多、也較複雜，一般認爲，主要是長期在不正確的姿勢下用力，或腰部長時間用力過度，或反覆外傷且又失治或治不徹底，使腰部筋膜及其附近組織產生慢性炎症，或組織變性，以致筋膜和鄰近組織產生粘連，而引起腰痛或腰腿痛。

【辨證】

㈠腰痛：腰部廣泛性痠脹作痛，尤以兩腎俞穴處爲明顯，腰部僵硬或板硬，活動不便，腰肌有不同程度萎縮，腰痛在受涼、勞累，或天氣變化時加重，得暖與休息後可使痠痛明顯緩解。X光檢查腰椎有不同程度的退行性改變。

㈡腰腿痛：腰臀部痠痛，或腰腿痛，疼痛可放射到患側下肢的大腿後側，或後外側，或前外側止達於膕窩部，少數患者可達於小腿中上段。在腰骶關節、或腰骶角以及臀上部偏外側等部位有明顯壓痛點，但無放射痛，腰部與患側下肢肌肉有不同程度的萎縮，腰部活動受限，功能障礙。直腿高抬試驗陰性或弱陽性，屈頸試驗陰性。X光檢查腰椎有不同程度的退行性改變。

【功法】

㈠基本功法：

①站樁功：

⑴站式，兩脚分開與肩同寬，虛頂領勁，下頷內收，頭如懸鐘，兩眼似閉非閉，舌抵上腭，沈肩垂肘，含胸拔背，鬆髖塌腰，收腹挺臀，提肛閉谷，兩膝放鬆，五趾抓地，脚尖內扣。

⑵接上式，深呼氣三口，叩齒三十六次，拌津三嚥。吸氣，兩手從身體兩側緩緩提起，掌心向上，如捧氣狀，至頭頂前，變掌心向下，照於百會；呼氣，兩手由頭頂前緩緩下按至下丹田，再吸氣，如此反覆三次。用腹式呼吸或逆腹式呼吸，吸氣時意想氣由鼻慢慢送入下丹田，呼氣時餘氣沈入丹田之中，濁氣隨呼氣而排出。

⑶接上勢，作上勢最後一次下按時，兩膝隨兩手下按而微屈或屈曲至一百五十度左右，兩手置於下丹田前兩側，掌心向內，兩勞宮穴與下丹田這三點，形成一個等邊三角形狀，呈抱球狀。意守命門穴。練三十分鐘或更長後收功。

②壯腰導引功：

⑴接站樁功收功後，兩手握拳，以拇指指間關節突起部按揉兩腎俞穴、腰陽關穴、八髎

穴，各二分鐘，用自然呼吸，意守被按揉的穴位。

(2)接上勢，兩手虎口張開，拇指在前，餘四指在後按住腰部，以兩內勞宮穴對準兩腎兪穴，先作腰部前屈、後伸、左側屈、右側屈運動（活動的幅度要盡量大些）九次，或十八次，或三十六次；再作順、逆時針方向的腰部旋轉運動（幅度亦盡量要求大些），各九次，或各十八次，或各三十六次。自然呼吸，意守腰陽關穴（圖103）。

圖103 壯腰導氣功

(3)接上勢，兩手搓熱，擦腰部兩側及腰骶部，以得熱爲度，最後按振兩腎兪穴。自然呼吸，意守腎兪穴。

㈡輔助功法：

①腰痛者，宜加練導氣吹字功（見第四章「月經不調」）。

②腰腿痛者，宜加練周天調氣功，功法見第四章「月經不調」。不過，在練功過程中，當感到下丹田部位的氣流感很明顯、丹田氣機充盈時，可用意念導引氣流下行，經會陰，過尾閭，達命門，意守命門，待命門氣充盈發熱時，可引熱氣循膀胱經向患側下肢沖射，直達足趾部。

【注意事項】

㈠每天練功二～四次，每次練功六十～一百二十分鐘。

㈡基本功法與輔助功法可單獨鍛練，亦可交替進行鍛練，亦可只練站樁功，應根據各自的情況選定。

㈢臥硬板床休息，注意保暖，防止受涼，平時應加強腰背肌的鍛練，防止過勞，節制房事，忌食生冷與涼性食品。

㈣治癒後，仍應堅持練功，以鞏固療效，防止復發，同時還能強身健體，延年益壽，預防疾病。

㈤強直性脊柱炎、肥大性脊柱炎等引起的腰脊疼痛，可按本病功法治療。

【病例】

楊某，女，三十二歲，工人，一九八六年十月六日初診。

主訴：腰臀部疼痛月餘，曾有外傷史，未經治療。三年前因產後受涼而致腰痛，後經服藥好轉，日久自癒。近一月來感腰痛連及兩臀部，並日漸加重，自貼膏藥無效來診。

體檢：脊柱無異常，腰椎生理弧度改變，兩腎兪壓痛，腰骶關節部壓痛明顯，兩臀上皮神經壓痛點深壓痛，伸腰試驗陽性，「A」字試驗陰性，直腿高抬試驗陰性，抗「O」正常。

X光檢查：腰椎生理弧度減弱，輕度骶化。

診斷：外傷腰痛。

功法：囑練站樁功與壯腰導引功，每天二次。

練功經過：練功一月後，自覺腰部有力，疼痛好轉，腰部活動較前自如。囑繼續練功，如果條件可能，每天再增加一次練功，練功三月後，疼痛時有發生，其他一切正常。繼續練功，半年後，症狀完全消失，腰部原來怕冷的感覺亦隨之消失，並能負重，同時，近一年來月經不調和經來腹痛，也因練功而自癒。囑堅持練功，切莫中斷。一年後追蹤，一切正常，自覺較練功前，體質大大增強。

腰椎間盤突出症

腰椎間盤突出症又稱腰椎間盤纖維環破裂症，簡稱腰突症。多發於二十～四十歲的青壯年，且男性多於女性，爲臨床常見的引起腰痛或腰腿痛的病症之一，發病後，嚴重影響工作與生活，若不及時治療，可遷延日久不癒，造成腰腿部肌肉萎縮、功能障礙等。

本病產生的原因是椎間盤的退變或發育缺陷，加之外力的作用如突然扭轉，彎腰搬重物用力過猛，或反覆多次地扭傷腰部，或受涼等等，造成椎間盤的纖維環破裂，髓核由破裂口突出，刺激和壓迫神經根而產生一系列的臨床症狀。

在中醫學中，從本病的病因病理、臨床表現等方面來分析，大體分屬損腰、腎虛腰痛與痺症等病症。主要病因乃是肝腎不足，風寒濕邪侵襲，寒濕凝滯經脈，或跌撲打擊，血脈受損，氣滯血瘀而致。

【辨證】

下腰痛，疼痛放射至下肢達足趾部，咳嗽，或大便時、或大聲說話均可使疼痛加重，腰椎旁側有明顯壓痛點，並向大腿後側、小腿後外側、足趾部放射，壓痛點多在腰四、五或腰五、骶一椎旁，腰部僵硬，有側凸畸形，功能障礙，行走、坐、立均可使腰痛加劇。日久，可見患側下肢股四頭肌萎縮，屈頸試驗陽性、直腿高抬試驗小於六十度。X光檢查，一般可見：腰椎側凸，兩側間隙不等，生理弧度改變，椎間隙變窄（前窄後寬）。脊髓造影或硬膜外造影，或CT掃描檢查，有助於確診、定位。

【功法】

㈠基本功法：

①貫氣功：先練強壯功三十分鐘（見第四章「閉經」）後，兩手由身體兩側上提過頂，兩手心向下，照於百會穴，當百會穴周圍有雲霧感時，兩手由身前緩緩下按，同時將氣沿前、

中、後三條線路下貫至足心湧泉穴，再進一步引氣入地三尺，兩手自然下垂，置於身體兩側，鬆靜片刻，再按上法重做，如此共做九次或十八次，收功（圖104）。

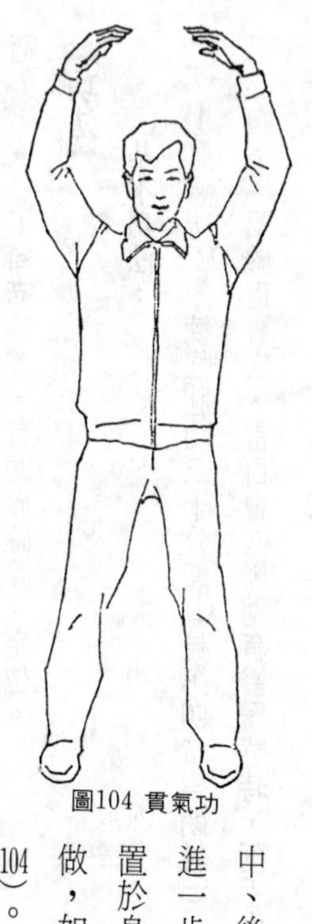
圖104 貫氣功

②壯腰導引功：功法見本章「外傷腰痛」，但應絕對禁止其中腰部旋轉動作。

㈡輔助功法：可加練「靈龜伏氣功」（見本章「頸椎病」），但在練功過程中，應將意念活動改為意守腰部，以腰為軸，呼氣時，腰部緩緩前屈，意想腰部最大限度地放鬆、前屈，將腰椎間隙完全拉開，吸氣時，腰部慢慢伸直，意想腰椎盡量向上拔伸，如此反覆，共做十八次或三十六次。

【注意事項】

㈠每天練功二～四次，每次練功六十～一百二十分鐘。若病情嚴重，疼痛劇烈，初練功時不能採用站式，或坐式者，可改用側臥式，只練強壯功，可暫不練貫氣法，待病情好轉後再改用站式，或坐式；亦可選練內養功、或周天功。待病情好轉後，改練站樁功。

㈡對症狀嚴重、疼痛劇烈者，應及時配合藥物、牽引、推拿、針灸、封閉等其他療法的治療，以盡快改善症狀，緩解疼痛，爭取早日練功。

㈢注意保暖，防止受涼，臥硬板床休息，當症狀減輕後，應及時配合進行腰背肌的鍛練，以提高療效。

㈣忌食生冷，節制房事，禁止作腰部旋轉活動與彎腰下的扭轉活動，以及彎腰用力如掃地，拖地，倒洗澡水等活動。

㈤坐臀風（坐骨神經痛）等引起的腰腿痛，下肢放射疼痛可按本病功法治療。

外傷性截癱

外傷性截癱係指脊柱在突然受到外力打擊或撞擊時，造成脊髓某一節段的損傷而產生肢體癱瘓，大小便失禁，不能站立、走動，甚則臥床不起，生活不能自理，嚴重者可危及患者生命。臨床上，根據脊髓損傷的不同節段，把截癱分爲高位截癱和低位截癱。高位截癱係指頸椎一至胸椎二脊髓損傷而引起的四肢痙攣性或弛緩性癱瘓，大小便功能障礙；而低位截癱則是指胸椎三至骶椎五脊髓損傷而引起的兩下肢痙攣性或弛緩性癱瘓，大小便失禁。另外，臨床上根據脊髓受傷的程度，又分爲脊髓休克、脊髓壓迫和脊髓斷裂，其中脊髓休克一般在一～三週後若不治療也可自行恢復，脊髓壓迫一般在解除壓迫後，可部分或完全恢復，而脊髓斷裂則一般不可能恢復。

中醫學稱本病爲體惰，其病因病機主要爲督脈受震，氣血逆亂，陰陽失調，或督脈損傷，經絡不通，氣血阻滯，進而臟腑、經絡、陰陽失調所致。

本節主要論述的是低位截癱中脊髓壓迫在解除壓迫後，而對高位截癱和低位截癱因脊髓斷裂所引起者，可參照本節所述，酌情選練有關功法。

【辨證】

㈠痙攣型：兩下肢癱瘓，大小便失禁，肌痙攣收縮，肌張力增高，肌肉萎縮，腱反射亢進。

㈡弛緩型：兩下肢癱瘓，大小便失禁，肌鬆軟弛緩，肌張力降低，肌肉萎縮，腱反射減弱或消失。

【功法】

㈠基本功法：

①小周天功（見第四章「月經不調」）。

②健腎拍打功：

⑴坐式，兩手握拳，以拇指指間關節突起部，按揉腎俞、八髎、腰陽關穴，各二分鐘；

再將兩手搓熱後，擦腰部及腰骶部（可令別人幫助擦脊柱），以被擦部位得熱深透為度。自然呼吸，意守被操作的穴位和部位。

(2)接上勢，兩手虛握拳，以拳背分別交替叩擊腰脊部、腰骶部和臀部，各八十一次；然後由拳變掌，分別交替拍打腰骶部和腰部，各八十一次；自然呼吸，意守被叩打的部位（圖105(1)）。

(3)接上勢，用兩手掌根，或小魚際側同時自上而下，依次叩擊兩下肢的前、後、內、外側，各九遍，或十八遍。自然呼吸，意守被叩打的部位，使之盡量放鬆（圖105(2)）。

(4)接上勢，兩手搓熱，先推抹腰部兩側及腰骶部和臀部，各九次，或十八次；然後再分別推抹兩下肢的前、後、內、外側，各九次，或十八次。自然呼吸，意守被操作的部位（圖105(3)）。

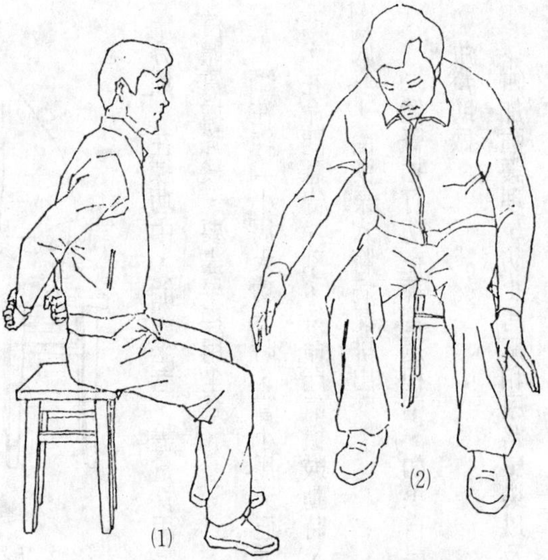

(1)
(2)
圖105 健腎拍打功

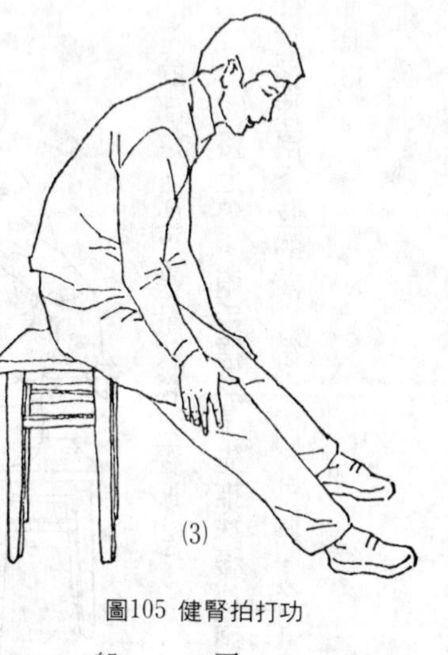

圖105 健腎拍打功

㈡輔助功法：

①痙攣型者，宜加練三線放鬆功（見本章「腦震傷後遺症」）。

②弛緩型者，宜加練貫氣功（見本章「腰椎間盤突出症」）。

【注意事項】

㈠每天練功二～四次，每次練功六十～一百二十分鐘，在練功中，能夠坐者，盡量採用靠坐式或端坐式，如不能坐者，則可先採用臥式，待體質增強後，要盡早採用坐式。

㈡在練「小周天功」時，當小周天已通，丹田氣機充盈、鼓動時，可以意導引氣流至命門，在命門意守片刻，待命門氣機鼓動時，可用意念導引氣機循膀胱經向兩下肢沖射，直抵脚底心，由湧泉穴將病氣排出。

㈢健腎拍打功在練習過程中，如果自己不能做完全，或自己不能做的動作，可請親屬或醫生幫助做。

㈣加強護理，防止褥瘡和尿路感染以及感冒，增加營養，加強上肢和上身的活動與深呼吸運動。

㈤經一段時期練功後，如能夠站立時，可採用站式，或改練「站樁功」，並將「健腎拍打功」與「壯腰按摩功」結合起來，進行鍛練，則效果更好。

㈥對因脊柱結核所造成的截癱，可參照本節所述，酌情選練本節所介紹的功法，並結合練內養功。

膝部勞損

膝部勞損係指膝關節在長期的活動中，因負荷過重而致慢性損傷，逐漸發展而成，或膝關節在外傷後因未及時治療，或治療不徹底而造成的膝部軟組織勞損所致的膝關節痠痛或痠脹作痛、功能障礙等，甚至影響正常的工作和生活。本病多見於青壯年人，且男性多於女性，尤其是運動員和演員的多發病。

膝關節在人體四肢關節中，是最大的一個屈戍關節，亦爲負重最大的關節之一，其關節面淺而廣，關節結構複雜，關節的穩定主要靠關節內、外許多強大的肌肉、韌帶、肌腱和關節囊來維持，故歷來就有「膝爲筋之府」之說。由於膝關節負重較大，活動頻繁，故膝關節的損傷機會多，傷後易被風寒濕邪侵襲產生勞損。膝部勞損包括肌腱、軟骨、半月板、韌帶、滑囊等的勞損，本節主要論述髕下脂肪墊勞損、慢性損傷性滑膜炎和髕骨軟骨軟化症等。

【辨證】

㈠髕下脂肪墊勞損：膝部痠痛或疼痛，或痠痛乏力，當膝關節伸直時疼痛加重，勞累與受涼後疼痛加重，髕韌帶兩側有輕度腫脹，壓痛明顯，關節活動功能輕度受限。

㈡慢性損傷性滑膜炎：膝關節疼痛、乏力、腫脹，關節腫脹日久不消，壓痛明顯，勞累或過多活動後加重，休息後減輕，有些患者可有股四頭肌輕度萎縮，滑膜局部觸診時有增厚感，且可觸到摩擦音，膝關節在極度伸直或屈曲時疼痛加重。浮髕試驗弱陽性。

㈢髕骨軟骨軟化症：膝關節隱痛或痠痛、乏力，繼之髕後疼痛，勞累時加重，休息後減輕，日久，可見股四頭肌萎縮，膝關節屈伸功能障礙，尤以屈曲、極度伸直和膝關節在半屈半伸位用力時疼痛劇烈。挺髕試驗與髕研磨試驗均為陽性，X光檢查可見髕骨邊緣骨質增生，髕骨關節面粗糙不平，髕膝關節間隙變窄等改變。

【功法】

㈠基本功法：

①站樁功（見本章「外傷腰痛」㈠）。

②舒膝導引功：

(1)站式，兩脚立正，兩膝併攏，髖、膝關節微屈，兩手掌心按於兩髕骨上緣，作兩膝關節的屈伸活動，二十一次或四十二次。自然呼吸，意守膝部，意想盡量使膝部放鬆（圖106(1)）。

(2)接上勢，兩膝同時作順、逆時針方向的迴旋轉動，各二十一次，或四十二次。呼吸與意念同上勢（圖106(2)）。

(3)接上勢，兩脚分開，略比肩寬（約一肩半寬），兩手向身體兩側伸直與肩平，掌心向下，

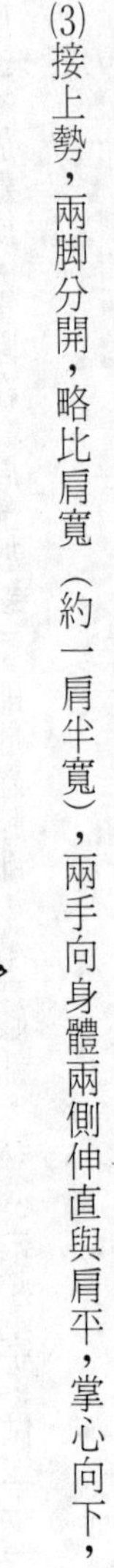

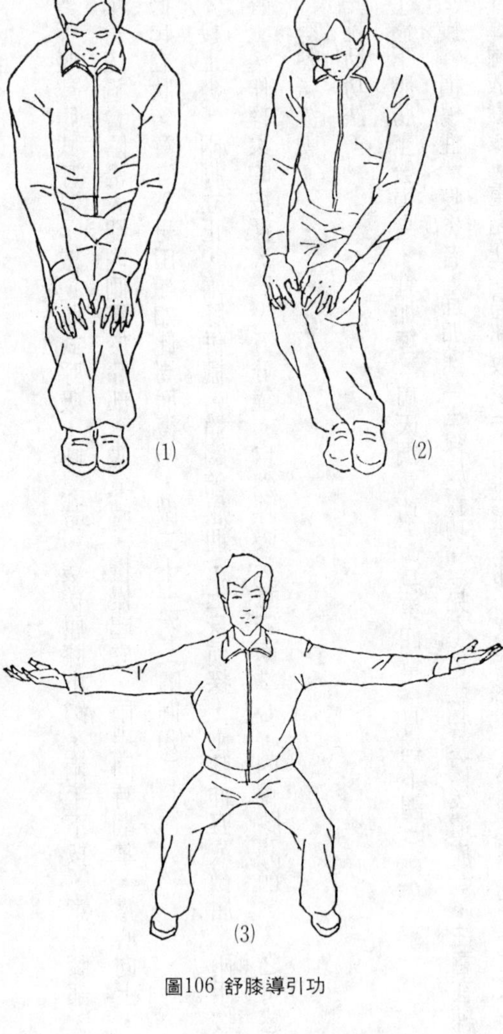

圖106 舒膝導引功

用自然呼吸或腹式呼吸，或逆腹式呼吸，呼氣時，緩緩屈膝下蹲，兩手下按，意守膝部，使氣由下丹田過會陰沿大腿內側貫於膝部；吸氣時，慢慢起立，兩手同時翻掌，掌心向上，如托重物起立狀，意守下丹田。如此周而復始，做二十一次（圖106(3)）。

(4)接上勢，兩脚立正，兩膝併攏，髕關節屈曲，上身前探，兩膝伸直或微屈，兩手按於兩髕骨上，作輕柔的按揉，三～五分鐘。自然呼吸，意守兩掌心，內視膝關節，久之可感膝關節內有熱氣流動。

㈡輔助功法：

①髕下脂肪墊勞損者，宜加練「周天調氣功」（見第四章「月經不調」）。

②慢性損傷性滑膜炎者，宜加練「三線放鬆功」（見本章「腦震傷後遺症」），注意在練功中，作三線放鬆後，重點在「局部放鬆」，即放鬆膝部，意守膝部，默念「鬆」字，做二十一次。

③髕骨軟骨軟化症，宜加練貫氣功（見本章「腰椎間盤突出症」）。

【注意事項】

㈠每天練功一～三次，每次練功六十分鐘左右。基本功法與輔助功法可交替進行練習，或選擇某一功法先練，日後再增加一種功法同時練。

㈡體質虛弱的患者，可先選練「內養功」，待體質增強後，再增加練習「舒膝導引功」與輔助功法，不必改練「站樁功」。

㈢注意保暖，避免受涼與勞累，加強股四頭肌的鍛練，忌食生冷與寒涼性食物，平時可配戴護膝以加強對膝關節的保護。

㈣治癒後，仍應堅持練功，並可配合練「太極拳」。

足跟痛

足跟痛是指足跟部局限性疼痛，多見於中老年患者，尤其是肥胖婦女，爲臨床的常見病與多發病，嚴重者可影響人們的正常活動，尤其是行走。

本病的病因病機主要是由於肝腎虧損，筋骨不堅，加之風寒濕邪侵襲而致，亦有因勞累過度，傷及足部筋骨所造成。

西醫認爲，本病主要是跟部皮下脂肪纖維墊挫傷而引起部分萎縮，或蹠筋膜勞損，產生局部滲出性炎症，或因跟骨骨刺，且骨刺的方向與足跟著力點成斜角時，或跟骨結節滑囊炎等原因所造成。

【辨證】

足跟部疼痛，尤以晨起或久坐後下地站立與行走時爲甚，活動後疼痛可減輕，久行久立痛劇，得暖痛減，受涼可使疼痛加重，足底脹痛，在足跟部有明顯壓痛點。X光檢查可見跟骨骨質疏鬆，足跟後部及底部軟組織陰影增厚，亦可見跟骨基底結節部骨贅形成。

【功法】

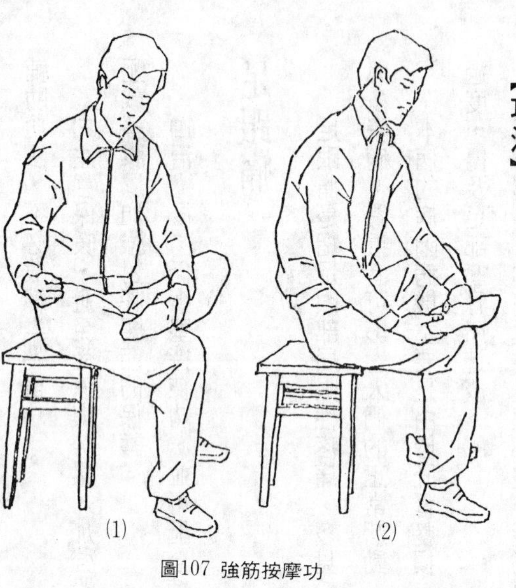

(1)　(2)

圖107 強筋按摩功

㈠基本功法：

①內養功（見第二章「胃痛」）。

②強筋按摩功：

(1)坐式，患足抬起，置於健側下肢膝上，一手握住足踝部前側，另一手拇指按揉承山穴與三陰交穴，各一分鐘，拿捏跟腱部二分鐘，按揉跟部壓痛點一～三分鐘，自然呼吸，意念集中於被操作的部位或穴位。

(2)接上勢，先用掌根或握拳後，以食指第一指間關節突起部，叩擊足跟部壓痛點（圖107(1)）三～五次，然後再用拇指面或掌根或小魚際，按揉足跟部及足底部（圖107⑵），各三～五分鐘或更長。自然呼吸，意念在跟部與足底部。

⑶接上勢，用小魚際擦足底及湧泉穴，以足底透熱為度。自然呼吸，意念在湧泉穴或足底壓痛點。

㈡輔助功法：可加練「周天調氣功」（見第四章「月經不調」）。

【注意事項】

㈠每天練功一～三次，每次練功三十～六十分鐘。

㈡注意保暖，適當休息，避免冷刺激或久行、久立與過度勞累。

㈢平時宜穿軟底鞋，亦可適當配合熱敷，或中藥薰洗、外敷。

第六章 五官科病症防治

鼻塞

鼻塞，又稱鼻窒。《劉完素六書》說：「鼻窒，窒塞也。」又說：「但側臥上竅通利，而下竅閉塞。」

本病多由肺氣虛弱，氣化功能不健，復受寒邪侵襲，肺失清肅，以致邪滯鼻竅，或脾氣虛弱，運化不健，失去升清降濁之職，濕濁滯留鼻竅，壅阻脈絡，氣血運行不暢而致。

西醫學中過敏性鼻炎，上感等引起的鼻塞，均屬本病範疇。

【辨證】 鼻粘膜及鼻甲腫脹色淡或潮紅，交替性鼻塞，或鼻塞時重時輕，流稀涕，遇寒時症狀加重，頭部微脹不適。

【功法】

㈠基本功法：

①理氣通竅功：

⑴預備：坐位或站位。鬆靜自然，調勻呼吸，排除鼻涕。

⑵洗鼻：用兩手大拇指背相互搓熱。然後輕輕上下摩擦鼻之兩側。吸氣時搓摩五次，呼氣時搓摩五次，共六息。

⑶揉鼻端：以右手中指端按鼻頭部，一吸氣左轉五次，一呼氣右轉五次，共六息。

⑷以兩手中指按揉風池穴三十六次；然後先以左手拇指按揉右手合谷穴三十六次，再以同法按揉左手合谷穴三十六次。

②鼻塞導引法：面向東方而坐，全身放鬆，排除雜念。閉氣不息，至極限時慢慢呼出，做三遍；然後用手捻兩鼻孔三～五分鐘。

㈡輔助功法：

①因於風寒者，宜加練「祛風解表導引功」（見第二章「感冒」）。

②因於風熱者，宜加練「摩胸咽氣功」（見第二章「咳嗽」）。

【注意事項】

㈠每日練功二～三次。積極鍛練，增強機體抵抗力。

(二)遇寒冷，或在粉塵較多的環境中，應戴口罩。

(三)對鄰近組織炎症，或急性炎症，應採取積極的治療措施，以防止向慢性轉化。

近視

近視眼以視遠物模糊不清，視近物仍正常為特徵。古稱「能近怯遠症」。也有部分學齡兒童，由於短期用眼過度加之姿勢不佳，引起調節痙攣，稱為假性近視，若不及時治療，亦可發展為眞近視。

近視眼的發生，多在青少年時期，除部分有遺傳因素外，大部分與看書光線不足、坐位姿勢不正確、用眼習慣不良、課程負擔過重等有密切關係。其眼球改變，主要是前後軸變長。由於眼球屈光不正，其平行光線結成的聚光點落在視網膜之前，故在視網膜上所形成的影像不清晰。

實踐證明，氣功治療近視有很好的效果，賓銀芬一九八四年報導，氣功治療一百七十四例，眼視力提高者占78.16%。袁識先一九八五年報導，氣功治療近視十三例，二十六隻眼視力比治療前平均提高零點二六。

【辨證】

輕度近視，雖然看遠處的物體模糊不清，但看近處的物體却毫無影響。中度近視，看遠物模糊的程度加重，患者常喜眯眼視物。高度近視者，遠視力更加模糊，書寫或做其他近距離工作時，眼球與目標的距離越來越短，工作久後將會出現近視力減退及眼痛、眼脹、頭痛等視力疲勞症狀。

【功法】

㈠基本功法：疏肝明目功。

①預備：鬆靜站立，兩脚與肩同寬，兩手自然下垂，頭如頂物，含胸拔背，腰膝放鬆，兩目平視，呼吸自然。

②調視力：首先兩目平視，由近看至無限遠，並左右旋視各四次。自然呼吸。

③轉頸運目：兩目遠視，轉頸，目光隨之轉左、右各四次。向後轉時吸氣，向前轉時呼氣。

④闊胸鬆背：兩手屈肘至胸前，掌心向胸，兩肘後拉，伸展闊胸，同時吸氣(圖108)；然後鬆背，同時呼氣，共八次。

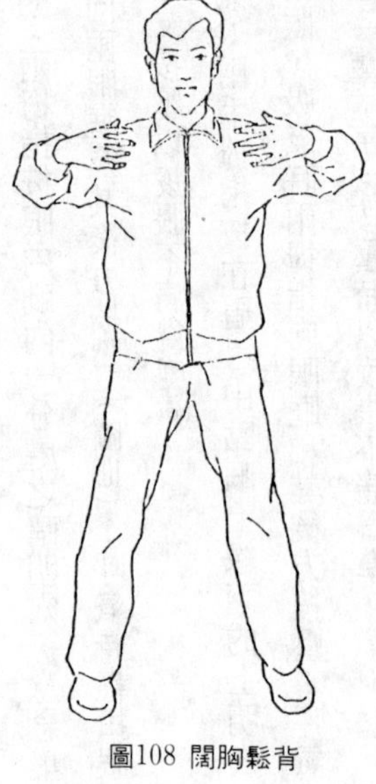

圖108 闊胸鬆背

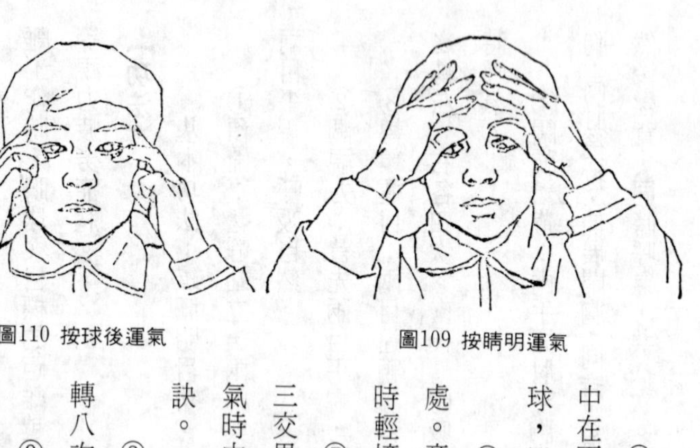

圖109 按睛明運氣

圖110 按球後運氣

⑤按睛明運氣：兩拇指按眼內眦內一分處之睛明穴，意念集中在兩眼，吸氣時向兩眼眶及其後方按壓（圖109）；呼氣時輕擠眼球，口念「噓」字。按壓以痠脹不痛爲度。

⑥按上明運氣：兩手拇指按在眉弓中點眶上緣下的上明穴處。意念集中在兩眼，吸氣時兩拇指向眼眶和其後方按壓；呼氣時輕擠眼球，口念「噓」字。按壓時以痠脹不痛爲準。

⑦按球後運氣：以兩中指按眼眶下緣外四分之一與內四分之三交界處的球後穴，食指輕按眉梢後陷處之絲竹空穴（圖110）。吸氣時中指向眼眶及其後方按壓；呼氣時輕擠眼球，口念「噓」字訣。

⑧浴目：以兩手四指指腹輕輕在兩目上旋摩，內轉八次，外轉八次，自然呼吸。

⑨浴面：以兩手掌面，在面部輕輕轉摩，向前旋八次，向後轉八次，呼吸自然。

⑩調氣：兩眼輕閉，屈肘於胸前，掌心向上，慢慢上提轉腕，

掌心對準兩眼（圖111）。吸氣意存兩目，兩手上抬至離眼約一拳處，再呼氣，意存兩掌，下降至上腹部，共八次。然後將兩手放於兩側，還原至預備勢收功。

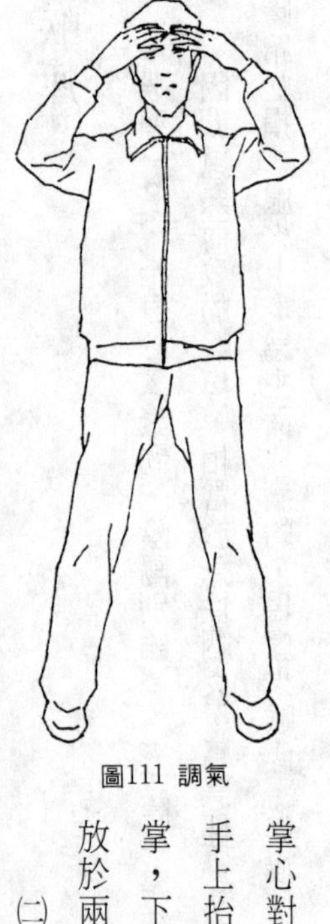
圖111 調氣

㈡輔助功法：眼保健按摩功。

①揉攢竹：以兩手拇指羅紋面分別按於左右眉內側的凹陷處即攢竹穴，輕輕按揉，以痠脹爲度，按揉一～二分鐘。

②按睛明：以左或右手的拇、食二指螺紋面，按在目內眦內上方一分陷凹中，先向下按，然後向上擠，一擠一按，反覆進行，痠脹爲宜，按一～二分鐘。

③按眶下：以兩拇指指峰（螺紋面朝上）分別向後上方點按兩眼球正上方，目眶下緣，拇指甲輕壓眼球，以輕度痠脹爲度，點按十～十五秒。

④按眶上：以兩手食指指峰（螺紋面朝下）分別向前下方點按兩眼球正下方，目眶上緣，中指甲輕壓眼球，以輕度痠脹爲宜，點按十～十五秒。

⑤按揉四白：以兩手食指螺紋面，分別按在目下一寸凹陷處，即四白穴，持續按揉一～二分鐘，以痠脹爲度。

⑥刮眼眶：將兩手食指屈曲成弓狀。以第二指節的橈側面緊貼眼眶，自內向外，先上後下刮眼眶（圖112），反覆刮二～三分鐘，用力以痠脹爲度。

⑦運太陽：以拇指螺紋面，緊貼眉梢與目銳眦後一寸凹陷處的太陽穴，向耳方向按揉三十～五十次，用力以痠脹爲度。

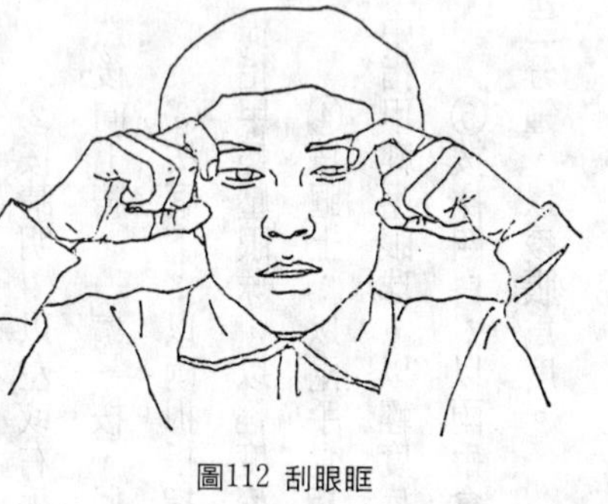

圖112 刮眼眶

【注意事項】

㈠每日練功二～三次。

㈡讀書、寫字時應保持正確的姿勢，光線應充足。治療期間應盡量不看或少看電視。

㈢加強身體鍛練，練功應持之以恒。

喉痺

喉痺一名，始見於《素問・陰陽別論》：「一陰一陽結謂之喉痺」。痺者，閉塞不通也。因於風熱而致的喉痺，相當於急性咽炎，屬急性實熱症，又有風熱喉、紅喉之稱。因於臟腑虧損、虛火上炎爲主而致病的，爲虛火喉痺，與慢性咽炎相類似。

【辨證】

㈠風熱喉痺：初起咽部微紅，微腫，微痛，乾燥灼熱感，吞嚥感覺不利，苔薄白，脈浮數等。

㈡虛火喉痺：病情較緩，自覺咽中不適，微痛，乾癢，灼熱感、異物感，常有「吭」「喀」聲，舌紅、少苔，脈多細數。

【功法】

㈠基本功法：潤喉通痺功。靜坐，兩手輕放於兩大腿上，兩目微閉，舌抵上腭。神意內斂，自然呼吸，意守咽部，口中蓄津，待津液滿口，緩緩下嚥。如此十五～二十分鐘。然後緩睜兩目，以左或右手拇指與其餘四指輕輕按揉喉部，自然呼吸，意守手下，津液滿口後，緩緩下嚥，如此按揉五～七分鐘。

㈡輔助功法：

①風熱喉痺者，宜加練「摩胸呬氣功」（見第二章「咳嗽」）。並加按揉風池、曲池、合谷等穴，意守咽部。

②虛火喉痺者，宜加練「服黑氣功」（見第二章「水腫」）。並加揉湧泉，坐位或平臥位，意守湧泉穴三～五分鐘。

【注意事項】

㈠每日練功二～三次。

㈡少食辛辣刺激之物，盡量少講話，多飲水，口中有津液應吞嚥勿吐。

㈢可取雙花三克、甘草二克、澎大海二枚，泡水代茶飲。

失聲

失聲又稱慢喉音、喉痺失音等，屬現代醫學的「聲門閉合不全」、「發聲無力症」、「喉肌無力症」。多見於聲樂和戲劇演員以及職業用嗓者。

本病可因演唱方法不當或用聲過度、過度用嗓、喉神經功能不全等原因所引起。

【辨證】

病情較輕者，發高音費力，發聲不持久，聲音變暗，同時伴有咽喉部乾燥及異物感；較重者，可見發音不揚，出現破音，甚至聲音嘶啞，伴有喉痛、痰粘感。

【功法】

益金潤喉功：靜坐，兩手放於胸前，掌心向下，五指相對，全身放鬆，兩目微閉，意守丹田。吸氣，兩手緩緩下降，意念隨吸入之氣從鼻到喉經肺下入丹田；呼氣，兩手反掌朝上，緩緩上提至胸前。如此做八十一息。開始練時吸一呼一，漸漸可改爲吸二呼一。

收功時，兩目緩緩睜開，兩掌相擦，放鬆身體，然後以拇指端輕輕按揉喉結上方廉泉穴三~五分鐘，以中指端按揉啞門穴二~三分鐘，分別以兩手拇指指腹輕輕按揉左右胸鎖乳突肌各二~三分鐘，在按揉各部位或穴位過程中，輕輕叩齒，蓄積津液，待津液滿口時，分三次緩緩呑嚥。

【注意事項】

㈠每日練功二~三次。

㈡練功期間盡量少講話，聲音保持較低。

㈢取澎大海二~三枚，以開水沖泡，代茶飲，每日二次。

耳鳴．耳聾

耳鳴又稱「聊秋」，是指病人自覺耳內鳴響，妨礙聽覺，如《外科證治全書》說：「耳鳴者，耳中有聲，或若蟬鳴，或若鐘鳴，或若火熇熇然，或若流水聲，或若簸米聲，或睡著如打戰鼓，如風入耳。」

耳聾是指不同程度的聽力減退。輕者耳失聰敏，聽而不眞，稱爲重聽；重者全然不聞外聲，則爲全聾。如《雜病源流犀燭》說：「耳聾者，音聲閉隔，競一無所聞也，亦有不至無聞，但聞之不眞者，名爲重聽。」

耳鳴、耳聾的病因多爲肝火上擾淸竅或痰火阻滯氣道或腎元虧損，耳竅失養，或脾胃虛弱，氣血生化無源，經脈空虛，不能上奉於耳而發病。

【辨證】

㈠肝火上擾：耳鳴如聞潮水聲，或如風雷聲，耳聾時輕時重，每於鬱怒之後，耳鳴耳聾突發加重，兼見耳脹耳痛、溲赤便秘、舌紅、苔黃、脈數有力等症。

㈡痰火鬱結：兩耳蟬鳴不斷，或「胡胡」響，有時閉塞如聾，聽音不淸，頭昏頭重，胸悶脘滿，咳嗽痰涎較多，口苦，二便不暢，舌紅，苔黃膩，脈弦滑。

㈢腎精虧損：耳內常聞蟬鳴之聲，由微漸重，夜間較甚，以致虛煩失眠，聽力漸差，兼見頭暈目暗，腰膝痠軟，遺精，食慾不振，舌質紅而少苔，脈細弱或細數。

㈣脾胃虛弱：耳鳴耳聾，勞而更甚，或在蹲下站起時較甚，耳內有突然空虛或發涼的感覺。倦怠無力，納少，食後腹脹，大便時溏，面色萎黃，唇舌淡紅，苔薄白，脈虛弱。

【功法】

㈠基本功法：

①聽耳功：

⑴預備：坐位或站位。全身放鬆，兩耳反聽，閉口垂簾，自然呼吸，排除雜念。

⑵鳴天鼓：兩手掌按耳（兩內勞宮穴對準兩耳孔），手指放於腦後部，用食指壓中指，再用力滑下，輕輕彈擊腦後部二十四次。自己可聽到「咚咚」的聲音。

⑶按耳導氣：兩手掌緊按兩耳孔，再放開，使耳內鼓氣十次。按壓、放開時不可用力過大、過猛。既要緊按速放，又要輕柔適中。

⑷按摩耳輪：用拇指輕捏耳輪之上部，順耳輪自上而下反覆按摩二十四次。使耳輪有熱感爲好。

②耳聾導引功：

⑴坐位或站位，腰背正直，用兩手按兩耳孔，呼氣後閉氣不息，向前後點頭三～六次，再吸氣、呼氣、閉息，再點頭，共做二十四次。然後再以同法向左右側點頭十二次，待耳熱爲止。

⑵左手從腦後伸過，提捏右耳，右上肢伸直握拳。吸氣時左手向上向左拉右耳，同時右手握拳下壓，呼氣時兩手同時放鬆，做二十四息。然後右手從腦後伸過，提捏右耳，左上肢伸直握拳。呼吸動作同上，做二十四息。

㈡輔助功法：

①肝火上擾者，宜加練「摩胸噓氣功」（見第二章「咳嗽」）。並加擦兩脇五十～一百次，按揉陽陵泉、太沖穴各三～五分鐘。

②痰火鬱結者，宜加練「摩胸呬氣功」（見第二章「咳嗽」）。並加平擦胸部三十～五十次，按揉豐隆、合谷穴各三～五分鐘。

③腎精虧損者，宜加練「滋陰補腎功」（見第二章「眩暈」）。

④脾胃虛弱者，宜加練「健脾益氣功」（見第二章「眩暈」）。

【注意事項】

㈠每日練功二～三次。

㈡自練氣功治療本病需較長時間，故應持之以恒，方能收效。但對鏈黴素等藥物中毒所致之耳聾，療效較差。

第七章　癌症防治

乳腺癌

乳腺癌是婦女常見惡性腫瘤之一，好發於四十～六十歲。其發病率僅次於子宮頸癌，占第二位。類似於中醫學中的「乳岩」、「妳岩」、「乳石癰」等症。初起多表現爲乳房外上方觸及一個或多個腫塊，邊界不淸，質地較堅韌，無明顯疼痛；隨著腫塊增大，可出現乳房脹痛，乳頭內陷、抬高，皮膚呈「橘皮樣」改變，或乳頭有血漿樣液體溢出等。結合X光攝片、活檢、三二磷體外探測及乳頭溢液塗片等呈陽性反應者，則可確診爲乳腺癌。

中醫學認爲形成乳岩的原因多由於素體正氣不足，情志內傷，所願不遂，或沖任不調，氣血運行不暢等導致臟腑功能失調，氣滯血凝，經脈阻塞，乳中瘀毒而發病。

西醫學認爲乳腺癌的發生與卵巢功能失調，雌激素分泌亢進，獨身婦女與婚後未育，或生育後未正常哺乳，遺傳因素，以及乳腺囊性增生，良性腫瘤惡變等因素有關。

【辨證】

㈠肝鬱氣滯：性情急躁或精神抑鬱，乳房腫塊脹痛，兩脇作脹，心煩易怒，口苦咽乾，舌苔薄黃，脈沈弦或弦滑。

㈡沖任失調：乳中結塊脹痛，月經失調，腰痠膝軟，五心煩熱，目澀，口乾，舌質紅、少苔，脈細數無力。

㈢毒熱蘊積：乳中結塊增大，堅硬灼痛，或紅腫，或青紫，邊緣不清，伴有心煩易怒，面紅目赤，便乾溲赤，舌質紫暗，苔黃膩，脈弦數或滑數。

㈣氣血雙虧：多表現爲形體消瘦，頭暈目眩，面色㿠白，心悸氣短，神疲乏力，納差，舌質淡，脈虛細無力。

【功法】

㈠基本功法：新氣功治癌功。

①預備功：

⑴鬆靜站立：兩脚平行分開，與肩同寬，其身中正，兩手自然下垂，心靜神安。雙目輕閉，舌抵上腭，百會朝天，垂肩墜肘，含胸拔背，鬆腰收腹，提肛收臀，輕叩齒三十六次，再用舌和兩腮在口內作鼓漱動作，生津液後分三口嚥下，送入中丹田（臍下一點五寸，下同）。

(2)三個呼吸去：接上式。雙手輕緩地由體側向腹前聚攏，開始時兩手心相對，移至腹前，兩掌心則轉向腹部，兩掌相疊，在下之手（男左女右）的虎口放在肚臍處，使勞宮穴按於丹田（肚臍向下，向裏各一點五寸處）。用鼻吸口呼法，先用鼻吸，後用口呼（爲瀉法，如體虛者亦可用先呼後吸之補法）。呼吸時，要做到輕、緩、長、深地呼吸。呼氣時，注意鬆腰、鬆胯、鬆膝、屈膝微下蹲，下蹲的高低應視體質情況而定；吸氣時不要急於上升，應待吸定後再慢慢地上升還原。共三息，即三個氣呼吸。

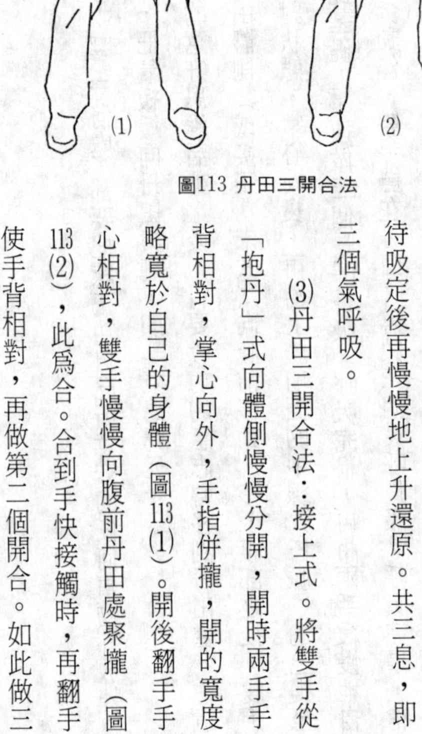

圖113 丹田三開合法

(3)丹田三開合法：接上式。將雙手從「抱丹」式向體側慢慢分開，開時兩手手背相對，掌心向外，手指併攏，開的寬度略寬於自己的身體（圖113(1)）。開後翻手手心相對，雙手慢慢向腹前丹田處聚攏（圖113(2)），此爲合。合到手快接觸時，再翻手使手背相對，再做第二個開合。如此做三次。

②收功：

(1)轉意念法：準備收功時，不論意守何處，都要把練正功自己所意守的任何事物都放掉，把要收功的意念活動轉移到丹田，把氣緩緩向丹田集攏，即「氣息歸元」。

(2)收功法：放掉操練正功時的意守思維活動之後，將要收功的意志轉移到丹田處。在這轉意念歸來的同時，兩手輕輕地由體側（或接正功末式）向腹前移動，移至腹部之後，雙手的手指末梢相距約三公分，成相對狀態，掌心向裏，再沿上體前面的中線（任脈）向上提至膻中穴，進行點按（圖114）。在此基礎上，連做三個長呼長吸。呼吸完畢，再將兩手緩慢地自然下垂到丹田處，做一個丹田開合動作，雙手撫在丹田，再做三個長呼長吸。呼吸完畢，稍穩定一下氣息，將手自然下垂，落於體側，自然站立，然後慢慢將眼睛睜開，收功完畢。

圖114 按點膻中

③中度風呼吸法自然行功：

(1)邁步法：做完預備功後，眼微睜開，即可像散步一樣向前行走。一般先邁

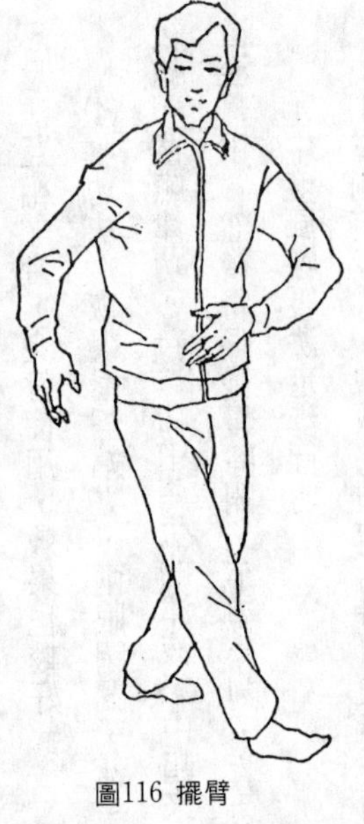

圖115 自然行步　圖116 擺臂

左脚（亦可按男左女右邁脚），邁左脚時，脚跟先輕輕著地，脚尖蹺起，脚掌自然豎起，體重向左脚移動（圖115）。左脚自然放平後，再開始邁右脚，動作相同。如此一步一步向前行。步行時要鬆腰鬆胯，平視前方，排除雜念，舌抵上腭，頭要隨身體動作而輕柔地向兩面轉動。

(2)擺臂法：與左脚著地的同時，右臂擺至中丹田前方，左臂自然擺向側後方。邁右脚時，左臂擺至丹田前方，右臂擺到側後方（圖116）。兩臂如此配合邁步向前行進。

擺臂時要注意，在脚跟著地時，才可開始緩緩擺臂，在脚掌放平時，手心才正對丹田。手與丹田相距約一拳。

行進時要有節律，不拿勁，輕鬆愉快，要做到圓軟遠要求，腋下始終要留有空隙，以促進內氣運行。

(3)呼吸法：自然行功用的調息功法是屬風呼吸法。用鼻吸鼻呼，先吸後呼，吸氣時略帶「風」聲，風聲大小，以自己剛能聽見爲度，不要太大。

自然行動的風呼吸法以兩吸一呼爲一息，即在一脚著地時立即做（吸、吸）兩個連吸動作，另脚邁出著地時做一個呼的動作。兩個吸吸的時間與一個長呼大約相等。

練自然行功時，也可採用「忘息」（即忘掉呼吸，使呼吸自然而然地進行）。風呼吸法與忘息法互相配合，交替使用，效果也較好。

(4)收功法：恢復鬆靜站立，兩眼閉闔，站一會兒。依法做丹田三開合和三個氣呼吸。然後做叩齒嚥津功。將練功中產生的津液集中起來，分三口或九口徐徐下嚥，過喉頭關，胃脘，直至丹田。然後將眼慢慢睜開，平視片刻，收功畢。

④中度風呼吸法定步行功：

(1)左側定步式：當做完預備功丹田三呼吸和丹田三開合的最後一個開合後，兩手放於身體兩側，然後重心移至右脚，左脚放鬆向前邁出一步，脚跟著地，脚尖向前上方蹺起，成斜丁步。腰胯放鬆，重心向左脚轉移，待身體重心落於左脚時，左脚也隨之放平，右手鬆緩地提至丹田前，但手不要貼著身體，手與丹田的位置距離十公分左右爲宜；同時左手輕鬆地擺在左胯之外下方。雙手擺動時，腰、頭、頸、身軀均隨之轉向左側。在這個姿勢基礎上，當左脚跟著地時連做兩個吸、吸。緊接著，身體重心前移，落於左脚上，右脚跟自然提離地面，脚尖點地，身體轉向右側，左手擺在丹田前，右手擺於右胯外，同時做呼的動作。這樣重心前後移動，身體左右旋轉，呼吸與肢體運動相互配合，反覆作九次。收回左脚，鬆靜站立，做一個丹田三開合和一個丹田三呼吸。收功。散散步後再做右側定步式。

(2)右側定步式：同左側定步式，唯方向相反，做九次後收功。

⑤中度風呼吸法一步行功：此功有兩種練法，其預備功均同前述。

(1)跟吸掌呼一步行功：動作和要領，與定步呼吸法基本相同，只一脚邁出，脚跟剛著地(脚尖蹺起)時即進行兩個吸，接著脚掌一著地，即進行一個呼，這樣邁一步要完成二個吸一個呼，即吸——吸——呼。由脚跟一落地吸，脚掌一落地即呼。

每練二十分鐘左右，收功後，休息幾分鐘，這叫一輪。每天早晨一般可練二輪。但此法強度較大，「攻」強於「守」。適於體質較強者，體弱者也可少練。

(2)跟吸掌呼點步行動：做法與一步行功基本相同，只是一脚邁出做兩吸一呼之後，另一脚要上一步(跟進一步)，脚尖點地，靠近前脚內踝處，稍作停頓之意，叫做「平」氣。這時採用「歇息」的自然呼吸方法調整呼吸，吸、吸——呼——平爲調息的一個全過程。接著點地之脚向前邁步，方法同上，動作相反。

此功有助於使體內產生「內氣」。其升降開合，快慢有節，通經絡，快而穩，調氣血，無偏差。是調整人體陰陽的最佳功法之一。

⑥中度風呼吸二步行功：此功動作和要領等，與定步呼吸法基本相同，只是每向前邁二步，在第二步腳跟落地時做一個吸，接著另一腳跟上一步，腳尖點在前腳內踝處時做一個呼。這樣，前進二步配合二吸，然後跟進一步再一呼，其呼吸成爲吸——吸——呼——平的一個過程。

此功強度較緩，但吸氣足，具有「攻守均衡」之特點，適合體質較差的患者進行鍛練。

⑦中度風呼吸三步行功：此功動作和要領等，與定步呼吸法基本相同，只是邁第二步腳跟剛落地時吸一次氣，接著另一腳邁第二步腳跟落地時再吸一口氣，再換腳邁第三步腳跟剛落地時開始呼氣，接著後腳跟進一步，腳尖點地，靠近前腳內踝處，做一個「平」氣（即歇息）。其呼吸爲吸——吸——呼——平。如此反覆進行。

此功「守」強於「攻」，適用於病弱體虛者練。特別體虛者練此功時可閉著眼睛練。

⑧風呼吸快步行功：此功分爲三種，適合於體質較強的早期或中期癌症患者練。體質很弱的晚期癌症患者，必須練其他功法，增強體質後再練此功。

(1)弱度風呼吸法稍快行功：做完預備功後，一腳前邁一步，腳跟剛落地，做二次短吸氣，另一腳前邁一步腳跟落地時做一次短呼氣。這樣一步二吸，另一步一呼，如此前行。行走時配合呼吸的強度不要太大，可以略微弱一點。

(2)中度風呼吸法中快行功：做完預備功後，一腳前邁一步，腳跟落地時做二個吸氣，腳掌落地時做一個呼氣，這樣在一隻腳的過程中，配合一個完整的「二吸一呼」調息導引法。其他動作，均同行功。此功呼吸的強度可稍大些，速度可適當快些。

(3)強度風呼吸法特快行功：做完預備功後，鬆靜站立，凝神靜氣，意寓無我，周身飄然。一腳前邁一步，腳跟落地，即開始吸氣，同時向前平視，不要低頭，放鬆頸項，垂肩鬆胯，行氣時，軀體、頭、頸、手、眼、心、法、步要密切協同動作；這樣一步一吸，一步一呼，兩腳交替起步，反覆邁步前行。此功呼吸的強度可加大，速度可加快，但要認眞掌握火候，不可操之過急。每前進五步、七步或九步時，呼吸的配合可略作歇息，平一平氣，然後改出另一腳前行。如此反覆進行，最後依法收功。

⑨升降開合鬆靜功：升降開合鬆靜功本身是一項具有很好功效的正式功目，也可以作爲具有中度內氣運行的其他功目的預備功。由於它有升、降、開、合四個方面的形體動作，可使內氣有上、下、內、外四個流向（人體升降屈伸活動促使氣血的上、下交流；而雙臂開合活動，則促進氣血的內外交流），由這四個流向組成了內氣的縱、橫兩個循環。內氣的縱、橫

循環，在鬆靜良好時循環率就高，治療效果也明顯。

升降開合在具體操練時是按「升→開→合→降→還原」的順序進行的：

(1)升式：接預備功。以先出左脚爲例：左脚向前邁出一步，出脚時脚尖先著地，出脚後兩手自身體兩側向丹田合攏。當兩手中指快要接觸時，兩手沿腹、胸的正中線緩緩向上提升。上升時以手帶動手腕及肘部上升。雙手提升時，一般高指標的病人（如高血壓、高眼壓等）垂腕，掌心由向裏逐漸轉爲向下，而且提升時要快，避免把氣血導引上來。雙手上升時，身稍往前移，重心放在前脚上，後脚跟提起，但身子不要向前傾斜，不要聳肩。雙手從丹田上升到膻中穴時，變換手式，改成指尖向上，手心向裏。上升至頭部（圖117）。然後兩手心由向裏轉爲相對；再雙手向外，準備做「開」的動作。低指標病人做升式時，兩手心向上，兩手平著向上升，而且上升速度宜慢，以便導引氣血上升。

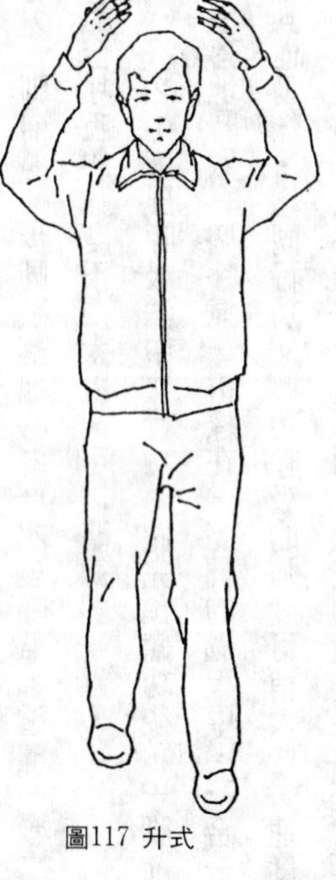

圖117 升式

(2)開式：接上勢。雙手在印堂穴處將掌心轉向外，外勞宮穴相對，雙手向外開啓，直到雙手略寬於雙肩爲止。隨著手做開式，上身稍向後傾，

圖118 開式　圖119 合式　圖120 降式

重心移至後腿，前脚變虛，脚尖點地（圖118）。心臟病和肝臟病病人開的寬度要小一些，不可勉強或故意開大。

(3)合式：當做完開的動作後，接著緩緩地轉動雙腕，使掌心相對，指尖向上；在轉手的同時，前脚跟著地，雙手慢慢地向印堂穴前方聚攏，邊合邊把身體向前移，並將重心移至前脚，後脚變虛（圖119）。當雙手合至印堂穴處，掌心相對，中指尖將相接。

(4)降式：接上式。當雙手在印堂穴前相合，中指將要相接（心臟病患者應相接）時，雙手開始下降。高指標病人一般應手心向下，雙手平按下降。從印堂穴降至膻中穴，再降至丹田（圖120）。與雙手下降的同時，身體的重心先是由前脚轉至後脚，前脚變虛，後脚變實；並且使身軀下沈，漸成蹲式。雙手和身軀的下降速度要慢而輕鬆，越慢越輕鬆，降壓效果更顯著。蹲時保持上身正直，不要前俯後仰，只要注意鬆腰，就能達到這個要求。下蹲一直進行到前腿大腿放平爲止，此時雙手已降至與膝蓋平。初練者亦不必勉強去蹲平，能蹲多少蹲多少，練久了自然可以蹲平。蹲平後，雙手在膝蓋前時，做一開一合。然後準備還原。

以上是高指標病人的降式功法。低指標病人從印堂穴下降時，應沿著臉部雙側下降，同時先翻手使虎口向上，並逐漸轉爲向前；手心由向裏，逐漸轉爲向上，直至雙手降至丹田和膝蓋前。此時雙手指尖不要筆直下垂，而要略呈弧形。且在下降和下蹲的過程中，其速度應比高指標病人快；雙手手心應始終保持向上。

婦女經期不要做下蹲動作，可練不下蹲的升降開合功。

(5)還原：接上式。雙手在膝蓋外側做完一個開合後，兩手趁勢上提，垂腕。高指標者手心相對，上升速度要快，同時用腰帶動雙腿站起來。低指標者手心向上，而且提升和站起的速度要慢些。身體重心漸漸移至後脚，前腿變虛。雙手隨身體的上升而提到膻中穴時，翻手，雙手中指相接，手心向下。身體重心在翻掌的同時，移至兩腿中央，然後兩手慢慢降至丹田前，再自然下垂，放在身體兩側。

⑹每輪轉換方向：從升式、開式、合式、降式到還原的全過程，稱爲一輪。如此共做四輪。在前三輪，每輪做畢要轉換一個方向。在轉換的過程中，可以鬆腰鬆胯，以利調整。第一個方向的選擇，應與下一步行功的計劃相反。如行功打算向東走的人，四輪的方向依次爲「西——南——北——東」（即向左、向後、向右轉）。四輪做完，即可接著做行功。

⑽治癌療程：

第一療程，共三個月。一般第一個月先練升降開合鬆靜功，以解除身心的緊張狀態。接著練定步風呼吸法和強度風呼吸法快步行功。最好是每天早晨在空氣清新的環境中練功，時間和次數要循序漸進，逐漸增多，但每日不得少於九十分鐘。

第一療程的目的是使患者心情鎮靜下來，創造條件，以便下一步對癌發起攻勢。

第二療程：共三個月。每日清晨在日出之前，在空氣清新的環境中，練一個小時中度風呼吸法快步行功（可分二次練完，一次半小時）。

此功一步一口氣，是強身殺菌極有效的功法。但此功強度較小，比較溫和，以便使患者能夠心安神靜地練功。

一般在第二個療程中，患者症狀就會大減，信心更大，身體也強壯起來，這時可練中度風呼吸法慢步行功和各種對症的吐音法，以幫助患者更加入靜，發動內氣，攻克病灶。

第三療程：經過兩個療程半年練功，精神面貌會改觀，病會顯著好轉。這時除仍練中度風呼吸法快步行功外，還可增加三吸兩呼或二吸三呼配合點穴的弱風呼吸法行功。這種功一般是在患者練功九個月後才酌情加練。這時，可配合使用或交替使用多種功法（如氣呼吸慢步行功、各種氣功按摩及必要的吐音法等），以互相促進，相輔相成。

上述三個療程的目的不同，所以只要能達到其目的，具體功法、時間等均可靈活掌握，因人而異。

㈡輔助功法：

①肝鬱氣滯者，宜加練摩脇噓氣功（見第二章「咳嗽」）。

②沖任失調者，宜加練靜守丹田功。

功法：平坐式。全身放鬆，舌抵上腭，呼吸勻調。先做全身放鬆功法，從頭至足放鬆三遍。屏除雜念，身心愉悅。然後目光由遠及近，目視鼻準，意注丹田，兩眼輕輕閉闔，意守丹田部的氣體感應。練十五～三十分鐘。

③毒熱蘊積者，宜加練舉臀祛邪刮脚功。

功法：安坐於床上，兩下肢伸直，兩脚距離與肩同寬，兩手置兩側臀部稍後按於床面。調勻呼吸，心靜體鬆，意守三陰交與湧泉穴五～十分鐘。吸氣時兩手支撐床面，臀部稍稍舉起，胸部放鬆，略作閉息，意守患側乳房部（圖121⑴）；呼氣時臂部放下，同時意念引患乳中的病邪之氣沿同側下肢下行至足趾而出。共做十～二十息。然後正身坐起，運氣至兩手掌外側緣。兩手沿大小腿及脚掌內側上下推刮，呼氣時向下用力稍重；吸氣時向上用力較輕。共反覆推刮九次。然後上體後仰，兩手下按還原式。吸氣時微微抬脚（圖

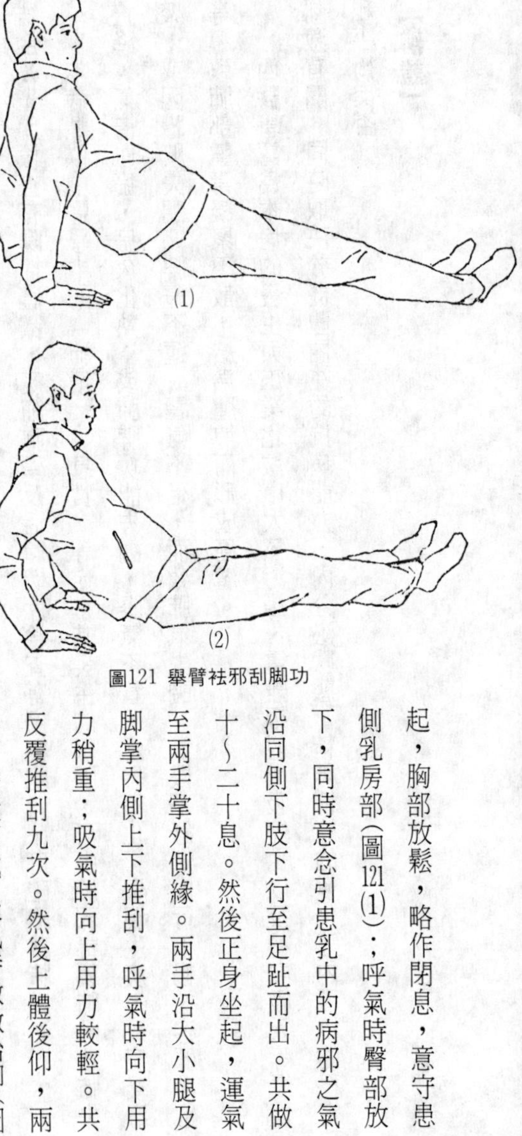

圖121　舉臂祛邪刮脚功

121⑵）；呼氣時還原。做十二次。最後意守兩湧泉穴五～十分鐘後收功。

④氣血雙虧者，宜加練靜養嚥津功（見本章「胃癌」）。

【注意事項】

㈠按照功法要領及步驟進行。治療後期可配合練太極拳、散步等活動。

㈡練功過程中，呼吸、動作、意念等要匀暢協調，不可憋氣和動作僵硬，否則影響療效。

㈢宜多食蔬菜，如胡蘿蔔、韭菜、番茄、筍類等。

㈣堅信氣功可以治癌。平時應聽聽音樂，種養花卉、盆景等以愉悅身心，保持樂觀情緒。

肺癌

肺癌，又叫原發性支氣管肺癌，是一種常見的惡性腫瘤。當出現長期反覆咳嗽、痰中帶血、胸痛、發熱、胸悶氣短，甚則出現呼吸困難、頭頸部浮腫、聲啞、頸及胸壁絡脈怒張等。結合X光片檢查有陽性體徵，痰細胞學及活體切片檢查有癌細胞者，可確診爲肺癌。

本病類似中醫學中的「肺積」、「息賁」等症。其發生的原因，可由於邪毒襲肺，致肺失宣降，氣滯血瘀，瘀久化熱；或肺脾功能失調，陽氣不宣，水濕不化，聚濕生痰，致痰凝毒聚；或因臟腑失調、脾虛不運、腎氣不足，而致肺氣失調、氣機不舒、血行不暢、客邪滯留等導致肺部腫毒凝聚不散，結爲腫塊而形成癌瘤。

西醫學認爲本病的發生與工業化城市大氣污染、電離輻射、吸煙，以及粉塵吸入等慢性刺激有關。同時取決於機體內在的抗病能力，內分泌狀態，精神情緒的變化等內環境的穩定和平衡與否。

【辨證】

㈠陰虛毒熱：乾咳少痰，或痰少而粘，時而咯血，氣促胸悶不舒，甚則疼痛，口渴心煩，潮熱盜汗，午後顴紅，咽乾聲啞，舌質紅而乾，脈細數。

㈡痰濕壅肺：咳嗽痰多，神疲乏力，氣促虛腫，腹脹，便溏，胸部悶痛，舌淡胖邊有齒痕，苔白膩，脈滑。

㈢氣滯血瘀：胸部悶脹，咳嗽不暢，或氣急胸痛，痛如針刺，咯血黯紅，心煩口渴，大便秘結，舌絳有瘀斑，苔薄黃，脈細澀或弦。

㈣脾腎兩虛：咳嗽氣短，動則喘甚，痰少納差，面色㿠白，腰腿痠軟，遺精，便溏，畏寒肢冷，舌質淡，脈沈細弱。

【功法】

㈠基本功法：

①新氣功治癌功（見本章「乳腺癌」）。

治療本病主要以「中度風呼吸法一步功法」爲主。即每向前邁進一步，就要緊密配合著步伐作一次兩吸一呼，是通過一步二吸一呼的呼吸導引與勢子導引的密切配合和相互作用，具有針對性。但「攻」強於「守」，適合於體質較強的患者練習。體質較差者，可先練「中度風呼吸法兩步行功」一段時間，待體質增強後，再改練此功爲主。

②調氣存白益肺功：

⑴坐位、站位或仰臥位。全身放鬆，口眼微閉，兩耳不聞外聲，舌抵上腭，思想入靜。

⑵用鼻吸口呼法。吸氣時輕勻柔和且短，呼氣有聲稍快而長（呼盡），呼氣時存念肺中病氣由口中呼出；如此五～十息。然後用鼻吸鼻呼法行細勻深長的呼吸三十六次，使身心進一步放鬆入靜。

⑶接上式。意想肺爲白色，潔白無瑕，漸漸形成白色霧氣團在胸中集聚一至數分鐘。以意引領白色霧氣團從胸腋沿手太陰肺經下行至手拇指；接行於手陽明大腸經上至頭；接行於足陽明胃經經身前下行至足；接行於足太陰脾經上行至腹，貫膈回到胸中。最後存想白色霧氣團在胸中逐漸被吸收。循行過程中，存想白色霧氣團沿經脈幹線向四周擴展掃行，遍布全身。

㈡輔助功法：

①陰虛毒熱者，宜加練引津滋陰功。

功法：坐位或仰臥位。全身放鬆，口眼微閉，舌抵上腭。入靜後，先行逆腹式呼吸三十六息，應輕勻和緩，不可用力；然後意守舌尖抵上腭之處，引華池之水源源下流，待津液滿口時，用意念輸送津液循足少陰腎經，從舌根，入喉嚨，進肺，穿橫膈，貫肝，歸腎，最後進入丹田，意守五～十分鐘。

②痰濕壅肺者，宜加練呼字除濕功。

功法：站位或坐位，全身放鬆，用鼻吸口呼法。吸氣時閉口，舌抵上腭，腹部隆起，呼氣時張口，發「呼」字的音，聲音要極輕，勿令耳聞其聲，同時提肛，小腹回縮。共做二十四息。

③氣滯血瘀者，宜加練鬆靜行滯功。

功法：平坐位或站位，全身放鬆入靜。先做五～七次深呼吸，吸氣時用鼻細勻而緩慢地吸；呼氣時用口稍快呼出，並意想將胸中病氣呼出。然後做全身放鬆法，從頭至足放鬆三遍後，意守湧泉穴片刻。再吸氣時意守胸中積聚之氣；呼氣時意守胸中積聚之病氣下行，經兩湧泉穴排入地下三尺遠之外。如此反覆，共二十四息。或不計息，當胸中病氣排完後，意沈丹田，守五～十分鐘。

④肺腎兩虛者，宜加練抱球意守丹田功。

功法：坐位或站位，全身放鬆。兩手體前抱球，虎口相對，兩勞宮穴對準下丹田，呼吸自然，舌抵上腭，兩目由遠及近，輕輕閉闔，意注丹田，進行意守。每次十五～三十分鐘。

【注意事項】

㈠每次練功二〜四次。練功時間應相應固定。

㈡嚴禁吸煙，避免與油煙、粉塵及化學性刺激物接觸。

㈢調養期間，除保持室內空氣流通、清新，還可置放蘭花、米蘭、桂花、臘梅、水仙等優雅清香的盆景花卉，以及聽聽音樂，參加社會娛樂活動等。這樣對提高練功效應，促進病體康復，均有較大的益處。

肝癌

肝癌，是我國常見癌症之一，以中年男性發病率爲高。臨床症狀爲肝區進行性腫大，可觸摸到硬結節，伴肝區持續性或間歇性疼痛，上腹脹滿，食慾減退，發熱，消瘦乏力，甚則出現腹水黃疸，鼻、齒衄及消化道出血，蜘蛛痣，肝掌，腹壁靜脈怒張等症。結合血液及超聲波，同位素掃描等呈陽性反應者，一般可視爲肝癌。

根據肝癌不同時期的臨床表現，中醫學稱之爲「肝積」、「積聚」、「癥瘕」等。其發病原因多由於情志抑鬱，肝氣鬱結，氣滯而血瘀；或飲食不節，損傷脾胃，或脾陽爲濕邪所困，濕邪鬱結化熱；或臟腑氣血虧虛，六淫邪毒入侵等導致邪滯不去，凝毒成積而發病。

西醫學認爲本病的發生與黃麴霉素、亞硝胺化合物等化學致癌物質、寄生蟲等侵入人體；

或長期大量飲酒，或肝病久治不癒等有關。當機體免疫功能低下，神經體液與代謝紊亂及遺傳因素等均可導致肝癌的發生。

【辨證】

㈠肝氣鬱結：胸悶不舒，兩脇脹滿，以右脇為主，口苦腹痛，煩躁納差，可觸及腫大的肝臟，舌苔薄黃、脈弦或弦數。

㈡氣滯血瘀：脇痛如錐如刺，固定不移，晝輕夜甚，痛引肩背，肝臟腫大更為明顯，舌質紫暗有瘀點，脈沈細或澀。

㈢濕熱瘀毒：腹脹大，身、目黃染，脇肋刺痛，兩下肢浮腫，心煩發熱，口乾口苦，或口臭，噁心納差，便乾尿赤，舌質紅絳而暗，舌苔黃膩，脈弦數或弦滑。

㈣肝陰虧損：面色萎黃，腹大脹滿，形體消瘦，脈絡顯露，低熱盜汗，五心煩熱，頭暈目眩，黃疸，尿赤，甚則嘔血，便血，皮下瘀血，舌紅少苔，脈弦細而數。

【功法】

㈠基本功法：新氣功治癌功（見本章「乳腺癌」），重點練其中「中度風呼吸法自然行功」及「中度風呼吸法定步行功」。

㈡輔助功法：

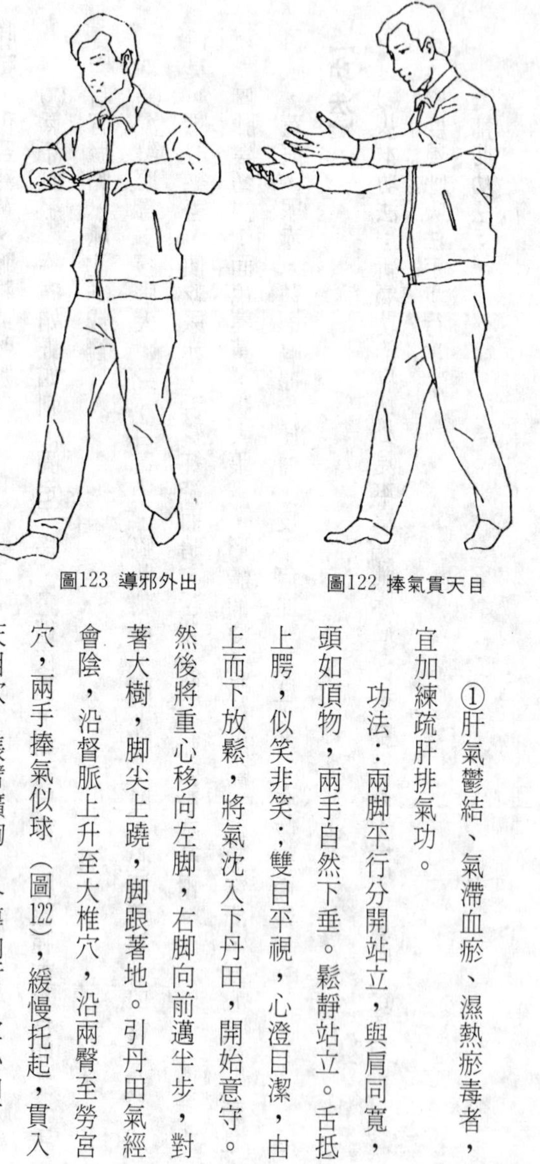

圖122 捧氣貫天目

圖123 導邪外出

①肝氣鬱結、氣滯血瘀、濕熱瘀毒者，宜加練疏肝排氣功。

功法：兩脚平行分開站立，與肩同寬，頭如頂物，兩手自然下垂。鬆靜站立。舌抵上腭，似笑非笑，雙目平視，心澄目潔，由上而下放鬆，將氣沈入下丹田，開始意守。

然後將重心移向左脚，右脚向前邁半步，對著大樹，脚尖上蹺，脚跟著地。引丹田氣經會陰，沿督脈上升至大椎穴，沿兩臂至勞宮穴，兩手捧氣似球（圖122），緩慢托起，貫入天目穴；張臂擴胸，外導內行，掌心向下，將氣導至膻中穴時，兩手平移至右胸（圖123），沿右肋導至下腹，用意念將肝內病毒之氣沿右下肢內側向下導至大敦穴，用意念將大敦穴打開，使病毒邪氣從大敦穴排出，同時兩手向斜下方推出，分手；然後兩手自然下垂，從兩手捧氣似球開始，連續做十五～二十次。

②肝陰虧損者，宜加練養陰祛毒功。

功法：兩脚平行分開站立，與肩同寬，呼吸自然，舌抵上腭。先做全身放鬆功，從頭至足放鬆三～五遍；再做脇肋以下部位放鬆至足五～七遍；然後意守湧泉穴三～五分鐘。吸氣時，意守大地中對人體有滋養作用的陰精之氣，由湧泉吸入沿兩下肢注入下丹田；呼氣時意守脇肋肝區的病毒邪氣，沿兩下肢經湧泉注入地下一公尺遠之外。然後再吸氣時比照上法反覆做，共三十六息。最後意守丹田五～十分鐘。

【注意事項】

㈠每天練功二～四次，堅持不懈。

㈡禁止飲酒、禁食霉變的玉米、花生等食物。宜多食胡蘿蔔、菠菜、芹菜、白菜、韭菜、水果等。

㈢避免憂思惱怒。平時應聽聽音樂、散步、種樹養花等，做些力所能及、又能愉悅身心的事情。

㈣練疏肝排氣法時右脚大敦穴一定要對著樹木，用意念將病毒邪氣一直排到樹木中，讓其吸收。另外次數一項，僅供參考，以排出肝之病氣之後，全身舒暢爲好。

食道癌

食道癌是我國常見的惡性腫瘤之一，類似於中醫學中的「噎膈」、「膈中」等症。當臨床出現吞嚥食物時胸骨後疼痛，並有燒灼感、或食物摩擦感，或梗噎感，並進行性加重，伴嘔沫狀粘液，形體消瘦，大便秘結，甚則前胸或後背持續性疼痛等症時，結合食道脫落細胞檢查、食道鏡檢查、X光檢查等呈陽性者，則可診斷為食道癌。

中醫學認為其發病原因多由於七情鬱結，致脾胃受損，氣機失調；或飲食不節，喜熱飲、熱食、硬食、辛辣香燥及厚膩食物；或年老體弱、氣血虧損、稟賦不足等均可導致氣滯血瘀，痰火互結於胸膈之中而致「噎膈」。

西醫學認為本病可因長期食用發酵霉變及含亞硝胺類化合物量高的食物；以及營養不良，維生素A、C等攝入量不足；或慢性刺激、炎症與創傷，如食物過硬、過熱、進食過快、長期飲烈性酒、口腔不潔或齲齒等誘發因素有關。

【辨證】

㈠肝鬱氣滯：納食不舒，吞嚥不順，時而呃逆，胸膈痞悶，口苦脇痛，頭痛目眩，煩躁失眠，舌質淡紅，苔薄黃，脈弦細。

㈡脾虛痰濕：胸膈脹滿，納食不暢，胸背不適，痰涎壅盛，頻吐涎沫，神疲氣短，食少便溏，舌苔白膩，脈弦滑。

㈢瘀毒結滯：呑嚥困難，胸背刺痛，嚥下更甚，煩躁口渴，面色瘀滯，大便乾燥，小便黃赤，舌絳而有瘀斑，舌苔黃，脈弦細而數。

㈣熱毒傷陰型：病程較久，呑嚥不下，咳嗽多痰，形體消瘦，潮熱盜汗，口乾咽痛，大便燥結，舌質紅或紅絳，少苔，脈弦細而數。

【功法】

㈠基本功法：

①新氣功治癌功（見本章「乳腺癌」）。

②吐納嚥氣功：

⑴寅時（早晨三～五點），面向南方，取坐位或站位，全身鬆靜自然，靜神不亂思。

⑵先做三次深呼吸，吸氣時意守食道，呼氣時意守食道中的病氣隨呼氣排出體外。然後閉氣不息，默念五～九數。再吸氣至滿口時將口中之氣如嚥硬物嚥至食道部，呼氣時將這股氣直趨送入下丹田，同時意想食道部暢通無阻。如此做三次深呼吸，一次閉息，再一吸一呼下趨丹田爲一遍。共做七遍。

(3)接上式。將滿口津液分三口，如嚥硬物送入下丹田。再做三次深呼吸，吸氣時將清新而具有滋養作用之氣送入下丹田，呼氣時將體內病氣排出體外。最後意守丹田的氣感十～二十分鐘。

③點穴按摩功：

(1)取平坐式或盤坐式。凝神靜氣，鬆靜自然，口閉咬齒，似如含物，調息引氣，注入兩掌指端。

(2)左手拇指用力點入天突穴，右手拇、食指掐點頷下外玉液、外金津兩穴，以意引氣入患處，做深呼吸二十次。再以左手拇指點住頷下廉泉穴，右手拇、食二指掐住承漿穴及上廉泉穴，做深呼吸二十次。

(3)頭部仰起，左手拇、中兩指掐點項下左、右缺盆、人迎兩穴，右手拇、食兩指點住頷下外玉液、外金津，用輕力互相交錯揉動五十次，口內即生津液，將此津液含漱三次，然後舌抵上腭將津液分三口徐徐下嚥送入丹田。意守片刻，收功。

㈡輔助功法：

①肝鬱氣滯者，宜加練摩脇嘘氣功（見第二章「咳嗽」）或引頸鬆靜功。

功法：平坐式或盤坐式。全身放鬆，口眼微閉，舌抵上腭，調勻呼吸，平心靜氣。吸氣時頭緩緩從右側向下、向後轉至正中線；呼氣時下頜內收還原至中正位，同時引頭部氣血經頸項、食道放鬆至下丹田。再吸氣時頭緩緩從左側向下、向右、向後轉至正中線；呼氣時下頜內收還原至中正位，意念同上。如此一左一右轉圈爲一遍，做二十～三十遍，最後意守丹田五～十分鐘。

②脾虛痰濕者，宜加練摩脘呼氣功（見第二章「呃逆」），或引頸鬆靜功。

③瘀毒結滯者，宜加練意守湧泉功。

功法：平坐式或站式，全身鬆靜自然。先做三次全身放鬆功，從頭至足向下放鬆，然後意守湧泉穴。靜守時意想全身的病氣源源不斷地經湧泉穴排至地下三公尺遠之外，待全身溫暖微微欲汗時，意想病氣已排完，閉住湧泉穴，意守五～十分鐘。收功。

④熱毒傷陰者，宜加練引津滋陰功（見本章「肺癌」）。

【注意事項】

㈠每天練功二～四次。吐納嚥氣功除寅時必練外，中午和晚上還應加練二次。另外可配合練習內養功等，以增加療效。

㈡宜常飲綠茶水；多食新鮮蔬菜，如番茄、蘿蔔、馬鈴薯、黃瓜、芹菜及豆製品等；多吃水果，如蘋果、桃、梨、櫻桃、枇杷、梅、李子等富含維生素A、C的食物。

㈢應吃易消化的食物，禁吃硬、粗糙、過熱及有刺激、變性的食物。

㈣點穴按摩功操作時，意念、手勢、呼吸等要協調配合，不可憋氣。

㈤練功期間，應情緒飽滿，配合做些輕鬆愉快、有益康復的事。如養花、養魚、散步、練太極拳等。

胃癌

胃癌是常見的惡性腫瘤之一，居消化道癌腫的首位。與中醫學中的「反胃」、「噎氣」等病症相似。當臨床見以上腹部隱痛或脹飽不適、食慾減退、噁心嘔吐、進行性消瘦，或嘔血、柏油樣便等為主要臨床表現，結合胃液分析，大便隱血試驗，X光鋇餐，以及纖維胃鏡結合活檢等呈陽性反應者，可確診為胃癌。

胃癌的發生原因，可因長期飲食不節，飢飽不勻，喜食厚膩、辛辣之品；或憂思惱怒，肝氣不舒，肝木乘脾，致肝胃不和；或素體虧虛、脾胃虛寒、陽不化氣、氣結血滯等導致中焦氣機阻塞，氣結、痰凝、血滯、食積於胃脘之中而發病。

西醫學認為本病的發生可能與慢性反覆發作性胃炎、胃潰瘍；或嗜煙酒；或長期服食燻製品、醃製品及受污染、霉變的食物；以及體虛、衰老等抗病能力減弱；或與遺傳因素的易感性等有關。

【辨證】

㈠肝胃不和：胃脘脹滿，時時隱痛，串及兩脇，口苦心煩，噯氣陣腐，或呃逆、嘔吐反胃，舌質淡紅，苔薄黃或薄白，脈沈細或弦細。

㈡脾胃虛寒：胃脘部隱痛，呃逆嘔吐，朝食暮吐，暮食朝吐，時嘔清水，痛時喜溫喜按，面色萎黃，肢涼神疲，便溏浮腫，舌質淡胖有齒痕，苔薄白而滑潤，脈沈細。

㈢瘀毒阻滯：胃脘刺痛，心下痞硬，按之痛甚，或有嘔血、便血、肌膚甲錯，舌質紫暗且有瘀點，脈沈細澀。

㈣胃熱傷陰：胃脘嘈雜，灼熱，食後痛劇，口乾欲飲，納差喜涼，五心煩熱，大便乾結，舌質紅絳，少苔，脈細數。

㈤氣血雙虧：上腹部腫脹明顯，固定不移，形體羸瘦，面色晄白，頭暈目眩，心悸氣短，神疲倦怠，畏寒肢冷，或虛煩不寐，自汗盜汗，飲食難下，舌質暗淡，苔少，脈虛細無力。

【功法】

㈠基本功法：

①新氣功治癌功（見本章「乳腺癌」）。

應加強肺脾肝法，方法是：在練習中度風呼吸法一步、二步、三步行功的基礎上，加練此法。在邁右脚時鼻要二次吸氣，手由右向左擺，擺到右膀旁，左脚立起，用足尖點地，此時雙手用食指搓大指少商穴，同時用鼻呼氣，三者動作協同一致。然後左脚邁出，再點右脚，方向相反，做法相同。以每分鐘走五十～六十步爲宜。

②眞氣運行五步功（見第二章「水腫」）。

㈡輔助功法：

①肝胃不和者，宜加練摩脇噓氣功（見第二章「咳嗽」）。

②脾胃虛寒者，宜加練存黃溫中功。

功法：坐位或仰臥位，全身鬆靜自然。存想脾胃之黃色，在膈下臍上中脘部集聚，三～五分鐘後漸漸化爲黃色的霧氣團在從中宮逐漸向全身散開，同時意想脾胃之運化滋養五臟六腑，四肢百骸，三～五分鐘。集全身之氣隨黃色霧氣向中宮集聚，意守片刻後，存想這霧氣團逐漸加溫變熱、變紅，待溫度較高時趨之入下丹田。用文火溫養十～十五分鐘。最後搓手摩面以收功。

③瘀毒阻滯者，宜加練貫氣祛毒功。

功法：兩脚平行分開站立，與肩同寬，舌抵上腭，兩手自然下垂，鬆靜自然，意注掌心。

轉掌心朝前,吸氣時慢慢從體前捧氣向頭部貫入後,兩手外導貫入之氣在體內下行至胃脘部;呼氣時兩手繼續下行至胯部,轉指尖向前,使勞宮穴對著湧泉穴,同時意想上述之氣驅趕胃脘中病毒邪氣向下由兩湧泉穴排入地下一公尺以遠。然後轉掌心向前,如前反覆做。共十五~三十息。

④胃熱傷陰者,宜加練調息育陰功。

功法:平坐式或站位。全身放鬆入靜,呼吸自然。意想具有清潤滋養作用的皎潔月光普照全身,意守片刻;吸氣時意想月光被吸入人體內,呼氣時意想進入體內的月光向全身散開,無處不到。如此共做二十四息。使全身感到輕爽鬆快。然後進行全身放鬆,吸氣時不加意念;呼氣時從頭到足進行放鬆,同時意想病毒邪氣從湧泉穴被泌出(正氣內留)。如此做五~十息。最後集全身之氣入丹田,意守十~二十分鐘,收功。

⑤氣血雙虧者,宜加練靜養嚥津功。

功法:選擇丑時(凌晨一~三點),仰臥安睡於床上,自然閉上雙目(如易入睡者,兩眼微露一線光)。然後靜心意想日月星辰存入丹田,十五~二十分鐘;接著叩齒,鼓漱各三十六次,待津液滿口後,分三口嚥下,以意送入丹田。意守片刻後,意想丹田之氣按順時針方向由大到小轉三十六圈。

【注意事項】

㈠堅持不懈練功，堅信氣功可以治癒癌症。

㈡宜常飲溫熱綠茶水，多吃大棗、水果、新鮮蔬菜等；少吃油膩厚味及麻、辣、辛、酸等食物。

㈢養成良好的生活習慣，按時練功、進食、休息；結合聽音樂、散步、練太極拳等愉悅身心，促進康復。

㈣貫氣袪毒功為驅逐邪氣的重要功法，其他類型患者亦可選用，但虛症患者應瀉後加補，補時亦應有驅邪殺毒之意，以免助長邪毒生長。

直腸癌

直腸癌，其發病率僅次於胃癌，居消化道腫瘤的第二位。類似於中醫學中的「臟毒下血」症。主要表現為糞便中帶有條狀粘液、血液，血色多暗紅，量較少，便時小腹部有墜脹感，糞便外形扁平或變細，腹脹，腹痛，裏急後重，甚則排尿困難。直腸指診及直腸鏡檢結合活檢，可進一步確診。應注意與痔瘡、痢疾、腸炎等相鑑別。

中醫學認為直腸癌的發生原因可由於寒邪客於腸外，或久坐濕地，飲食不節，或久瀉、久痢致脾失運化；或憂思鬱怒、傷及脾胃，濕熱內生，熱毒蘊積，注於大腸；或久病體虛，命門火衰，寒濕內蘊，聚毒下注腸腔等導致直腸癌。

西醫學認爲本病的發生與直腸息肉、血吸蟲肉芽腫、慢性潰瘍、腺癌等惡變，以及偏食高動物蛋白，高脂肪等使腸道內膽液和厭氧菌增多而產生較多的致癌物質等有關。

【辨證】

㈠濕熱：腹痛拒按，便下膿血，裏急後重，伴面色萎黃，納差，神疲倦怠，氣短懶言，便溏，舌苔黃膩，脈滑數。

㈡瘀毒：腹脹腹痛，按之更甚，可觸及包塊，便下膿血，裏急後重，糞便扁平或變細，伴有心煩口渴，舌質紫暗，有瘀斑或瘀點，脈弦數。

㈢脾腎陽虛：腹脹腹痛，五更泄瀉，面色蒼白，形體消瘦，四肢不溫，神疲倦怠，氣短懶言，納呆，舌苔薄白，脈沈細而弱。

㈣肝腎陰虛：腹痛，雖有便意，但努掙難下，或便秘，身倦乏力，五心煩熱，頭暈目眩，咽乾口渴，但不欲飲，遺精陽萎，舌質紅赤，少苔，脈弦細數。

【功法】

㈠基本功法：

①新氣功治癌功（見本章「乳腺癌」）。

②空勁功：

⑴馬步站樁功法：

起勢：放鬆站立，兩脚基本同肩寬，脚尖稍向內，脚趾稍抓地。兩臂鬆垂，兩手和手指鬆直，掌心向體側。由膝下蹲，膝蓋不超過脚尖。曲肘抬臂，上臂略向前伸，手心向下；然後雙臂外翻，翻轉指尖向下，掌心向體側；翻轉雙手，掌心向上，手指向前，慢慢向前推出雙臂；再翻轉雙小臂，使掌心向下，手指成爲梯形式。上體不挺胸不駝背，腰背、頸部、肘部、腕部須放鬆，全身力求做到上虛下實。即肚臍以上各部位須放鬆，虛靈；肚臍以下各部位要求充實站穩，自然用力，不必用意。呼吸自然（圖124）。

收勢：慢慢站立，雙手虛握拳，曲肘慢慢向前胸提起至鎖骨處。在起立與收拳提起的同時，用鼻深深吸足氣，然後緩緩將氣從嘴吐出，同時使兩空心拳鬆開下沈，恢復原來的站立姿勢。收功時，吸氣須深而慢，吐氣應細而勻。

圖124 馬步站樁

開始練站樁時，時間可短些。一般以十五～二十分鐘爲宜，以後逐漸增至四十五分鐘左右。站樁姿勢正確，一般經四～五次鍛練，肢體即可出現下述感覺：1熱：手掌、腿部發熱，並逐漸向全身擴散；2麻：手指及手掌有麻感，有時會有針刺感；3脹：手指和手掌有發脹、粗厚感，掌心有異物感；4痠痛：雙膝出現痠痛，膝蓋有裂開感。

以上各種感覺，在練功中自然產生，不可人爲追求。

(2)雙臂攬月：雙臂慢慢向前攬攏，右臂在上，左臂在下，雙臂基本平行。右手中指對準左臂曲池穴，左右臂相距十公分左右，右臂與肩平，上臂與小臂成九十度角，手指爲梯形式（圖125(1)）。稍停，十指鬆直，十五秒鐘左右，十指復原成梯形式，稍停，十指再鬆直。約十五秒鐘左右，再復原梯形式。連練三次完畢後，兩小臂慢慢向胸內翻轉，掌心向體內，右臂在外，左臂在裏，沈肘關節成十字手，左掌大魚際肌對準天突穴（圖125(2)）。停留三十秒鐘左右後，十字手慢慢向前

圖125 雙臂攬月

推出，再慢慢拉回原處。稍停後，兩掌往兩側沿肩前拉開，雙小臂翻轉同時下沉，手掌心向下，恢復原來站樁功法。三～五分鐘後做下面雙臂抱球動作練習。

(3)雙臂抱球：雙小臂慢慢靠攏交叉成十字手。手掌心向下右臂在上，原位翻轉小臂，成陽掌十字手，雙小臂向身體靠攏，離胸肋約十公分。同時翻轉右掌，使兩掌相對（勞宮穴相對），兩掌相距二十三公分左右（圖126）。兩掌上下慢慢拉開，右掌與小臂同時平行抬起，到天突穴止，左手掌下到關元穴止約一分鐘。兩掌同時合攏到二十三公分處，兩掌再次拉開。做一～二次練習。兩掌合攏二十三公分，轉動雙掌，同時，雙小臂向前伸些，使指尖向前方，兩掌慢慢左右拉開，成陰陽掌，雙臂放鬆情況下，左手陽掌翻轉成陰掌，右掌不動，恢復原來馬步站樁姿式。

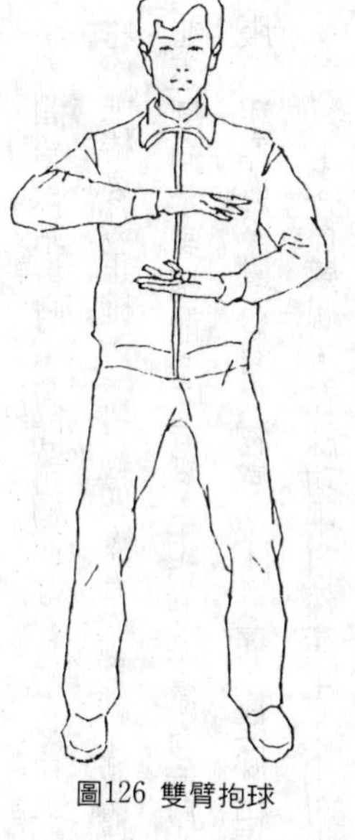
圖126 雙臂抱球

在做雙臂抱球時，肘、肩、腕都要放鬆，雙掌勞宮穴須對準，即可感到雙掌似抱一充氣的球體，或感到有一氣柱將兩掌分開的感覺。

上述功法可連起來做，其順序爲：起勢馬步站樁（五分鐘），雙臂攬月（五分鐘），馬步站樁；雙臂抱球（五分鐘），馬步站樁；

收勢前站樁（五分鐘）。整套動作共需二十五分鐘，包括動作之間間隔時間在內。

(4)手指扳動法：掌心向下，十指鬆直。從大拇指至小指依次扳之。扳動某手指時，指尖向下放鬆，其他手指都要鬆直，不能跟隨下去。手指扳下時宜慢，扳足後須略停片刻，指起來時也宜慢，還原鬆直位後，十指恢復原梯形式。扳每一指都要進行這一來回過程。扳動每一指法，時間一般以四十五～六十秒鐘爲宜。

本法一般在上述功法練習四週後，每次加練全套手指扳法，再站樁五分鐘左右收功。這樣效果最佳。

(5)防癌扳指法：掌心向下，十指鬆直，小指扳動復原，中指扳動復原，大拇指扳動復原，食指無名指同時扳動復原爲一遍。連續扳動八遍。再馬步站樁十分鐘收功。

㈡輔助功法：

①濕熱者，宜加練呼吸調氣治痢功。

功法：坐位或站位。身心放鬆，舌抵上腭。入靜後，以鼻緩緩吸氣入下丹田，要自然，不要憋氣，氣吸足後，用口慢慢吐氣，吐氣時要發「吹」字音，但勿令耳聞其聲。如此反覆練二十四～三十六息。

②瘀毒者，宜加練滌穢功（見第二章「痢疾」）。

③脾胃陽虛者，宜加練服日精溫陽功（見第二章「飲症」）。

④肝腎陰虛者，宜加練採月華功（見第二章「咳嗽」）。

【注意事項】

㈠每天練功二～四次。

㈡合理安排膳食，多食新鮮蔬菜、水果等富含碳水化合物及粗纖維的食物。

㈢晨起宜先練閉息蕩滌臟腑功法，然後少量服食清淡易消化的食物，再行空勁氣功的鍛練。

㈣除瘀毒型患者增加閉息蕩滌臟腑功法次數外，其他類型不宜增加，以免正傷而邪不易去。

㈤練功期間，若大便量多，且多污穢不堪，而自覺精神愉快者，為邪毒外驅正氣未傷，不必緊張，應繼續練功。

子宮頸癌

子宮頸癌是我國最常見的惡性腫瘤之一，居婦女惡性腫瘤的首位。凡二十歲以上婦女有陰道異常白帶、出血時，應注意早期診斷。本病開始多在性交、排便及勞累後出現少量出血，並有增多的趨向；白帶多且污穢，混有血液，甚則惡臭和伴有塊狀物脫落，後期可伴有腰部、腹部疼痛及尿頻、尿急、尿痛等症。結合指診、陰道脫落細胞塗片、陰道窺鏡及活檢等呈陽性體徵者，可診斷爲子宮頸癌。

中醫學認爲本病發生的原因可由於長期憂思惱怒，致肝鬱氣滯；或脾虛濕盛，濕鬱化熱，久遏成毒，濕毒下注；或肝腎虛損，沖任不固（受損）；或外受濕熱，或積冷積氣，或經期同房，胞絡瘀阻，血氣凝結；加之機體正氣虧損，沖任失調等導致濕熱瘀毒，凝聚於胞門而發病。

西醫學通過臨床觀察與流行病學調查中發現，子宮頸癌的發生與早婚、多產、宮頸創傷、性生活過度、包皮垢刺激及激素失調等多方面因素有關。

【辨證】

㈠肝鬱氣滯：情志憂鬱，心煩易怒，胸脇脹滿，全身串痛，口苦咽乾，納差，白帶增多，舌質正常或稍紅，苔薄白或薄黃，脈弦。

㈡濕熱蘊毒：白帶多，色如米泔，或粉污、氣臭，小腹脹痛，尿黃便乾，口乾或苦或有臭穢，舌質暗紅，苔黃膩或白膩，脈滑數或弦數。

㈢肝腎陰虛：頭暈耳鳴，口乾，腰膝痠痛，手足心熱，大便秘結，小便澀痛短赤，時有陰道出血，舌質紅或正常，苔少或有剝落，脈弦細或細數。

㈣脾腎陽虛型：神疲乏力，腰痠膝冷，四肢困倦，納差，大便先乾後溏，白帶清稀而多，或陰道出血較多，舌質淡胖，苔白潤，脈沈細。

㈤中氣下陷：赤白帶下，小腹下墜，腰痠痛，納少，神疲，二便不利，舌質淡紅，苔白，脈虛細無力。

【功法】

㈠基本功法：新氣功治癌功（見本章「乳腺癌」）。

㈡輔助功法：

①肝鬱氣滯者，宜加練摩脇噓氣功（見第二章「咳嗽」）。

②濕熱蘊毒者，宜加練貫氣意守湧泉功。

功法：坐位或站位。舌抵上腭，兩目微閉，兩手自然下垂，鬆靜自然。意注掌心，翻掌，掌心向前捧氣貫入百會穴，然後導氣降至小腹部。意守病灶五～十分鐘，同時加眞元之氣集聚圍殲病氣的意念，並體會微動感應；然後存想病氣被驅逐下行經湧泉穴排出地下三公尺遠之外。封閉湧泉穴，意守十～二十分鐘後收功。

③肝腎陰虛者，宜加練採月華功（見第二章「咳嗽」）。

④脾腎陽虛者，宜加練服日精溫陽功（見第二章「飲症」）。

⑤中氣下陷者，宜加練點按調氣功。

功法：端坐於床上，背後靠物，調整呼吸，排除雜念，意注丹田。引丹田氣循臂至兩掌，意守中指片刻。左手中指點住會陰穴，右手中指點住陰廉穴，配合深呼吸二十次，呼氣時用意提斂前後陰，吸氣時放鬆。再用兩手中指分別按揉原穴位二十次。徐徐鬆開手指，變兩手叉腰，作深呼吸三～五次。然後左手中指點左側子宮穴，右手中指點右側氣沖穴，按順逆時針轉動各按揉十次。

然後取仰臥位。兩手中指點陰交穴不動，作深呼吸二十次。再向下移動，用雙手食、中二指點住關元、中極穴，配合呼吸二十次，呼氣時提肛，吸氣時鬆肛。然後雙掌按於小腹，順逆時針各輕摩十圈。

本功法多在新氣功治癌功法的第二療程後期和第三療程中配合使用，以增加療效。

【注意事項】

㈠堅信新氣功療法能治好自己的病，並決心持之以恒，練功不懈。

㈡練功應選擇環境寬敞、空氣新鮮，最好有水、有松柏樹的地方；若在室內應保持空氣流通，清新。

㈢多食蔬菜、水果，禁食辛辣、油膩等食物。

㈣保持會陰部清潔，應每天清洗。練功治療期間嚴禁性生活。

㈤練功治療期間，若從陰道中排出血液、帶下等混合物，且汚穢不堪、量多，下後心情舒暢者，爲邪毒外驅佳象，應繼續練功，並注意「攻」與「守」的平衡。

第八章　氣功偏差

練功過程中出現不良反應，患者痛苦，自己不能控制和消除，而有損於身心健康者，稱爲氣功偏差或氣功出偏。根據辨證施治原則選擇功法，按功法要領，用以防病治病是不會出現偏差的。但是極少數人未遵循練功原則、要領和注意事項等去練功而造成氣血亂竄、氣滯血瘀、眞氣走失、神昏顚倒、邪氣流竄等而釀成偏差。出偏的原因大致有以下幾種：

〔一〕不能辨證施功。沒有根據自己的體質、性別、年齡和疾病的寒熱虛實等恰當地選練防病或治病的功法。如屬實熱症而練了補陽的功法，則陽熱愈甚。

〔二〕沒有固定的老師指導、練功不得法，或出於好奇見異思遷，或練功急於求成，強求硬練。

〔三〕疑心過重，精神脆弱者，或不能正確對待練功過程中的氣效應，對某些練功中的正常現象，疑神疑鬼，形成心理負擔，久而成偏。

〔四〕不能正確掌握和運用練功中的三調原則和方法，造成氣機紊亂；或無目的地更換功法，造成功法混亂，思想矛盾，氣機不調。

（五）練功中受驚嚇或心理受到喜怒悲恐等刺激，沒有及時處理而勉強練功。

（六）練功中盲目地導引內氣運行，或內氣外放，違犯了氣功的自然規律。

【辨證】

㈠氣血逆亂：在練功中或練功後出現氣血亂竄，不能自控，引起頭暈、目眩、驚恐、胸悶、氣短、肢體搖動、手舞足蹈，或氣厥等現象。患者一般能說出氣血竄動的位置和方向。

㈡氣滯血瘀：是練功中或練功後，由於氣機不利，引起身體某一部位氣滯血瘀而出現局部疼痛、沈重、痠脹、壓迫感、緊縮感、增厚感、粘膩感等。

㈢眞氣走失：在練功中或練功後，患者自覺有氣從前陰、後陰或某些穴位不停地向體外漏氣，不能自控。相繼出現消瘦、四肢乏力、面色灰暗、心慌意亂、精力不能集中、記憶力減退、自汗、盜汗、遺精、失眠、懶言、乏力等。

㈣神昏顚倒：在練功中出現神昏顚倒現象稱爲「入魔」。是在練功中或練功後出現幻景，信以爲眞，而致神智錯亂，性情孤僻退縮，呆滯少動，情志淡漠，精神恍惚，或幻聽、幻視、幻覺，纏繞不斷，或因失去生活的信心而輕生等類似精神病患者的現象。嚴重者，也可誘發成精神病。

(五)邪氣流竄：因病練功者，在練功中正氣逐漸增強，邪正相爭，迫邪流竄至某處，引起疼痛、痠脹、沉重、冷熱等症狀。

【功法】

(一)基本功法：

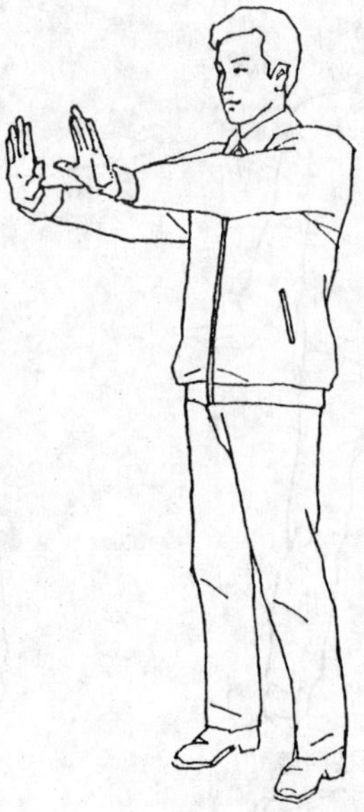

①六段錦：

(1)伸手關洞門：站位，兩脚與肩同寬，脚尖微向內扣，腰腿伸直，兩目平視，自然呼吸（圖127），兩手掌向下慢慢提至胸前兩側，再向胸前方慢慢推出，狀如關門；

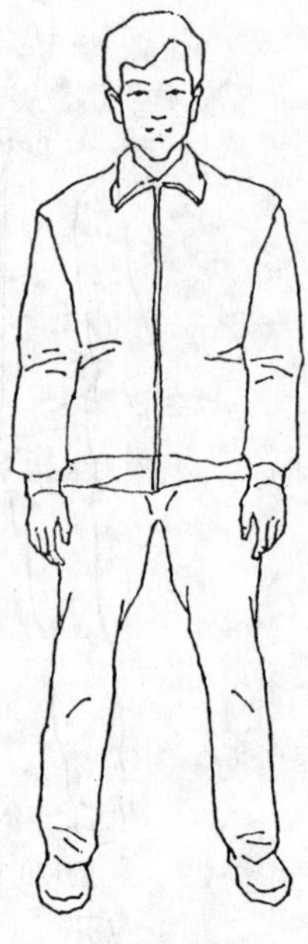

圖127 預備

圖128 伸手關洞門

然後兩腕與十指齊用力向前掙動兩臂之筋十次（圖128）。

(2)分手聳肩：兩臂從前式轉爲側平分，掌心向上，狀如擔擔，兩臂齊動，後伸聳肩十次（圖129）。

(3)輕按葫蘆：兩手由前式收回胸前，然後由上體和兩腿自然下垂，掌心向下，手指向兩側，手掌背屈，用力下按十次（圖130）。

圖129 分手聳肩

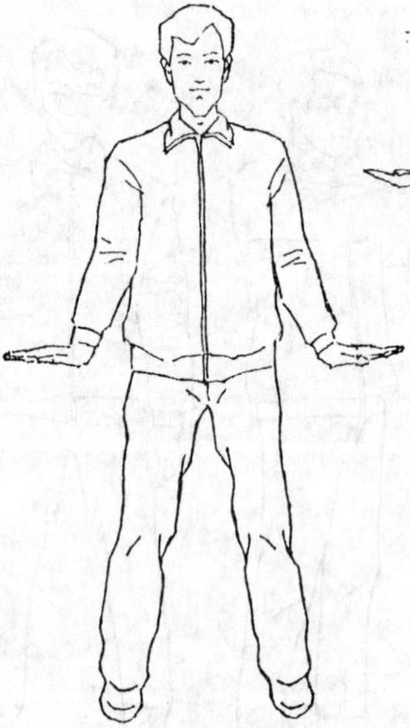

圖130 輕按葫蘆

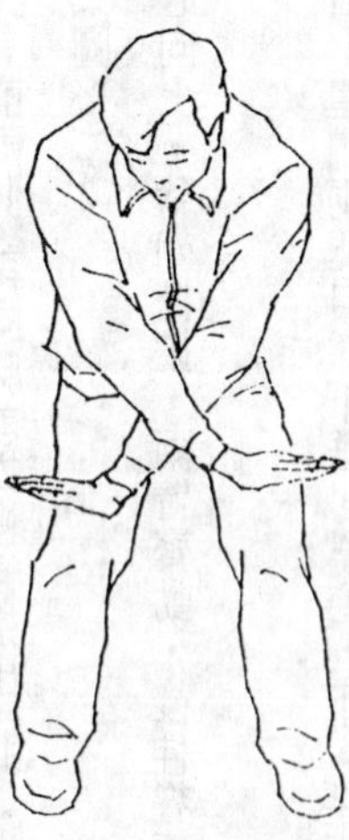

圖131 下腰摸丹

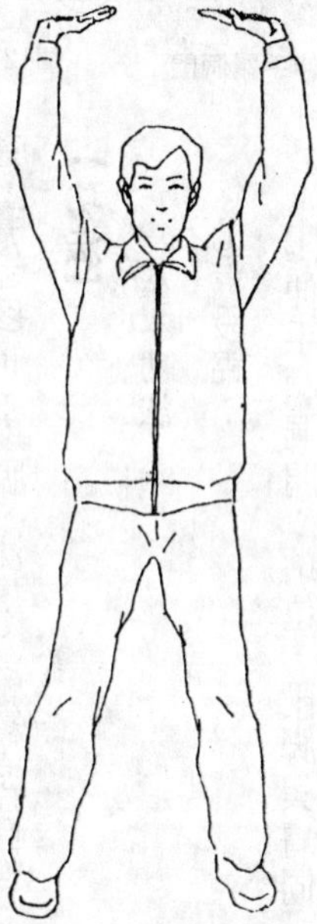

圖132 雙手托太行

(4)下腰摸丹：兩腿保持正直，上體前傾，彎腰下屈，兩手掌心向下，左右交互向下按摸十次（圖131）。

(5)雙手托太行：兩手由前式變成掌心向上，如撈物狀，慢慢向上提至胸部膻中穴處，翻掌上托至頭頂；兩臂伸直相距如肩寬，然後用力上托十次（圖132）。

(6)左右抓帶：兩手由前式變爲輕握拳，先以左手向前下方伸，用力如抓物狀，然後收回胸側，再換右手如前法抓去。左右手如此交替各抓十次（圖133）。

②導引按摩調氣功：

(1)推前額：兩手食、中、無名指併攏，用指面從兩眉中點向前髮際直推二十四～五十次；然後再自前額中點向兩側分推二十四～五十次。用匀細長呼吸，呼氣時用力推，吸氣時略輕，意注手下之氣感。

圖133 左右抓帶

(2)揉運太陽：以兩手中指按眉後陷凹處，向耳後方向旋揉二十四～五十次。意念與呼吸同上。

(3)浴面：兩手掌從額上向兩側，再向下搓摩，然後從鼻兩側反轉向上搓摩二十四～五十次。自然呼吸，意注兩手掌下。

⑷梳髮：兩手五指自然分開微屈，像梳髮樣從前向後順理梳髮二十四～五十次。意注手下，舌抵上腭，自然呼吸。

⑸掃散點揉：兩手四指微屈併攏，用指尖在耳上頭之側面，從額角順膽經向腦後掃散摩擦。意注掌下，用勻長呼吸，呼氣時向腦後掃五～十次，吸氣時暫停，共做七～十息。然後點揉角孫、頷厭穴數次。

⑹搓摩腦後：兩手十字交叉，以掌根抱住枕骨下部，從上向右下方搓摩。意注掌下，呼氣時，搓摩五～十次，吸氣時暫停。共做七～十息(圖134)。

⑺疏導風池：以兩手拇指按風池穴，吸氣時輕揉五次，呼氣時輕揉五次，共十四息。然後以兩手拇、食、中指捏擠，輕輕叩擊此穴三十次。

⑻推導天柱：頭微低，呼氣時用右手或左手食、中、無名、小指並攏，以指腹在項後正中從上向下推七次，吸氣時暫停，共做八息(圖135)。

⑼推導血浪：右手四指併攏，用指腹推導頸側血浪部。呼氣時，先在頸部左側(男先推左側，女先推右側)，從頷下順胸鎖乳突肌推抹至鎖骨處，吸氣時暫停(圖136)。然後推右側。

⑽捶擊肩臂：先以左手虛握拳，從右肩外側輕擊至手腕三～五遍，再以同法從上至下捶

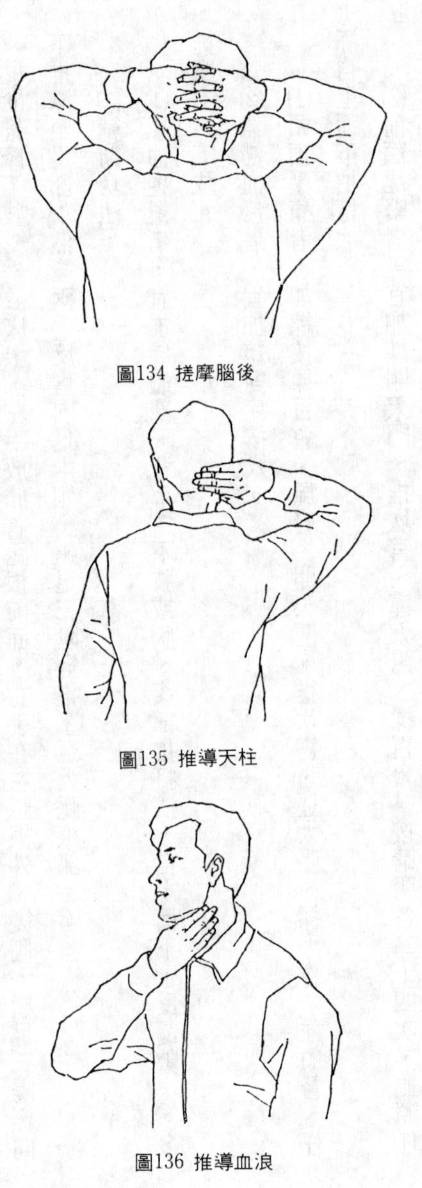
圖134 搓摩腦後

圖135 推導天柱

圖136 推導血浪

擊上肢內側、前側各三～五遍。然後，用右手以同法捶擊左上肢內側、外側、前側各三～五遍。

⑾推導理氣：呼氣時，以右手掌自胸部中線向左側推五～十次；吸氣時暫停，共十息。再以左手掌自胸部中線向右推十息，意隨手動。

⑿摩脇降氣：呼氣時以兩手平掌從兩腋下，搓摩至腹側五～十次。

⒀揉腹：以右手放於中脘穴處，自右向左旋揉三十六次；再自左向右旋揉三十六次。

⒁分腹：以兩手四指或全掌在腹部中線自劍突向恥骨聯合推三十六次；再從劍突斜下向兩側分推三十六次。

⒂捶腰骶：以雙手握空拳，交互捶擊腰部兩側腎區以及骶部，共三十六次。

⒃兩手掌搓熱，自上向下搓摩腰部兩腎區至溫熱爲止。

⒄推摩上肢：坐位，右手仰掌放於右腿上，以左手掌從右肩內側順手三陰經向下推摩至手掌；然後右手俯掌，左手掌轉摩至右手背，順手三陽經推摩至肩部，共七次。

⒅推摩下肢：坐於床上，左手放於右腿根前面，右手在右腿根外、後側，順足三陽經向下推摩至足部；然後兩手反轉向足內側，順足三陰經推摩至大腿根部。

㈡輔助功法：

①氣血逆亂者，宜加練頭部、背部、下肢或胸、腹部拍打法，自上而下，反覆數次。多推摩上、下肢。

②氣滯血瘀者，宜加練對症按穴。

⑴頭頂壓痛者，加練按揉百會、風府、開天門、推坎宮、運太陽、揉大椎，並順督、任脈自上而下拍打。

⑵前額沈緊者，宜加練開天門、推坎宮、運太陽、揉百會、按睛明各二十四次，並順任

脈向下拍打。

(3)大椎脹痛者，加練按揉大椎、風府、風池、脊中，並順督脈及背部膀胱經自上而下拍打疏導。

③眞氣走失者，宜根據眞氣走失的部位、穴位辨證，加練相應的功法。

(1)前後陰漏氣者，宜加練縮陰提肛功。

功法：採取站位、坐位、臥位均可。全身放鬆，排除雜念，以鼻緩緩吸氣，同時收腹、提肛、舌抵上腭，以意輕守百會；呼氣時慢慢導氣下行入丹田中，以意念守之。做九息。

(2)手、脚指漏氣者，盤坐位或仰臥位，兩脚趾屈曲，兩手虛握拳，拇指壓於四指背側，放於平臍腹側，慢慢吸氣，意想兩手或兩脚之氣聚於膻中；呼氣時下沈丹田，做九次或十八次。

(3)自感哪裏漏氣，就在此處搓摩數次，並向逆行方向拍打、搓摩。如後陰漏氣，則搓摩骶部，並順督脈自下向上拍打，漏氣減輕即可停止。

④神昏顚倒：宜加練醒神開竅功。

功法：先分推天門，推坎宮，揉太陽，揉百會，按揉風池；再掐五指尖及指甲根部；最後循上肢及下肢陰經、陽經自上向下拍打、搓摩，並按揉曲池、合谷、內關、神門穴。

⑤邪氣流竄者，宜在疼痛、沈重之局部進行推摩、拍打、按揉，並順經推摩、導引，使其從遠端排出。

【注意事項】

㈠每天練功一～三次。出現症狀時就立即練功，至症狀減輕或消失爲止。

㈡停止原來的練功方法，找出原因，只練糾正偏差的功法。嚴重者應請氣功醫師明確診斷，遵醫囑治療。

㈢練功中有些不舒服或疼痛、痠麻等，不一定是偏差，可能是練功中出現的觸動現象，找出原因適當處理即可，不必多疑，形成心理負擔，反而造成氣機阻滯而形成偏差。

㈣有些氣功偏差嚴重的人，如眞氣走失、神昏顚倒等，應避免外氣導引，有些患者由於接受外氣後，本身氣機受到激發，反而使病情複雜或加重。有些人接觸練氣功有素的人病情就會加重，這是自身氣機受到練功者之氣激發所致，故要特別注意。

㈤患者除積極治療外，精神要愉快，解除疑慮，還要多參加一些有益的文體活動和體力勞動，盡量不要使思想集中於不適的部位上，症狀就會逐漸好轉。

第九章 氣功保健與減肥

保健健美

氣功保健與健美，一般地說，它包括靜功和動功兩個方面。

靜功是指靜坐、站樁等，它以調身、調息、調神為其基本要素，以入靜、守一為唯一要求，通過一定功法的鍛練，達到「五臟敷華，形神俱健，壽盡天年」。靜勁的功法繁多，一般多主張採用站樁功、內養功、太極內功、周天功、放鬆功、強壯功、鬆靜功等，具體功法，可參閱本書各章節。

動功則是指通過形體動作，或手法，對全身或某一局部進行鍛練，同時配合呼吸與意念活動，從而達到「五臟敷華，形神俱健，壽盡天年」。動功的功法眾多，如五禽戲、易筋經、八段錦、十二段錦、五步行功、大雁功、鶴翔樁、鐵襠功、練功十八法等，以及本書各病症功法中的導引按摩功、揉腹壯丹功、靈龜伏氣功、健腎拍打功，等等。這裏僅選編一套簡單又常用的肢體保健健美功介紹如下。

安神熨頂

【功法】

㈠坐式或站式，兩手拇指指腹推印堂至前髮際十四次。自然呼吸，意想被操作部位。

㈡接上勢，兩手中指推抹前額，自眉弓起至髮際七遍。呼吸與意念同上。

㈢接上勢，兩手中指按揉兩太陽穴一分鐘，然後由太陽推至頭維，按揉頭維穴片刻後再推至百會穴，按揉百會穴一分鐘，按揉風府穴一分鐘。呼吸與意念同上。

㈣接上勢，用一手拇、食、中、無名四指指峰按揉四神聰穴一分鐘，呼吸與意念同上。

㈤接上勢，兩手掌心重疊，左手在內，以左手勞宮穴對準百會穴按於其上三分鐘。自然呼吸，意想身心放鬆，吸氣時，氣貫下丹田，呼氣時，從百會穴有一熱氣感直下，沿任脈入下丹田（圖137）。

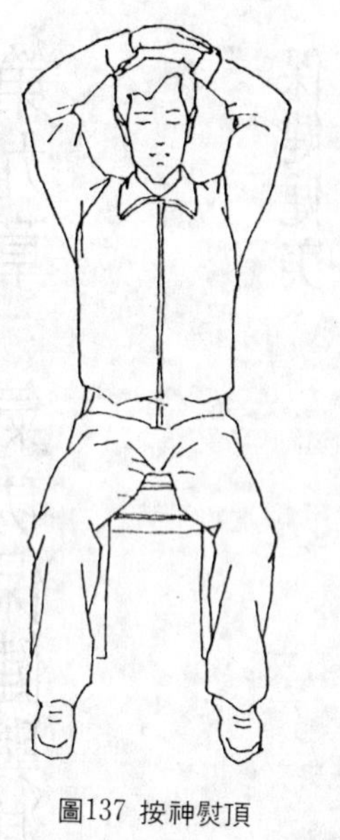

圖137 按神熨頂

【按語】

本法每日早、晚各做一次，或每晚睡前

做一次。功在安神、定志、清心、醒腦，久行，可健腦。對頭昏、頭痛、失眠亦有較好的效果。

梳理櫛髮

【功法】

㈠坐式或站式，兩手自然張開，梳理頭部八十一次。自然呼吸，意想被操作部位。

㈡接上勢，兩手指屈曲，兩手十指指峰背側，從頭部兩側鬢角處，由前向後，依次同時向頭頂梳理，五～十五分鐘，或以整個頭皮感到溫熱、輕鬆爲度。呼吸與意念同上（圖138）。

㈢接上勢，兩手指自然伸開，以兩手從頭前向枕後推抹，至枕後時，兩掌順勢，由枕後從兩頸部抹至頸肩，十四次。呼吸與意念同上。

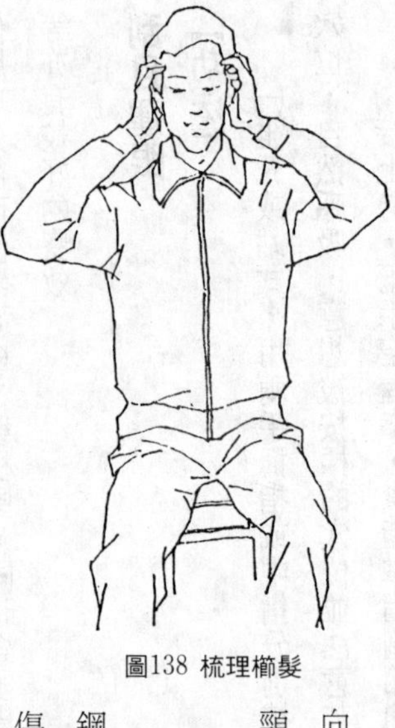

圖138　梳理櫛髮

【按語】

本法每日晨起與睡前各做一次（亦可借助於鋼針梳進行梳理，但使用時用力不可過重，以免傷及頭皮）。功在改善頭皮的血液循環，有烏髮的作用，久行可使髮不白、髮根堅，同時對頭皮發癢、脂溢性脫髮、頭屑多、脫髮、頭髮色黃等亦有較好的療效。

刮目運眼

【功法】

㈠坐式或站式，用兩手拇指或中指分別按揉絲竹空、瞳子髎、四白、目內眦、目外眦諸穴位，自然呼吸，意想被按揉的穴位並注意其感應，每穴按揉三十秒鐘。

㈡接上勢，兩手空握拳，食指掌指關節伸直，用食指中節橈側面，分別輕刮兩眼眶上、下緣和眼瞼，各二十一次。自然呼吸，意想被操作之部位（圖139）。

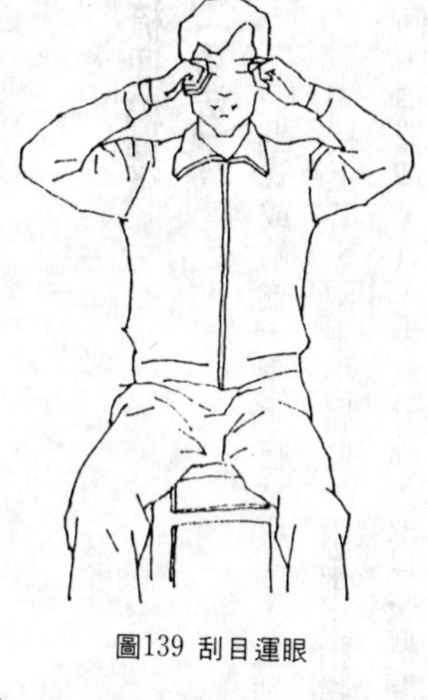

圖139 刮目運眼

㈢接上勢，用一手拇、中指或兩手拇指指峰點揉兩睛明穴一～三分鐘。自然呼吸，意想兩眼放鬆，並注意指下的感應。

㈣接上勢，兩眼瞳仁先向順時針方向運轉九次，再向逆時針方向運轉九次。自然呼吸，意想運轉的瞳仁有一光環隨之運轉。

㈤接上勢，兩手搓熱，以兩手勞宮穴對於兩瞳仁，熨雙目三分鐘或更長。自然呼吸或腹式呼吸，或逆腹式呼吸，意念爲：「吸氣時氣貫瞳仁，呼氣時氣由瞳仁下注丹田。」

【按語】本法每日早晚各做一次。兩眼分屬五臟，瞳仁爲神之所在，刮目運眼功在和臟腑、行氣血，培元陽之氣以養神，即西醫認爲的能促進眼肌和眼球的運動，加速眼部的血液循環，改善對視神經的營養，故此功久行之，可增進視力，防治目疾，同時亦可使人年雖老而眼不昏花，兩目炯炯有神。

引耳鳴鼓

【功法】㈠坐式或站式，兩手輕輕捻揉兩耳輪一分鐘後，再用兩手同時搓揉兩耳十四次。自然呼吸，意想被操作的部位。

㈡接上勢，兩手拇、食指分別輕捏兩耳垂向下牽拉十四次；然後再用食、中兩指挾住上耳輪部，向上牽引十四次。呼吸與意念均同上（圖140）。

㈢接上勢，用兩手食指分別插入兩耳孔中，先做順、逆方向攪動，各十四次；然後再同時做按插十四次。自然呼吸，意想兩耳內，並注意聆聽耳內響聲。

㈣接上勢，兩手掩耳，勞宮穴對準耳孔，掌根朝前，十指按於枕後部，按抑兩耳十四次，呼吸與意念均同上。

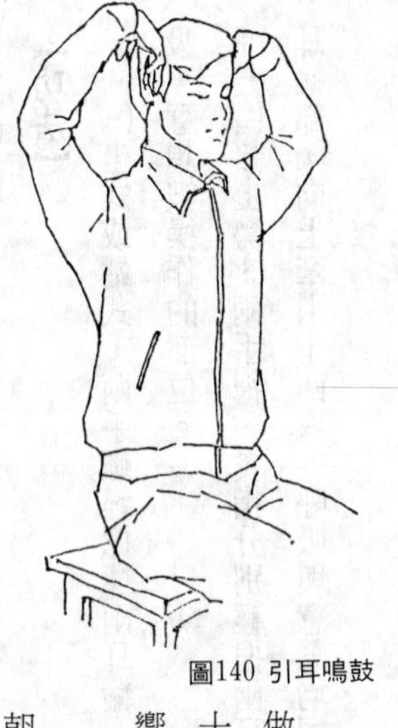

圖140 引耳鳴鼓

㈤接上勢，用兩手食、中指同時有節律地叩擊枕部，每連叩三下後稍作停頓再叩，如此做三下爲一次，共做七次，每次之間停頓約三十秒鐘。呼吸與意念均同上，但應特別注意聆聽每次停頓時，耳內的餘音。

【按語】本法每日早、中、晚各做一次，亦可早、晚各做一次，功在固腎納氣，有增強聽力、醒神清腦的作用，久行之可使耳不聾，對防治耳鳴、耳聾有較好的效果，同時對消除頭暈頭脹也有一定的作用。西醫認爲，本法有刺激聽神經和調整中樞神經的作用。

雙洗井灶

【功法】

㈠坐式或站勢，用一手拇、中兩指，或兩手中指指端，從上至下拿揉，或按揉鼻骨兩旁七次；然後再按揉鼻骨旁、目內眦下五分的內眦下穴和迎香穴，各三分鐘。自然呼吸，意想被操作的部位。

圖141 雙洗井灶

㈡接上勢，兩手空握拳，拇指蓋住拳眼，用兩拇指第一節指骨背側擦鼻兩側（以迎香穴爲中心）三分鐘。呼吸與意念均同上（圖141）。

㈢接上勢，兩手中指指端按揉鼻翼下端旁開一分處一分鐘。呼吸與意念均同上。

【按語】

本法每日早、中、晚各做一次，或早、晚各一次。功在改善鼻部血液循環，增強上呼吸道的抵抗力。久行之可使嗅覺保持靈敏，亦可預防感冒，同時對慢性鼻炎亦有較好的療效。對於平時易患感冒之人，尤其要堅持本功的鍛練。

卓齒固腎

【功法】

㈠坐式或站式，瞑心存想，由輕漸重，叩齒三十六次。自然呼吸，意想牙齒越叩越堅。

㈡大小便時，牙齒咬緊，不要努掙，自然呼吸，意想大、小便隨呼吸自然解出。

【按語】

本法除第一法每天早、晚各做一次外，第二法，可隨大、小便而行。其功在固腎納氣，固本堅齒，久行之，可使牙堅齒固，亦可防止牙齒鬆動和牙痛，同時對防治其他牙病與前列腺炎、小便淋漓不盡等病症，亦有較好的效果。

擦揉顳頷

【功法】

㈠坐式或站式，兩手中指分別按揉下關、頰車穴各一分鐘。自然呼吸，意想被操作的部位。

㈡接上勢，先用兩手大魚際按揉兩顳頷部，然後以兩掌心對準顳頷部，做張口合攏的活動七次。呼吸與意念均同上。

㈢接上勢，兩手大魚際貼於下頷骨，拇指在下頷骨下角至耳垂後，手掌貼於顳頷部，擦

顳頜部二十一次，或以局部透熱爲度，但不可擦破皮膚（圖142）。

圖142 擦揉顳頜

【按語】

本法每日早、晚各做一次。功在舒筋活血，強筋壯骨，滑利關節，久行之可使顳頜關節強健而咬硬物時顳頜有力，因此對防治顳頜關節紊亂症和防止顳頜關節脫位有較好的效果，是中老年人應練的重要功法之一。同時本法對面癱和因中風而致的口眼喎斜後遺症亦有一定的效果。西醫認爲，本法的主要作用在於改善顳頜部的血液循環，增強咀嚼肌的韌性，防止其鬆弛和顳頜關節囊對關節的約束力。

浴面增輝

【功法】

㈠坐式或站式，用兩手大魚際或手掌，在顏面部進行輕快柔和按摩與按揉三～五分鐘。自然呼吸，意想被操作的部位，並使之盡量放鬆。

㈡接上勢，將兩手搓熱，先擦前額部，次擦額兩側部（以太陽穴爲中心），再擦鬢角部（以食指貼於耳前部，手掌貼於面頰），最後擦整個顏面部（以兩手小魚際貼於鼻兩旁）。以上每個部位各擦一～三分鐘或更長，或令整個顏面深熱、面色微紅爲度。呼吸與意念同上。

【按語】

本法每日早、晚各做一次。功在行氣活血，濡養肌膚，即西醫所說的，可促進面部的血液循環，改善面部皮膚的呼吸，消除衰老的上皮細胞，促進面部的新陳代謝，保持面部肌膚的張力與彈性，因此是面部抗衰老的最理想功法。古人對此功有「面者神之庭……常欲得兩手拭摩之使熱……令人面有光澤，皺斑不生，行之五年，色如少女」之論。故而，本法是美容的主要功法，同時，久行之對防止感冒、保護視力亦有較好的作用。近來有人稱此法爲「美容浴面法」。

頸顧左右

【功法】

㈠站式、兩手叉腰，拇指在前，餘四指護住腰眼（即腎俞穴），先作頸部前屈，後仰與左右側屈活動各二分鐘。自然呼吸，意想頸部盡量放鬆。

㈡接上勢，頭頸自左向右緩緩旋轉一周後，突然從左前向右後順勢扭轉，兩眼盡量向右後方遠處望去，停頓片刻後，如上法，再向左後扭轉，兩眼盡量向左後方遠處望去。此爲一次，做二十一次。呼吸與意念同上。

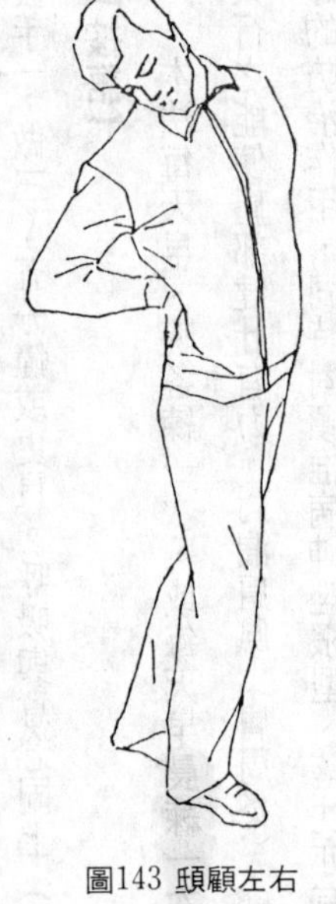
圖143 頣顧左右

㈢接上勢，以頸椎爲軸，帶動腰椎，先向左後側旋轉，兩眼盡量看左足跟，在此體位下做三息，然後再按上法，向右後側旋轉，兩眼盡量看右足跟，亦做三息，如此爲一次，做七次。自然呼吸，意想頸部一側盡量放鬆，另一側盡量牽伸（圖143）。

【按語】

本法每日早、晚各做一次爲佳，亦可只做早晨或晚上一次。功在強壯筋骨，滑利關節，舒鬆經筋。久行可使頸部肌肉、韌帶強健，頭頸活動靈活，改善頸部的血液循環，對防治頸椎病、落枕有很好的效果，對頸椎退變的預防亦有一定的作用，同時對頸肩背痛與腰痛亦有較好的防治作用。

運肩舒臂

【功法】

㈠站式，兩手自然下垂，聳左肩、沈右肩，再聳右肩、沈左肩，如此爲一次，做二十一次或四十二次。自然呼吸，意想肩部盡量放鬆。

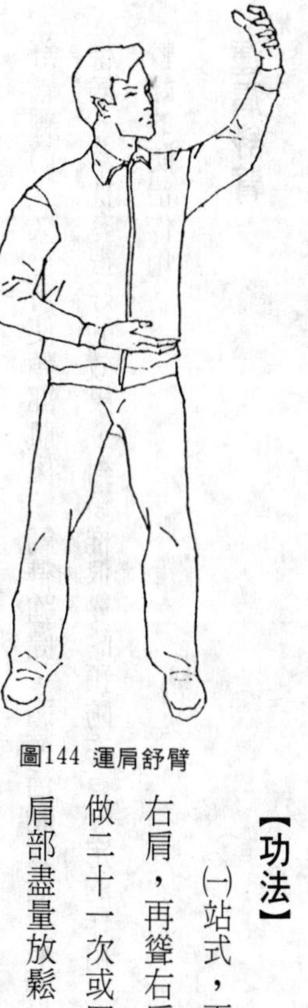

圖144 運肩舒臂

㈡接上勢，兩肩部由後向前轉動二十一次或四十二次，然後再由前向後轉動二十一次或四十二次。呼吸與意念同上。

㈢接上勢，兩手叉腰，胸微挺，左肩前屈、右肩後伸，然後再右肩前屈，左肩後伸，如此反覆做二十一次或四十二次。呼吸與意念同上。

㈣接上勢，兩手提到胸前，掌心向內，兩肘微屈呈抱球狀，做「小雲手」逐漸變爲「大雲手」，做三～五分鐘或更長。呼吸與意念同上（圖144）。

【按語】

本法每天早、晚各練一次，或每天早晨練一次。功在舒筋活血，疏通經絡，滑利關節，久行之能使肩部健壯有力，對漏肩風（肩周炎）、頸肩背筋膜炎、肩關節炎、上臂痛等症有較好的防治作用，同時對頸椎病神經根型、落枕亦有一定的防治作用。

開胸順氣

【功法】

㈠站式或坐式，兩手按揉兩側的雲門、中府、乳根、章門、期門諸穴各一分鐘。自然呼吸，意想被操作的部位。

㈡接上勢，用兩手掌擦兩脇肋部（盡量從上至下擦至髂前上嵴部）七次或十四次，呼吸與意念同上。

㈢接上勢，兩手虛掌拍擊胸部兩側（手法要輕快），以兩乳中線爲中心，自上至下至第七肋骨上緣，做十四次。呼吸與意念同上。

㈣接上勢，以一手全掌自上而下，以任脈爲中心，擦胸部十四次或以胸部透熱爲度。呼吸與意念同上。

㈤接上勢，兩手同時從上至下抹脇部二十一次或四十二次。呼吸與意念同上。

【按語】

本法每日早、晚各一次、或晚上做一次。功在寬胸理氣，疏肝解鬱，久行之可令人胸襟坦蕩，心情舒暢，對情志鬱結，胸脇滿悶、氣急胸痛、咳嗽氣喘等病症的防治有較好的效果，同時對慢性肝炎、膽囊炎、膽石症的治療，也有一定作用。

健胃助運

【功法】

㈠站式或坐式，用一手中指按揉中脘，用大魚際按揉神闕穴，每穴一分鐘。自然呼吸，意想被操作的部位。

㈡接上勢，用一手四指摩脘腹部，順、逆時針方向各八十一次（以中脘爲中心）。呼吸與意念同上。

㈢接上勢，一手由劍突下用大魚際推抹至恥骨聯合上二十一次。自然呼吸，意想腹內有氣隨手而動。

㈣接上勢，用一手全掌摩全腹，按順、逆時針方向各轉摩三十六次。呼吸與意念同上。

㈤接上勢，兩手重疊，左手在裏（女右手在裏），兩手內、外勞宮穴相對，以左手內勞宮穴對按於臍上，向順、逆時針方向按揉各三十六次。自然呼吸，意想以臍爲中心，有一氣流動，向順時針方向按揉時，逐漸擴大，最後達全腹，當向逆時針方向按揉時，又由全腹逐漸縮小，最後歸入臍中；再意守臍，注意臍下的感應。

【按語】

本法每日早、晚各做一次，或每晚做一次。功在補脾健胃、消食化滯，增強脾胃功能，增加胃腸蠕動，久行之可使胃腸功能增強，食慾大增，同時對失眠、胃病、胃及十二指腸潰瘍、胃腸功能紊亂以及傷食、食慾不振、大便失調等病症有較好的防治作用，對婦女痛經、經閉、月經不調亦有一定的治療效果。

運動水土

【功法】

㈠站式或坐式，兩手上下摩兩脇三～五分鐘或更長時間。自然呼吸，意想脇部，並盡量使脇部放鬆。

㈡接上勢，用兩手自上向下搓兩脇部二十一次。呼吸與意念向上。

㈢接上勢，兩手內勞宮穴分別對準兩腎兪穴按揉一～三分鐘，或使兩腎兪穴透熱。自然呼吸，意守兩腎兪穴，並注意兩腎兪穴的感應。

㈣接上勢，兩手按於兩腎兪穴一分鐘或更長時間。呼吸與意念同上，細心體驗腎兪穴的熱感，並意想這熱感越來越強。

【按語】本法每日早、晚各做一次，或每晚做一次。功在補益脾腎，理氣和胃，久行之可令百脈流通，五臟安和。對胸悶不舒、胸脇滿悶、消化不良、飲食積滯等病症有較好的防治效果，同時對脾腎陽虛所引起的泄瀉也有較好的治療效果，故本法素爲古代養生家所重視。

擦揉關元

【功法】

㈠坐式或站式，一手掌心內勞宮穴對準關元穴，先向順時針方向按揉三十六次，然後再逆時針方向按揉三十六次。自然呼吸，意守關元穴，並注意關元穴的熱感與熱感的運動。

㈡接上勢，用一手自臍下沿任脈橫擦至恥骨聯合上部十八次，自然呼吸，意想被操作的部位。

㈢接上勢，掌按關元穴（以掌心內勞宮對準關元穴）三分鐘或十八息。自然呼吸或腹式呼吸，意守關元。

【按語】本法每天早、晚各做一次，或每晚睡前做一次。功在溫補元陽，調整內臟活動，增強內臟功能，久行之可培補元氣，促進消化吸收，對腹脹、便秘、食慾不振等有較好的防治作用，同時對小腹冷痛、慢性盆腔炎、痛經、月經不調等病症，亦有一定的治療效果。

搓運腰腎

【功法】

㈠站式，兩手握拳，以拇指第一指間關節突起部按揉兩腎兪穴一分鐘。自然呼吸，意想被操作的部位。

㈡接上勢，兩手掌心內勞宮穴對準腎兪穴，拇指在前，按於腰部，以腰爲軸，上身由左向右旋轉一圈，做三十六次；然後再從右向左旋轉，做三十六次。呼吸與意念同上。

㈢接上勢，以下腰爲軸，上身不動，臀部先由左向右旋轉一圈，做三十六次；然後再由右向左旋轉，做三十六次。呼吸與意念同上。

㈣接上勢，兩手搓熱，擦腰部兩側（以腎兪爲中心）與腰骶部（以腰陽關爲中心），以被擦部位透熱爲度。呼吸與意念同上。

【按語】

本法早、晚各做一次。功在壯腰健腎，強筋健骨，滑利關節，解痙止痛，促進腰部血液循環，消除腰肌疲勞，久行之可使腰脊強壯，腰肌有力，腰部活動靈活。對防治腰痛、腰肌勞損、腰椎退變等病症，消除受涼或勞累後的腰部不適、痠脹疼痛、乏力等，都有較好的效果，同時對腰背痛、痛經、髖關節痛等亦有一定的防治作用。

通調二便

【功法】

㈠坐式或站式，兩手重疊，內、外勞宮相對，左手在內，以左手內勞宮穴對準關元穴，先順時針方向按揉三十六次，再逆時針方向按揉三十六次。自然呼吸，意守丹田。

㈡接上勢，兩手重疊按於小腹部，先順時針方向摩三十六次，再逆時針方向摩三十六次。呼吸與意念同上。

㈢接上勢，兩手重疊，由臍下沿任脈經向下緩緩推向恥骨聯合十八次。自然呼吸，意想有一氣感順著手推直向陰部衝去。

㈣接上勢，用一手掌小魚際或全掌擦骶尾部，從上至下，沿督脈經至閭尾部，以局部透熱為度（如盆腔後壁有熱感更佳）。自然呼吸，意守骶尾部，微微提肛、閉谷（即會陰穴稍用力提閉一下）。

㈤接上勢，用一手中指端按揉尾閭部，先順時針方向揉，再逆時針方向揉，各三十六次。自然呼吸，意守尾閭，同時亦應微微提肛與閉谷。

㈥接上勢，兩手拇指同時按於箕門穴順、逆時針方向各揉三十六次。自然呼吸，意守箕門穴。

㈦接上勢，兩手掌根同時自腹股溝沿大腿內側中線推至股骨內髁，共三十六次。自然呼吸，意想被操作的部位。

【按語】

本法每日早、晚各一次，若用於治療再增加中午一次。功在補腎氣，助元陽，通腸腑，清膀胱，久行之可令二便通調。對習慣性便秘、小便不利、小腹脹痛有較好的防治作用，同時對脫肛、痔瘡、尿瀦留、慢性前列腺炎等病症亦有一定的防治效果。若是小便正常，可不必做大腿部的操作。

托天頓足

【功法】

㈠站勢，兩手緩緩提起至胸前，掌心向上，指尖相對，吸氣，兩手繼續緩緩上提，至前額時旋腕，兩虎口相對，再緩緩向上推托至兩臂完全伸直，兩足跟提起，此時吸氣盡，意想兩手如托千斤重物上舉，猶如托天一樣；呼氣，兩掌變拳緊握，兩肘緩緩屈曲，慢慢下落至胸前，兩拳眼向外，同時雙足跟下落頓足，此時呼氣盡，意想兩手將千斤重物拉下。再將兩拳變掌，掌心向上，指尖相對，如上法再做，如此做十八次（圖145）。

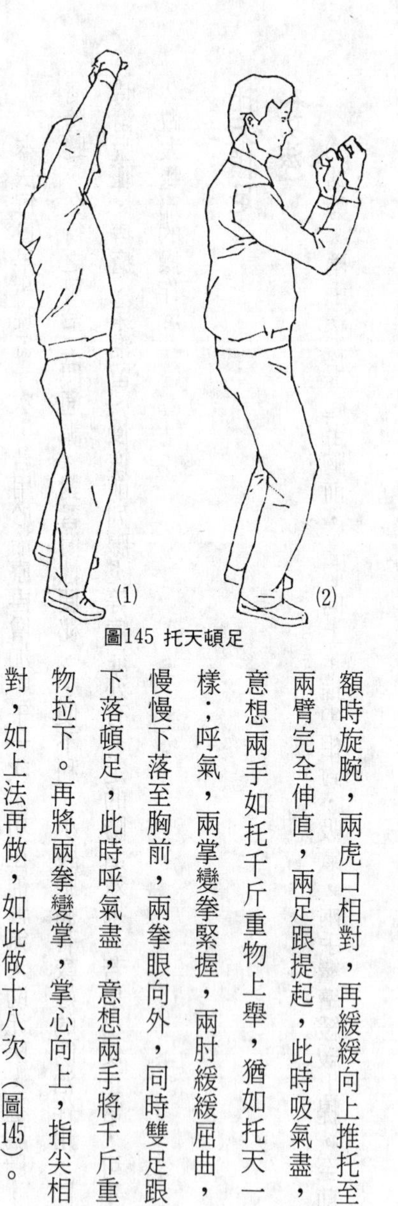

圖145 托天頓足

(二)接上勢，用一手按揉命門穴和腰陽關穴各二分鐘。自然呼吸，意守命門與腰陽關，並注意穴位的感應。

【按語】本法每日早、晚各做一次，或每天早晨做一次。功在通經脈，和氣血，壯腰固腎，久行之可使筋骨強健，肢體活動靈敏，對防治腰脊痠軟、乏力、脹痛、四肢關節無力等症有較好的效果，同時對關節炎、足跟痛等病症亦有一定的防治作用。

拿筋擦膝

【功法】

㈠坐式，兩手拇指與其他四指拿捏並揉股骨內外髁、陰陵泉和陽陵泉以及兩膝眼穴，各一分鐘。自然呼吸，意想被操作的部位。

㈡接上勢，用一手手掌分別擦膝關節周圍，以整個膝關節內透熱爲度。自然呼吸，意想整個膝關節盡量放鬆。

㈢接上勢，兩手掌按住兩膝關節髕骨上，先順時針方向按揉髕骨八十一次，再逆時針方向按揉髕骨八十一次。自然呼吸，意想膝關節放鬆，注意膝關節內有一熱感越來越明顯，以至整個關節有一股強烈的熱氣流充盈。

【按語】

本法每日早、晚各做一次，或每晚做一次。功在舒筋活血，溫經通絡，久行之可令步履靈活。對防治膝關節的病症如關節炎、髕骨軟骨軟化症、髕韌帶勞損、髕下脂肪墊勞損、慢性損傷性滑囊炎有較好的作用，同時對膝關節半月板損傷、增生性關節炎等病症亦有一定的治療效果。

浴身健膚

【功法】

㈠坐式，一手擦對側上肢的前、外、後、內側，再用另一手擦對側上肢的前、外、後、內側，以被擦部位透熱爲度。自然呼吸，意想丹田之火自下而上焚及遍身。

㈡接上勢，兩手同時擦同側胸腹部（由上至下），以被擦部位透熱爲度。呼吸與意念同上。

㈢接上勢，兩手同時擦同側腰部、骶部與臀部（由上至下），以被擦部位透熱爲度，呼吸與意念同上。

㈣接上勢，亦可改用站式，兩手同時擦同側下肢的後、外、前、內側，以被擦部位透熱爲度，呼吸與意念同上。

㈤接上勢，兩手分別擦對側的足背部，以被擦部位透熱爲度。然後捻足趾，每趾各捻三～五次。呼吸與意念同上。

㈥接上勢，兩手掌相互搓擦，以兩手整個手部溫熱爲度，然後捻手指，每指各捻三～五次；最後理手指，每指各理三～五次或更多。呼吸與意念同上。

【按語】

本法每日早、晚做一次，或每晚做一次。功在行氣血，通經絡，使百脈通調，和臟腑，補脾腎，使身強體健，久行之可令皮膚紅潤光澤，體態豐滿。對皮膚乾燥、瘙癢有較好的防治作用，同時對預防感冒亦有較好的效果。本法歷來爲古代養生家所推崇；本法的意念活動自始至終都存想丹田之火焚遍全身，尤其是操作部位更烈，在練功時應特別注意這一點；本法的作用，西醫認爲主要是促進肢體末梢循環，改善皮膚的呼吸和營養，清除衰亡的上皮細胞，促進新陳代謝，有利於汗腺和皮脂腺的分泌，增強皮膚的光澤與彈性。

擦揉湧泉

【功法】

㈠坐式，一手握住足踝部，一手拇指按揉湧泉穴三～五分鐘。然後再換另一足，按上法操作，自然呼吸，意守湧泉穴。

㈡接上勢，一手小魚際擦湧泉穴，由慢漸快，由輕到重，以足底透熱爲度。自然呼吸，意想湧泉穴有一股熱感越來越強，並逐漸上行至下丹田（圖146）。

【按語】

本法每日早、晚各做一次。功在滋陰壯水，補益肝腎，清熱除煩，養心安神。久行之可使人神清體健。對五心煩熱、頭昏、頭暈、失眠、心悸等病症的防治有較好的效果，同時對降低血壓亦有一定的作用。本法是中老年人，尤其是高血壓、心臟病患者的主要保健功法。

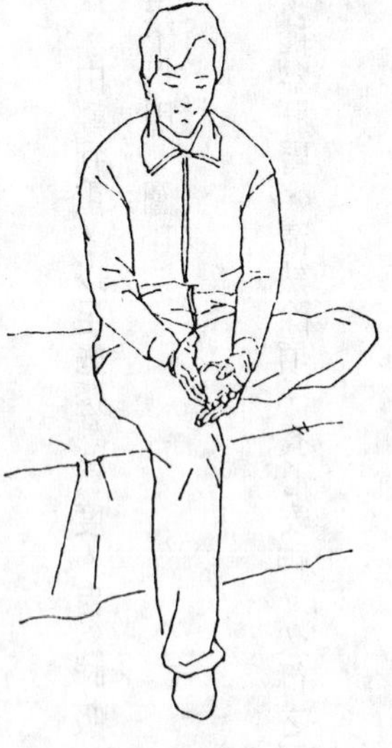
圖146 擦揉湧泉

氣功減肥

肥胖是人體脂肪積聚過多所致。當人體進食熱量超過消耗量，多餘的物質主要轉化為脂肪，儲存於各組織皮下，形成肥胖，一般以超過正常體重10%為過重，超過20%以上者為肥胖。肥胖可發生於任何年齡，但四十歲以上者居多，女性較男性為多。

肥胖不但有礙於人體美，而且因大量脂肪組織的積聚，形成機體的額外負擔，使其氣的消耗量較正常增加，故常有怕熱多汗。又因其橫膈抬高，使呼吸運動及血液循環均受影響，因此易感疲乏，呼吸短促，不能耐受較重的體力勞動，以及頭暈、頭痛、心悸、心煩、腹脹、下肢浮腫等一般性的不適症狀。另外肥胖者對感染的抵抗力較低，並易於發生冠狀動脈硬化性心臟病、高血壓病、糖尿病、痛風及膽石症等，故肥胖對人體有一定的危害並嚴重影響人體健美。

氣功減肥健美，是通過一定姿勢、呼吸、意念等功法的鍛練，使肥胖者的消化系統功能發生相應的改變，使其在練功期間飢餓感減弱或消除，從而有效地控制進食量，並通過對機體呼吸、循環、內分泌等系統的調整和日常正常工作、學習、生活等活動自然消耗多餘的脂肪，協調各系統的功能，所以練本功法能達到減肥健美、防治疾病的目的。

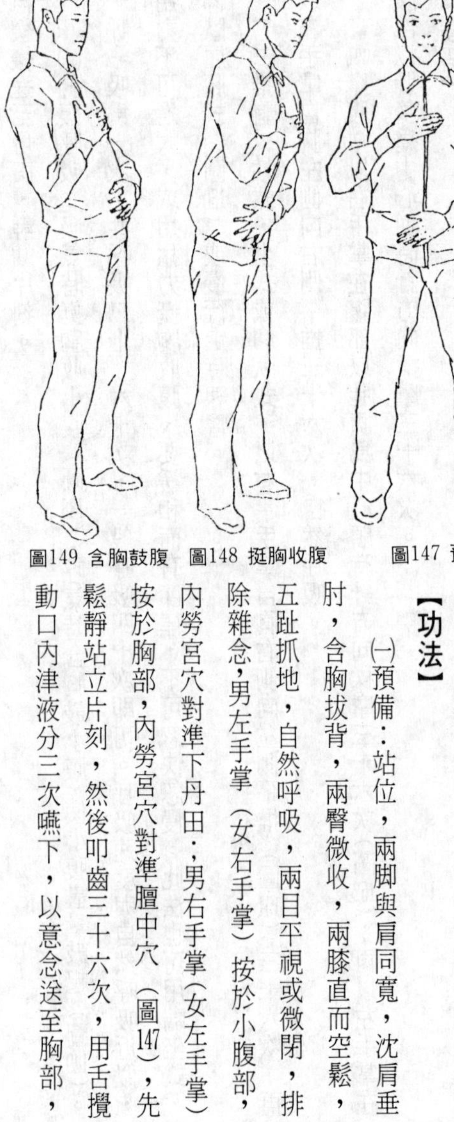

圖147 預備　圖148 挺胸收腹　圖149 含胸鼓腹

胸腹式呼吸功

【功法】

㈠預備：站位，兩脚與肩同寬，沈肩垂肘，含胸拔背，兩臀微收，兩膝直而空鬆，五趾抓地，自然呼吸，兩目平視或微閉，排除雜念，男左手掌（女右手掌）按於小腹部，內勞宮穴對準下丹田；男右手掌（女左手掌）按於胸部，內勞宮穴對準膻中穴（圖147），先鬆靜站立片刻，然後叩齒三十六次，用舌攪動口內津液分三次嚥下，以意念送至胸部，再緩緩送至丹田，靜站片刻。

㈡胸腹呼吸：吸氣時挺胸收小腹（圖148）。呼氣時含胸鼓小腹，使小腹盡量鼓起（圖149）。一呼一吸爲一次，共呼吸三十～六十次，一般呼吸四十次即可。呼吸速度與自然呼吸近似，用力不可過大，或用猛力挺胸收腹，要緩和而有節律，不可忽快忽慢。此法也可用端坐式，仰臥屈膝式（圖150）或慢行走時練習。

㈢推胸：站式，坐式或仰臥式，以右手手掌自胸右側向左側平推（圖151）三十六次；再以左手掌自胸左側向右側平推三十六次，自然呼吸。

㈣摩腹：以右手掌在腹部以肚臍爲中心順時針方向揉摩三十六次（圖152）；再以左手掌在腹部以肚臍爲中心逆時針方向揉摩三十六次。

【按語】

本功法是充分利用呼吸時胸部和腹部的波浪形動作來壓迫、放鬆、按摩消化和呼吸系統，使肥胖者在練功期間減少或消除飢餓感，控制進食量，加強正常的消化與吸收的功能，消除過多的脂肪，增加氧氣的吸入量，調整臟腑的功能，故它是控制飲食量減肥的主要功法。本法僅在飢餓時練，練至整日無飢餓感則可以不再練。一般堅持練一～三天，飢餓感便會逐漸消失或減弱，若練功期間伴有頭暈、噁心、周身乏力、眼花等症狀，經練功慢慢會消失。若

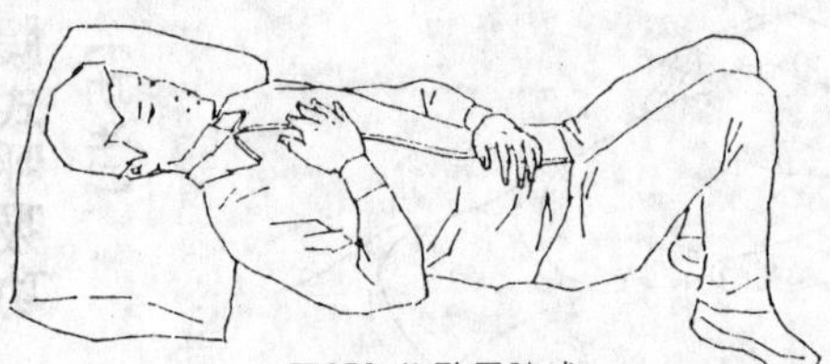
圖150 仰臥屈膝式

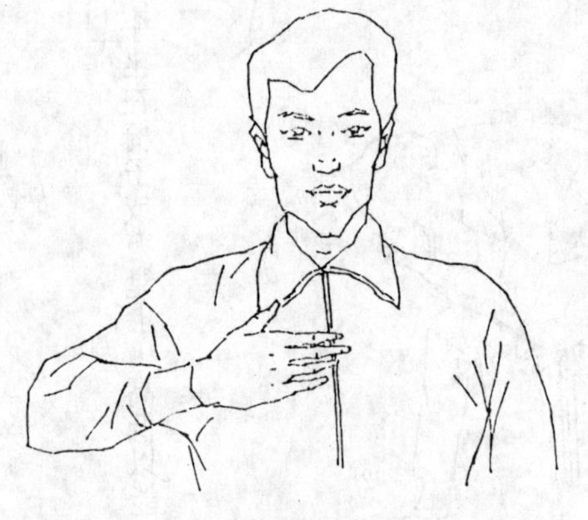
圖151 推胸

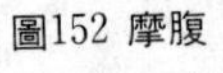
圖152 摩腹

數天後飢餓感仍十分強烈，且伴有不良反應者應停練此功。

腹式呼吸功

【功法】

㈠預備：首先平坐在椅子或方凳上，高低以能使膝關節屈曲成九十度爲原則。兩脚與肩

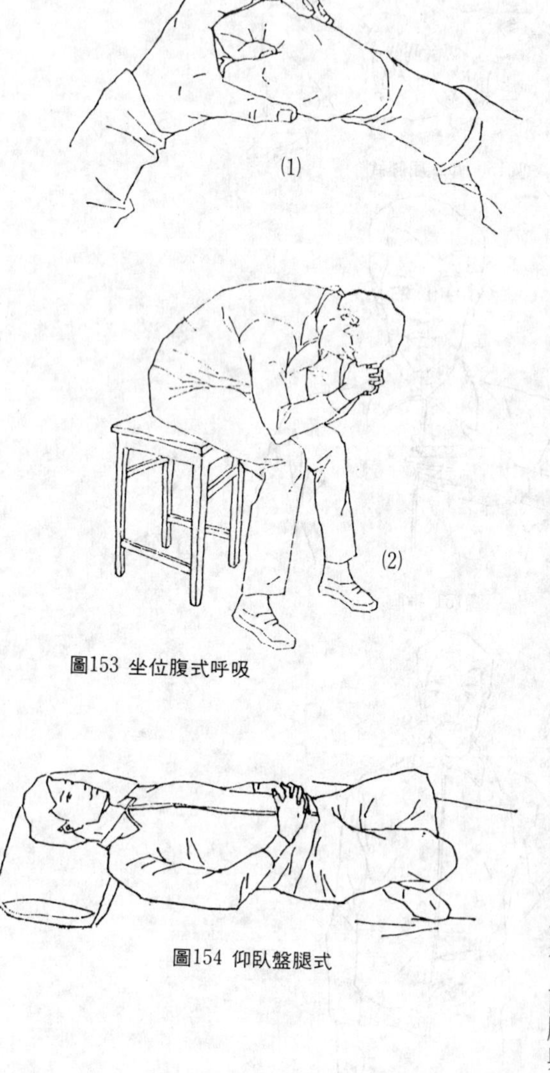

圖153 坐位腹式呼吸

圖154 仰臥盤腿式

同寬，平踏地面。然後右手虛握拳，拳鬆而不露空隙，左手抱在右拳外（圖153(1)）。然後將兩肘放於膝上，輕閉雙目，舌抵上腭，彎腰低頭，將前額按壓在拳眼上（圖153(2)）。或仰臥盤腿，兩手四指交叉，拇指相接，放於小腹部（圖154）。調勻呼吸，排除雜念。

(二)腹式呼吸：擺好預備式後，調整意念，思想集中在呼吸上。首先以意支配吸一口氣，然後慢慢呼氣，使其細、緩、勻、長的吐出，同時全身放鬆，並以意導氣使呼出之氣貫入小腹，從小腹部而出，待氣呼完，再吸氣。吸氣時亦應細、緩、勻，吸短呼長，不可急促或過於用力。隨著呼吸，自覺小腹部逐漸有飽滿的感覺時，改用停閉呼吸，即吸氣後停閉二秒鐘，再呼氣，成爲「吸——停——呼」的停閉呼吸方法。但在呼吸過程中要求只用腹式呼吸，吸氣將氣送下丹田，緩緩鼓腹，使小腹充盈，呼氣時腹部緩緩內收，使腹部隨著呼吸一鼓一縮的運動著，胸部沒有起伏。每次練十～三十分鐘。

(三)降氣醒腦：練完腹式呼吸後慢慢睜開眼睛，再直腰抬頭平坐於椅上，以兩手食、中指指腹自兩眉間推抹至前髮際二十四次（圖155）；再從額中沿眉上推抹至兩太陽穴二十四次（圖156）；再以兩手拇指向耳後方向旋轉揉太陽穴二十四次（圖157）；最後以四指併攏，用指尖在頭側膽經自前向後推抹，左右各二十四次（圖158）順、逆旋轉各二十四次。男先推擦左側，女先推擦右側。

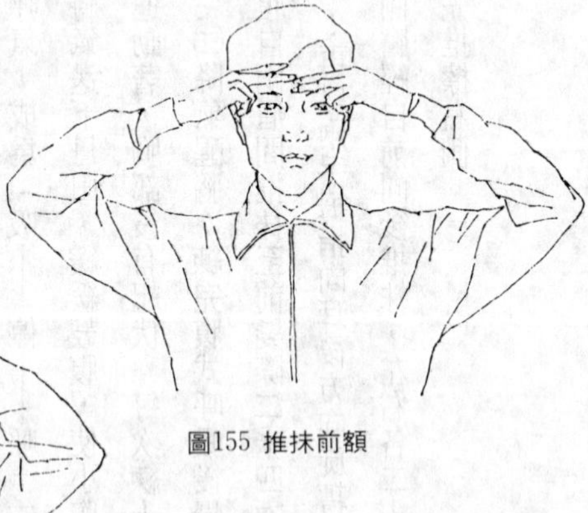

圖155 推抹前額

圖157 揉太陽

圖156 推抹坎宮

圖158 推抹膽經

㈣最後摩腹（圖152）順、逆旋轉各三十六次；再搓搓手，搓搓臉即可收功。

【按語】

本功主要在節食減肥期間練習，每天練二～三次。練本功時吸氣的飽滿程度可以根據個人的實際情況而定。總之，不可過於用力，從不憋氣而舒適爲原則。練完腹式呼吸後，不要立即睜開眼睛，待慢慢睜開眼睛後，立即練降氣醒腦、摩腹、搓臉等，否則會引起頭暈不適。

本功法有調理上焦之氣，補益元氣，使丹田之氣充實飽滿的作用，故是節食減肥期間的重要功法。

乾坤運轉功

【功法】

㈠預備：鬆靜站立，兩脚與肩同寬，兩手自然放於身體兩側，自然呼吸，排除雜念，兩目輕閉，舌抵上腭（圖159）。

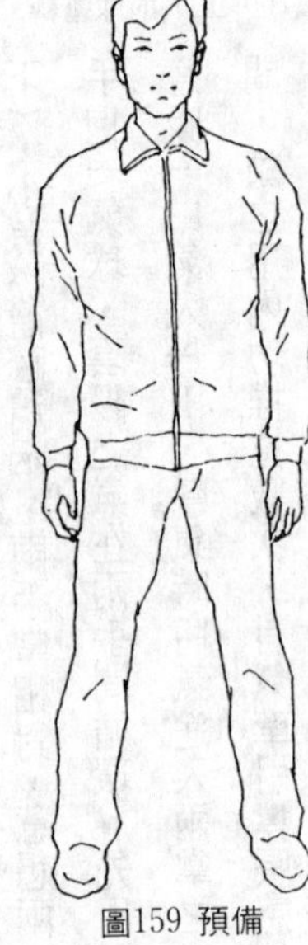
圖159 預備

㈡上下抱球運轉：兩手掌在胸腹前自然伸開，呈抱球狀，男左手在上（女右手在上），拇指與膻中穴同高，右手在下（女左手在下），小魚際與臍相平，兩手掌相對，意想兩手抱一氣球，陰陽之氣在兩手間循環。先用意吸一口氣入丹田，呼氣時將氣送入兩掌之間，隨之用內功推拉數次，有氣牽引撐脹感後兩手推氣球，左手順時針方向轉，右手在下隨之，似搓球之狀，做天數二十五次，然後兩手向相反方向旋轉搓球，做地數三十次（圖160）。自然呼吸，意存兩手掌，抱球靜守片刻。

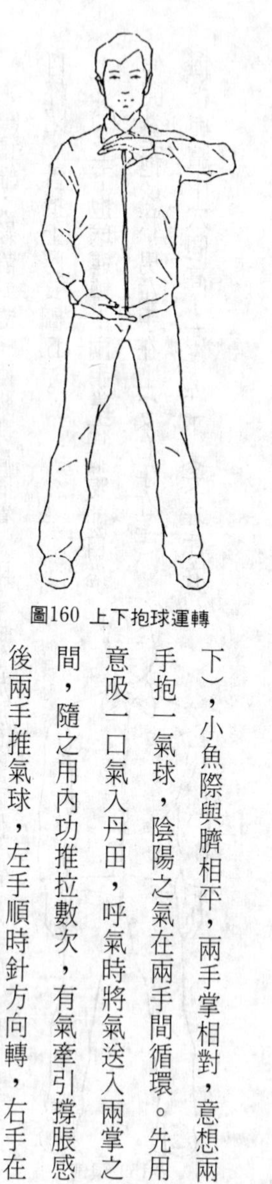
圖160　上下抱球運轉

㈢左右抱球運轉：兩手在胸腹自然伸開，呈抱球狀，兩手掌相對，兩拇指與膻中穴同高，意想兩手抱球，先吸一口氣入丹田，再呼氣送入兩手之間，隨之兩手用內勁推拉數次，有氣牽引或撐脹感後，兩手推氣球左手向順時針方向轉，右手隨之，做天數二十五次，然後兩手再向相反方向旋轉，做地數三十次（圖161），自然呼吸，意存兩手掌，抱球靜守片刻。

㈣日月輪轉：左臂在上，平天突穴，右臂在下，平神闕穴，如懷中抱物狀，先吸一口氣入丹田，然後呼氣，運氣於兩手之間，手臂用內勁與胸腹推拉數次，待有氣感後左手順時針方向轉，右手隨之，兩前臂內外輪轉，做天數二十五次，然後再向相反方向輪轉，做地數三十次（圖162），最後兩臂還原至預備式，搓搓手、搓搓臉收功。

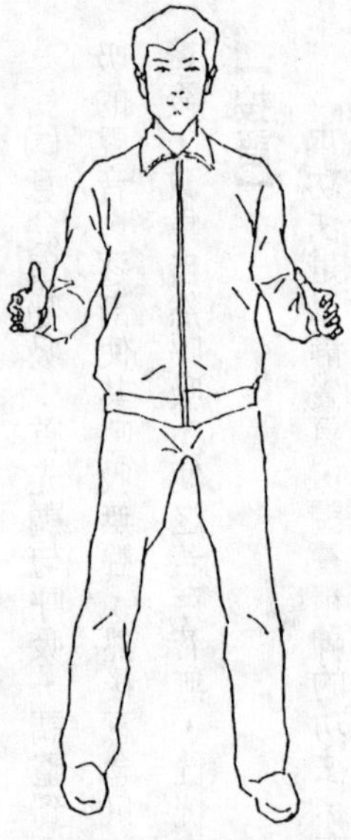

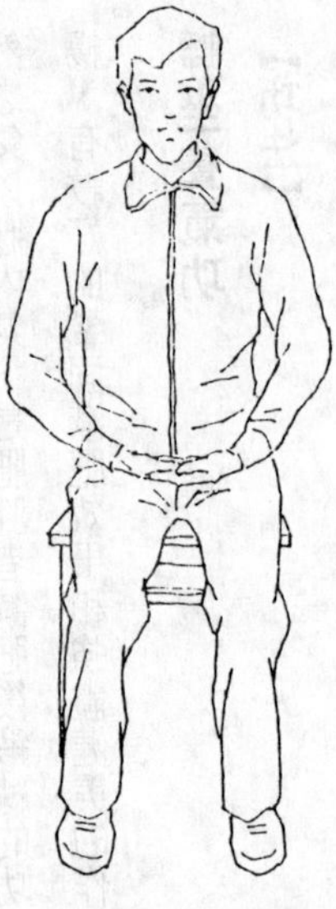

圖163 平坐仰掌式

圖161 左右抱球運轉

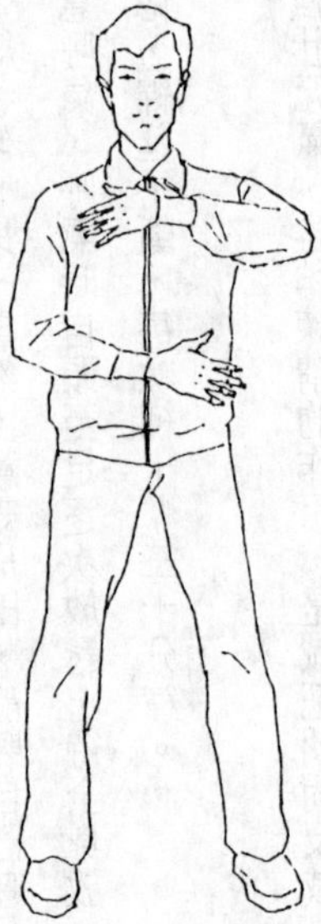

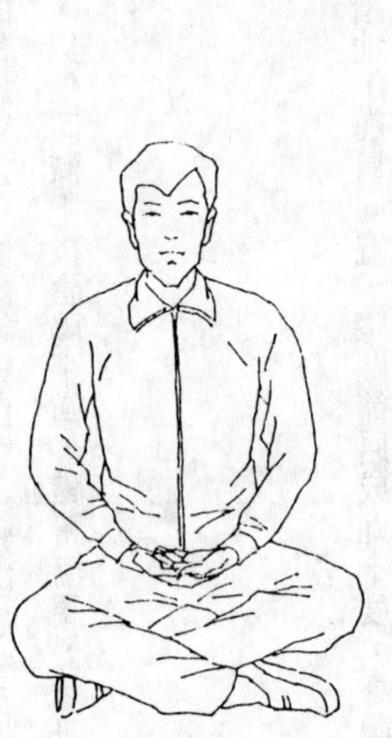

圖164 盤坐仰掌式

圖162 日月輪轉

【按語】

本功法有平衡人體上下、左右、前後陰陽的作用，還可使內氣與自然之氣相融合，收浩然之氣以壯內氣，是肥胖者減肥後鍛練的功法，以保證減肥後陰陽平衡，臟腑協調，氣血通暢，有較好的鞏固減肥效果和強體健美的作用。

靜坐養氣功

【功法】

㈠預備：端坐在寬平的方凳上，兩足平行踏地，與肩同寬，膝關節屈成九十度，身體端正，大腿與軀幹亦屈成九十度，兩手相疊，掌心向上，男右手在上，女左手在上，頭端正，下頜微收，腰背正直，垂肩含胸，口眼輕閉。舌抵上腭（圖163）。亦可取盤坐式（圖164）。

㈡意念與呼吸：首先調勻呼吸，調整到緩、細、勻、長、自然，意守丹田，靜聽自己呼吸的聲音，逐漸使其呼吸無聲，然後意念只注意呼氣，呼氣時自頭至足逐次放鬆，待全身放鬆後，改爲自然呼吸，使之若存若無，恍恍惚惚，綿延不斷，每次練十～三十分鐘。

【按語】

本功法是以靜養氣，調養精神的功法，有強壯元氣、益神練精的作用，是減肥期間及減肥後加強和鞏固療效的重要功法，在減肥期間每天練三次，每次練十～二十分鐘；減肥後鞏固療效則每天練二～三次，每次十五～三十分鐘。

減肥健美功對單純性肥胖，不伴顯著的神經或內分泌系統功能變化，但伴有代謝調節過程的障礙者效果較好；對繼發於其他疾病（如間腦性、垂體性等）肥胖者，應結合治療原發疾病。由於人的身體差異和引起肥胖的原因不同，在練減肥健美功期間，應根據自身感覺隨時調整飲食量、練功次數和時間，以及練功期間的活動量。

㈠調整飲食量。飢餓感強時可以少吃些，不餓不吃。

㈡要保證每天練功次數和時間，但不要拖得太長。

㈢練功期間的活動量不要太大，要按照自身的情況規定每天的活動量。

練此功要靈活掌握功法的選擇，一般減肥期間練胸腹呼吸功、腹式呼吸功、靜坐養氣功，待減肥已經適中後，應選練乾坤運轉功、靜坐養氣功，以鞏固療效、益氣健體，或選幾種功法穿插鍛練，靈活掌握，切忌生搬硬套，盲目追求減肥效果。如練功中發現嚴重不適，應立即停練，並請氣功醫生給予指導。

國立中央圖書館出版品預行編目資料

氣功治百病 / 畢永升主編. -- 初版. -- 臺北市
：躍昇文化出版 ；[臺北縣]中和市 ：三友總
經銷, 民83
面 ； 公分. --(保健誌 ；29)
ISBN 957-630-305-2(平裝)

1. 氣功

411.12　　　　　　83004986

◉保健誌29◉　　ISBN 957-630-305-2

氣功治百病

主　　編／畢永升
原出版社／山東科學技術出版社
發 行 人／吳貴仁
責任編輯／林伶美・祝洪杰
編　　審／張榮森
美術編輯／趙惠玉
出 版 者／躍昇文化事業有限公司
製 作 部／台北市仁愛路四段122巷63號9樓
電　　話／(02)7031828　7057118
傳　　眞／(02)7024333
劃撥帳號／1188888-8

法律顧問／謝天仁律師
印　　刷／世和印製企業有限公司
電　　話／(02)2233866
總 經 銷／三友圖書公司
地　　址／中和市中山路二段327巷11弄17號5樓
電　　話／(02)2405600　2405707
傳　　眞／(02)2409284
登 記 證／局版台業字第3994號
初　　版／中華民國83年8月
定　　價／新台幣 200 元